古代メソアメリカ周縁史

―――大都市の盛衰と大噴火のはざまで―――

市 川 彰

ICHIKAWA, Akira

溪水社

はじめに

「周縁」。この単語から、どのような印象をもたれるであろうか。字義どおりにみれば、「あるもののまわり」であるが、どこかネガティブな印象をもたれる読者が少なからずいるのではないだろうか。「地方」「辺境」「境界」「マージナル」といった単語も同様の印象をもたれるであろう。これは周縁の対義語である「中心」や「中央」との対比を意識すれば、なお一層強調される。

筆者は現在のメキシコ北部からコスタリカ西部にまたがる領域において栄えた古代メソアメリカ文明に関する研究に従事している。とりわけ「周縁」と呼ばれる地域、今日のエルサルバドル共和国に位置する諸遺跡を主な研究対象としている。アメリカやメキシコの学会に出席した際、「メキシコやグアテマラではなく、なぜエルサルバドルなのか」「有名なマヤ文化の遺跡はないではないか」と、少なくない数の研究者が私に質問してきたことを思い出す。たしかに、誰しもが目を引くような大遺跡はない。しかし、だからといって何もないわけではない。詳しくは本文で述べるが、本書の主な舞台となるチャルチュアパ遺跡では紀元前1000年頃から人々の居住が始まり、以後、先スペイン時代から植民地時代、そして現代まで連綿と人々の活動が続いてきた。規模や洗練さではマヤ文化に栄えた諸都市に劣るかもしれないが、チャルチュアパ遺跡では100基を超える大小の建造物群や30基を超える石造記念物、「ヒスイの川」という意味をもつ遺跡名が示すように精巧なヒスイ製品も多数見つかっている。さらに、かの有名なマヤ文化やテオティワカン文化の影響がみられる最南端の地域でありながら、中間領域とも言われる現在のニカラグアやコスタリカに特徴的な文化要素が比較的多くみられる地域でもある。では、現在の我々に「周縁」と位置付けられた往時の人々は、メソアメリカ各地の諸都市が興亡を繰り返す、その歴史のダイナミズムのなかで、どのような社会生活を営んでいたのであろうか。

本書は、これまで構築されてきた大遺跡中心の歴史観からやや視点を変える。これまで社会的文化的に遅れた存在、いわゆる「周縁」と位置づけられてきた地域や遺跡における集団や個人の主体性・独自性に焦点をあて、周縁研究を糸口として古代メソアメリカ文明史の新たな側面の理解に貢献することを企図している。また、先スペイン時代の大噴火の痕跡が複数みられる今日のエルサルバドルにおいて、当該地域の歴史展開を考えるうえで「噴火」というキーワードは欠かせない。そこで、近年ますます世界規模で推進されつつある災害考古学への貢献も本書は射程としている。

20世紀初頭の研究黎明期から現在にいたるまで、テオティワカン遺跡やティカル遺跡といったメソアメリカ、いや、世界を代表する大遺跡に関心が集まり、古代メソアメリカ文明像が構築されてきたといっても過言ではない。時代背景や遺跡の保護と活用という問

i

題も含め、調査研究の優先度からすれば、大遺跡を調査することは必然であっただろう。しかし、そうした研究動向が大遺跡とそれ以外という構図を暗黙のうちに醸成させてきたこともまた然りである。大遺跡以外にも数多存在する遺跡の調査なくしては、古代メソアメリカ文明への理解を深めるには限界があるだろう。また偏った歴史像が構築され、定着する危険性も孕んでいる。本書では、これまで看過されがちであったメソアメリカ周縁地域に注目し、新たな考古学的事実を掘り起こし、多様な歴史のあり方を考える、その第一歩を踏み出してみたいと思う。

　本書は「古代メソアメリカ周縁史」と銘打ってはいるが、もちろんメソアメリカ全地域を網羅しているわけではない。それは今後の研究者人生の課題であるが、むしろ現在の研究状況から、限られた地域と遺跡において、考古学的手法によって、歴史を再構成することに重点をおいている。これは、報告された事実や論文などを渉猟し全体像を構築するというスタンスではなく、筆者自身の身体と実践を通じて獲得された一次資料をもちいて考古学をするという筆者なりのスタンスでもある。したがって本書の元になったデータは、2003年から現在までに筆者が主体的に参加した発掘調査、筆者自身が調査主任として係った発掘調査データの一部で構成されている。研究対象地域の考古資料が依然として少ないため、こうしたデータの公表も重要であると考えている。そうした観点から、多くの図版をもちいている点も本書の特徴といえよう。

　本書をきっかけとして、「周縁なるもの」へのまなざしの変化を喚起し、周縁研究が持つポテンシャルを少しでも引き出すことができたならば、望外の喜びである。

目　次

はじめに……………………………………………………………………… i

図表目次……………………………………………………………………… v

序　章　古代メソアメリカ文明研究の動向

第1節　メソアメリカとその自然環境 ………………………………… 3

第2節　編年 ……………………………………………………………… 6

第3節　研究動向と現在残されている課題 …………………………… 12

第4節　本書の構成 ……………………………………………………… 15

第1章　メソアメリカ周縁史研究の視座　——周縁からの挑戦——

第1節　本書の視座と意義 ……………………………………………… 19

第2節　メソアメリカ南東部と研究略史 ……………………………… 22

第3節　チャルチュアパ遺跡と本書における論点 …………………… 27

第2章　歴史の連続性　——チャルチュアパ遺跡編年の再考——

第1節　チャルチュアパ遺跡建造物群の変遷過程 …………………… 35

第2節　炭素14年代 ……………………………………………………… 49

第3節　土器編年 ………………………………………………………… 55

第4節　チャルチュアパの変遷過程の特徴 …………………………… 91

第3章　噴火災害との対峙　——イロパンゴ火山噴火をめぐる諸問題——

第1節　完新世最大規模の噴火「イロパンゴ火山の噴火」 ………… 95

第2節　噴火の年代 ……………………………………………………… 101

第3節　噴火のインパクト ……………………………………………… 105

第4節　噴火災害からの復興 …………………………………………… 112

第4章　先古典期から古典期への胎動　——社会変化の画期——

第1節　物質文化の変化 ………………………………………………… 117

第2節　墓からみた社会階層化の過程 ………………………………… 126

第3節　チャルチュアパにおける社会変化の画期 …………………… 136

iii

第5章　周縁と中心が接触する時　──周縁の主体性と独自性──

第1節　メソアメリカ南東部における外来要素の出現とその背景 ················139

第2節　人の移動：自然科学的アプローチから ················151

第3節　「戦い」の痕跡 ················162

第4節　周縁社会の主体性と独自性 ················170

終　章　メソアメリカ周縁社会の特質

第1節　連綿とつづく長期の社会活動 ················175

第2節　周縁なるものの戦略 ················182

第3節　今後の課題と展望 ················184

おわりに ················187

参考文献 ················189

初出一覧 ················217

欧文要旨 ················219

謝　辞 ················225

索　引 ················229

図表目次

表目次

表0-1　メソアメリカに特徴的な文化要素 ………………………………………… 4

表0-2　古典期と先古典期を特徴付ける文化要素 ………………………………… 9

表2-1　チャルチュアパ遺跡で得られた炭素14年代測定試料 …………………… 50

表2-2　ペンシルバニア大学博物館による炭素14年代測定試料 ………………… 50

表4-1　建築構造からみたチャルチュアパ遺跡の建造物分類 …………………… 118

表5-1　チャルチュアパ遺跡にみられるテオティワカン的要素（先古典期～古典期）……… 145

表5-2　本研究で分析した土壌試料 ………………………………………………… 154

表5-3　ストロンチウム安定同位体分析にもちいた人骨試料 …………………… 155

表5-4　土壌試料の $^{87}Sr/^{86}Sr$ 値 ………………………………………………… 156

表5-5　チャルチュアパ遺跡ラ・クチージャ地区出土人骨・歯試料の $^{87}Sr/^{86}Sr$ 値 …… 157

表5-6　歯冠計測分析にもちいた人骨資料 ………………………………………… 158

表6-1　ネットワーク戦略と共同戦略にみられる傾向 …………………………… 180

挿図目次

図0-1　メソアメリカの地図 ………………………………………………………… 3

図0-2　メソアメリカ文明の時期区分 ……………………………………………… 8

図1-1　研究対象地域の主な遺跡 …………………………………………………… 22

図1-2　ウスルタン様式土器 ………………………………………………………… 24

図1-3　エルサルバドルの主要遺跡 ………………………………………………… 28

図1-4　チャルチュアパ遺跡地図 …………………………………………………… 29

図2-1　カサ・ブランカ遺跡公園平面図および4Nトレンチ南側断面図 ………… 37

図2-2　カサ・ブランカ地区5号建造物前出土の石碑祭壇複合の出土状況 ……… 38

図2-3　タスマル地区遺跡公園平面図と調査区 …………………………………… 41

図2-4　タスマル地区26号試掘坑平面図と断面図 ………………………………… 42

図2-5　タスマル地区北側調査区断面図 …………………………………………… 43

図2-6　タスマル地区東側調査区断面図 …………………………………………… 44

図2-7　タスマル地区南側調査区断面図と埋納土器 ……………………………… 45

図2-8　タスマル地区B1-2建造物断面模式図 ……………………………………… 46

図2-9　タスマル地区球技場 ………………………………………………………… 47

図2-10　チャルチュアパ遺跡の建造物群の変遷模式図 …………………………… 48

図2-11　チャルチュアパ遺跡で得られた炭素14年代の暦年較正確率分布 ……… 51

図2-12　カサ・ブランカI期（CB-I期）の土器 …………………………………… 58

図2-13　カサ・ブランカIIb期（CB-IIb期）の土器（1）………………………… 60

図2-14　カサ・ブランカIIb期（CB-IIb期）の土器（2）………………………… 61

図2-15　カサ・ブランカIIa期（CB-IIa期）の土器（1）………………………… 64

図2-16　カサ・ブランカIIa期（CB-IIa期）の土器（2）………………………… 65

図2-17　カサ・ブランカIIa期（CB-IIa期）の土器（3）………………………… 66

図2-18　カサ・ブランカIII期（CB-III期）の土器（1）………………………… 68

図2-19　カサ・ブランカIII期（CB-III期）の土器（2）………………………… 69

v

図 2-20	タスマル Ib 期（TZ-Ib 期）の土器（1）………………………………………	71
図 2-21	タスマル Ib 期（TZ-Ib 期）の土器（2）………………………………………	72
図 2-22	タスマル Ib 期（TZ-Ib 期）の土器（イロパンゴ火山の噴火後）……………	73
図 2-23	タスマル Ia 期（TZ-Ia 期）の土器（1）………………………………………	76
図 2-24	タスマル Ia 期（TZ-Ia 期）の土器（2）………………………………………	77
図 2-25	タスマル II 期（TZ-II 期）の土器（1）………………………………………	80
図 2-26	タスマル II 期（TZ-II 期）の土器（2）………………………………………	81
図 2-27	装飾の変遷模式図………………………………………………………………	85
図 2-28	器形の変遷模式図………………………………………………………………	88
図 2-29	建造物の部位名称………………………………………………………………	92
図 3-1	イロパンゴ火山の噴火年代に関連する試料の暦年較正確率分布…………	103
図 3-2	イロパンゴ火山灰の分布と厚さ………………………………………………	106
図 3-3	ヌエバ・エスペランサ遺跡出土の火山灰直上に置かれた土器……………	111
図 4-1	チャルチュアパ遺跡における建造物の三角形配置…………………………	119
図 4-2	チャルチュアパ遺跡出土の石彫………………………………………………	121
図 4-3	チャルチュアパ遺跡出土の土偶………………………………………………	123
図 4-4	土器の装飾と器形の変化………………………………………………………	125
図 4-5	チャルチュアパ遺跡における副葬品の平均種類数および副葬土器数の変遷 ………	130
図 4-6	チャルチュアパ遺跡における土器以外の副葬品が含まれる墓の割合……	130
図 5-1	カミナルフユ遺跡地図…………………………………………………………	140
図 5-2	カミナルフユ遺跡におけるテオティワカン的要素をもつ遺構と遺物……	141
図 5-3	コパン遺跡地図…………………………………………………………………	143
図 5-4	チャルチュアパ遺跡出土の外来要素をもつ遺物……………………………	147
図 5-5	エルサルバドルの地質図と土壌・人骨試料の採取地………………………	153
図 5-6	本研究で分析したチャルチュアパ遺跡ラ・クチージャ地区出土人骨・歯試料………	154
図 5-7	チャルチュアパ遺跡出土人骨の歯冠計測値をもちいた主成分分析の結果………	160
図 5-8	マヤ地域における戦いの痕跡を示す考古学的証拠…………………………	163
図 5-9	チャルチュアパ遺跡ラ・クチージャ地区出土土偶と関連表現……………	166
図 5-10	チャルチュアパ遺跡エル・トラピチェ地区出土の破壊を受けた石彫……	168
図 5-11	テオティワカン遺跡出土三脚円筒形土器基本器形…………………………	172
図 6-1	チャルチュアパ遺跡における文化要素の変化………………………………	176

なお、引用元を示していない図版や写真は、全て筆者が作図または撮影したものである。

古代メソアメリカ周縁史
──大都市の盛衰と大噴火のはざまで──

序章　古代メソアメリカ文明研究の動向

　序章では、まず議論に先立ち、本書が対象とする古代メソアメリカ文明について概述する。そのうえで、本書の主たる関心である周縁史研究が、なぜ重要であるのか、なぜ今注目する必要があるのか、現在までのメソアメリカ考古学の研究動向を振り返りながら、説明していくことにする。なお、「註」については各章の末尾にまとめて記載してあるので参照していただきたい。

第1節　メソアメリカとその自然環境

1.「メソアメリカ」の基本概念

　「メソアメリカ（Mesoamerica）」とは、16世紀にスペイン人が到来するまでの間、共

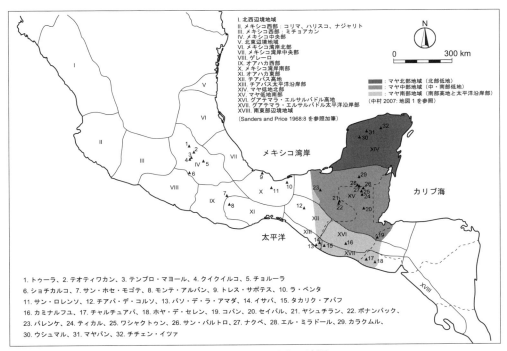

図0-1　メソアメリカの地図

通の文化要素をもちながら様々な文化や社会が興亡した文化史的領域である（Kirchhoff 1943）[1]。「メソ」とは、「中央の」を意味し、アメリカ大陸の中央部にあることを指す。より具体的には、北緯25°を北限としメキシコのパヌコ川からシナロア川周辺まで、北緯10°を南限としニカラグアとコスタリカをまたぐニコヤ半島あたりまでの南北約3000km、総面積約912,500km^{2}の領域をいう（図0-1）。しかし、この境界線はメソアメリカという広大な領域で常に一定であったわけではなく、時期によって流動的であったとするのが研究者間の共通認識である（cf. Nichols and Pool 2012）。いわゆる新大陸において、高度な複雑社会[2]が発展したのは、南米大陸のアンデス、そしてこのメソアメリカだけである。

　P・キルヒホフは、16世紀に残された民族史料や先住民族の言語学的研究に基づき、各文化要素の広がりを把握することによって古代文明が栄えた領域、つまりメソアメリカという文化史的領域を規定していった。キルヒホフが列挙した同領域に共通する文化要素には、階段状ピラミッドや球技場、文字や暦、人身供犠、チナンパ農法[3]などがある（表0-1）。

表0-1　メソアメリカに特徴的な文化要素

	メソアメリカに特徴的な文化要素	他地域にも分布する文化要素
農業・食	チナンパ農耕、コア（播種用の杖）の利用、カボチャ・インゲン豆・唐辛子・リュウゼツラン・カカオ・トウモロコシの栽培	階段耕作、無毛食用犬
宗教・儀礼	神々の存在、天上界と地下世界の存在、人身犠牲、放血儀礼、ボラードレスの祭り、動物の生け贄	食人
暦	365日の長期暦、260日の短期暦、長期暦と短期暦の組み合わせである52年周期	
戦争	軍事位階制、戦士服、花の戦争、マクアウィトル（棍棒）の利用	編んだ盾、投槍器
衣装	土製袋、頭飾りやバンダナの利用	
建築	階段状ピラミッド、漆喰床	球技場、テマスカル（サウナ）
手工業製品	ヒスイ製品、黒曜石製品の研磨技術、黄鉄鉱製鏡	コマル、金属加工
記録方法	絵文書、神聖文字	
商業	専門家した市場、ポチテカ商人	

※和訳は小林編1995、杉山他2011を参照

　現在、「メソアメリカ」という概念が提唱されて以来、70年以上が経過している。その間に、定義の再考や議論がなかったわけではない（e.g. Creamer 1987; Joyce, R 2004a; Matos Moctezuma 2000; Williams eds. 2011）。しかし、これらの議論は地域や時期の細分化、文化要素の時空間的な広がりの再検討などを主な目的としており、キルヒホフが提唱した「メソアメリカ」の基本概念自体が大きく揺らぐことはない。

4

このメソアメリカでは、オルメカ、マヤ、サポテカ、ミシュテカ、テオティワカン、ト
ルテカ、アステカなどの諸文明が興隆した。これらの多様な諸文明は、「古代メソアメリ
カ文明」と総称されている（青山2007：7）。この古代メソアメリカ文明が栄えた領域では、
少なくとも石期といわれる前10000～8000年ごろには、人々が居住を開始する。その後、
文明の基礎となる胎動がみられるようになるのは、土器生産が開始される前1800年ごろ
である。前1200年前後にはメキシコ湾岸に巨石人頭像などで有名なオルメカ文化が興隆
し、前1000年前後にはマヤ地域に最初の公共建造物が造られた。その後、マヤ地域では
2000年以上にわたり現在のグアテマラやメキシコ・ユカタン半島を中心に諸都市が興亡
を繰り広げた。また、メキシコ中央高原ではメソアメリカ最大の都市であったテオティワ
カンが前100～後600年にかけて繁栄し、16世紀のスペイン人侵略直前にはアステカ文化
が栄えていた。日本ではあまり知られていないが、オアハカ地域ではメソアメリカ最古の
都市といわれるモンテ・アルバンを中心とするサポテカ文化（前500～後750年ごろ）やミ
シュテカ文化（後900年～16世紀前半）が繁栄していた。
　さらに、古代メソアメリカ文明は世界の人類史という観点から興味深い特徴を有してい
る。まず一つめは、エジプトやメソポタミアといった旧大陸の諸文明の影響を直接的に受
けず、南米アンデス文明同様に独自に発展したという点が挙げられる。次に、全時期を通
じて黒曜石やチャートなどの石器が主要利器であったという点も注目に値する（cf. 青山
2007, 2013）。金・銀・銅は存在し、加工技術も存在したものの、日常的に使用する実用品
は極めて少量で、装飾品としての利用が主であった。くわえて、長距離移動を可能にする
大型家畜や荷駄車がなかったという点も重要である。南米大陸に栄えたアンデス文明にお
いてはリャマやアルパカといったラクダ科動物が家畜化され重要な輸送手段として発達し
たが、メソアメリカにそのような大型家畜動物は存在しなかったのである。遠距離交易網
は発達していたにもかかわらず、地域間交流は全て徒歩やカヌーといった人力でおこなわ
れていたようである。こうした移動手段の制限にくわえて、多様な自然環境も関係してい
るのであろうか、メソアメリカの各都市を統一する広域国家が出現しなかったという点も
特筆すべき点であろう。
　このように旧大陸の諸文明との接触なしに独自の発展過程を辿った古代メソアメリカ文
明は、南米アンデス文明と同様に、とくに欧米の人類学者や考古学者にとって研究価値が
みいだされ（e.g. Willey and Phillips 1955; Willey and Sabloff 1993）、現在なお多くの研究者を
魅了してやまない研究対象地域なのである。かくいう筆者もその一人である。

2. メソアメリカの自然環境

　メソアメリカの自然環境は実に多様である。季節は、雨期（5～10月）と乾期（11～4月）
だけだが、熱帯雨林、熱帯サバンナ、ステップ、砂漠という様々な生態環境があり、食料
となる動植物相、黒曜石やヒスイなどの希少な自然資源の分布は地域によって大きく異な

る。このような状況においては、各地域社会によって異なる生業経済戦略が存在したことが容易に想像できる。また、各地域は食糧や資源など不足物を補うような相互補完的関係にあったことも予想される。一方で、黒曜石、ヒスイ、カカオ、綿、塩といった原産地や生産地が限定的な自然資源については、時には地域間に武力をともなう緊張関係を誘発させたこともあったであろう。

　地理的には大きく高地と低地とにメソアメリカを二分することができる。メソアメリカの北限には東西にそれぞれ東シエラ・マドレ山脈と西シエラ・マドレ山脈があり、年間降雨量が500mmにも満たない乾燥地帯が広がっている。両山脈の南に位置するメキシコ中央高地では、最高峰のオリサバ火山（標高5699m）や、近年ますます活発な火山活動をみせているポポカテペトル火山（標高5452m）など積雪が観測される山々がみられる。チアパス高地からニカラグアあたりまでは太平洋沿岸と並行して東西に長く山脈がつらなっており、トナラ火山（メキシコ）、パカヤ火山（グアテマラ）、イロパンゴ火山（エルサルバドル）など、噴火によって先スペイン時代や植民地時代に影響を与えた活火山が位置している。これらの地域は基本的には湿潤で針葉樹林が広がっている。

　この高地の南北両側に低地が広がっている。メキシコ湾岸やユカタン半島南部はメソアメリカでも降水量が最も多く、平均年間降雨量2000〜3000mmにも及ぶ高温多湿の地域である。現代の我々にとっては、いかにも住みづらそうなこの高温多湿の地が、オルメカ文化やマヤ文化の揺籃の地なのである。対して、ユカタン半島北部は、乾燥したサバンナ気候である。石灰岩台地の上にあり、川や湖がほとんどない。太平洋沿岸では熱帯雨林が生い茂り、海岸沿いにはマングローブ林が広がっている。メキシコ湾岸と太平洋沿岸の間、すなわちメソアメリカの括れ部分にあたるテワンテペック地峡は、標高250m以下の低地の回廊で、北から南へ、またはその逆を往来するための交易路として重要な役割をはたしていたと考えられている（e.g. Clark 1991; Rosenswig 2012）。

　こうした多様な自然環境と文明の形成過程の関係に注目したとき、ナイル川や黄河といった旧大陸の文明発生に重要であった大河川が存在しないことに気付くだろう。もちろん河川がないわけではないが、テオティワカン、モンテ・アルバン、マヤ地域の諸都市が興隆した地域は水源を河川に大きく依存していなかった点がここでは重要となる。このことは古代メソアメリカ文明の特徴のひとつといえよう。ティカルやカラクムルといった諸都市が繁栄したマヤ低地北部や南部は、高温多湿の熱帯雨林に囲まれた地域であり、現代人にとってはまさに過酷な環境である。バホ（雨期の低湿地）、セノーテやチュルトゥン[4)]といった様々な水資源を活用することで、膨大な人口が支えられていたのである。

第2節　編　年

　メソアメリカ各地域の土器研究や炭素14年代測定データが蓄積された現在、各遺跡

や地域の編年研究は多様化の一途をたどっている（e.g. López Austín y López Luján 2002; Taylor and Meighan 1978）。このような状況では、メソアメリカ文明全体を通底するような時期区分や編年整備はもはや困難といってよい。

　しかし、時間軸の設定は考古学や歴史学といった学問の性質上、必要不可欠な手続きである。本書では、伝統的な時期区分である「先古典期」「古典期」「後古典期」の三期区分を大枠として論を進めることとする（図0-2）。以下、各期の代表的な遺跡や一般的な特徴について概観し、古代メソアメリカ文明史のおおまかなイメージを素描してみたい。

1. 先古典期

　先古典期とは、土器製作や農業を基盤とする定住村落がメソアメリカ各地に出現する時期である。公共建造物、石碑や祭壇などの石造記念物、ヒスイなどの洗練された工芸品、文字や暦といった後の古典期に特徴的な文化要素が現れる時期でもある。さらにいえば、古典期ほどに顕著ではないものの、社会の集団内部に差異化や成層化が生じ、各地にリーダーもしくは支配者層が誕生する時期でもある。

　なお、本書では、関2006などを参考にし、「支配者」や「支配者層」は階層性に基づく固定的、もしくは生得的な地位や身分を有する個人や集団をさし、王、神官、貴族層などともいいかえられるものと定義する。一方、「リーダー」は、流動的ではあるが一定の役割をもつ個人や集団と定義し、明瞭な階層性が形成される以前の社会段階に存在する人物とする。また本書では「チャルチュアパ遺跡」「チャルチュアパ」というように意識的に記載を区別している。前者は「○○遺跡で出土した土器」のように現代的脈絡でもちい、後者は「○○で製作された土器」のように過去の叙述をする際にもちいている。

　先古典期前期（前1800〜1000年）　土器生産が開始され、農業を基盤とした定住村落がメソアメリカ各地に形成される時期である。メキシコ湾岸では、前1200年ごろから巨石人頭像などで有名なサン・ロレンソをはじめとするオルメカ文化が興隆する（e.g. Coe, M. and Diel 1980; Cyphers 2004）。チアパス・グアテマラ太平洋岸では初期の土器群とは思えない精緻な土器の製作が開始され、前1400〜1250年にはパソ・デ・ラ・アマダにみられるように、単に住居としてではなく、集会や儀礼などをおこなう場所としての公共建造物の建設が始まった（e.g. Blake 1991; Ceja Tenorio 1985）。同様に、前1400〜1150年にはオアハカ地域のサン・ホセ・モゴテで漆喰床をもつ公共建造物（e.g. Flannery and Marcus 2005）が、前1000年にはマヤ低地南部のセイバルで公共建造物が建設されるようになる（Inomata et al. 2013）。また、この時期には、エルサルバドル西部、ホンジュラス北西部でも人々の居住が開始する（e.g. Joyce, R. 2004b; Sharer ed. 1978）。

　先古典期中期（前1000年〜400年）　メキシコ湾岸においてラ・ベンタなどに代表されるオルメカ文化が引き続き栄える（e.g. Drucker 1952; Drucker et al. 1959）。マヤ低地南部で

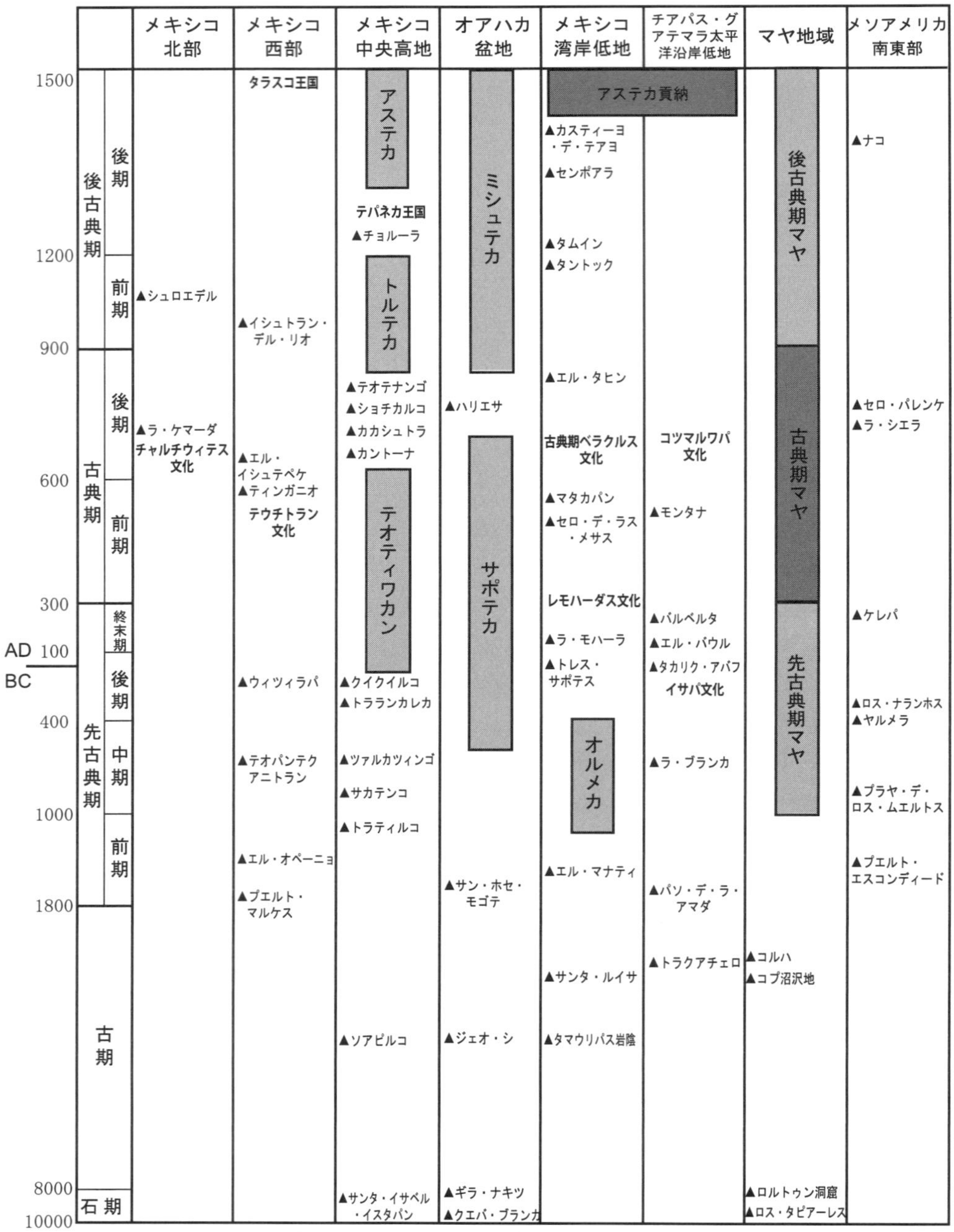

		メキシコ北部	メキシコ西部	メキシコ中央高地	オアハカ盆地	メキシコ湾岸低地	チアパス・グアテマラ太平洋沿岸低地	マヤ地域	メソアメリカ南東部
1500	後古典期 後期		タラスコ王国	アステカ	ミシュテカ	アステカ貢納 ▲カスティーヨ・デ・テアヨ ▲センポアラ		後古典期マヤ	▲ナコ
1200	後古典期 前期	▲シュロエデル		テパネカ王国 ▲チョルーラ	ミシュテカ	▲タムイン ▲タントック		後古典期マヤ	
900	古典期 後期	▲ラ・ケマーダ チャルチウィテス文化	▲イシュトラン・デル・リオ	トルテカ ▲テオテナンゴ ▲ショチカルコ ▲カカシュトラ ▲カントーナ	▲ハリエサ	▲エル・タヒン 古典期ベラクルス文化	コツマルワパ文化	古典期マヤ	▲セロ・パレンケ ▲ラ・シエラ
600	古典期 前期		エル・イシュテペケ ▲ティンガニオ テウチトラン文化	テオティワカン	サポテカ	▲マタカパン ▲セロ・デ・ラス・メサス	▲モンタナ	古典期マヤ	
300	古典期 終末期					レモハーダス文化 ▲ラ・モハーラ ▲トレス・サポテス	▲バルベルタ ▲エル・バウル ▲タカリク・アバフ イサパ文化	先古典期マヤ	▲ケレパ
AD 100 / BC	先古典期 後期		▲ウィツィラパ	▲クイクイルコ ▲トラランカレカ				先古典期マヤ	▲ロス・ナランホス ▲ヤルメラ
400	先古典期 中期		▲テオパンテクアニトラン	▲ツァルカツィンゴ ▲サカテンコ ▲トラティルコ	オルメカ		▲ラ・ブランカ		▲プラヤ・デ・ロス・ムエルトス
1000	先古典期 前期		▲エル・オペーニョ ▲プエルト・マルケス		▲サン・ホセ・モゴテ	▲エル・マナティ	▲パソ・デ・ラ・アマダ		▲プエルト・エスコンディード
1800	古期					▲サンタ・ルイサ	▲トラクアチェロ	コルハ ▲コブ沼沢地	
	古期		▲ソアピルコ		▲ジェオ・シ	▲タマウリパス岩陰			
8000	石期		▲サンタ・イサベル・イスタパン		▲ギラ・ナキツ ▲クエバ・ブランカ			▲ロルトゥン洞窟 ▲ロス・タピアーレス	
10000									

図0-2　メソアメリカ文明の時期区分
（青山2007図10をもとに筆者加筆）

も広く土器製作活動や居住痕跡がみられる（e.g. Rice 1976）。マヤ南部地域の高地では、ナランホに代表されるような表面に彫刻などが施されない石碑（以下、無彫刻石碑とする）や

祭壇などが公共建造物の前に規則的に配列されるようになる（Arroyo ed. 2010）。また、遠距離交易網、様々な知識や技術、そして宗教体系がメソアメリカ各地で次第に確立される時期でもある。

先古典期後期（前400～後100年） つづく古典期に代表的な文化要素（神殿ピラミッド、文字、暦、球技場、石碑祭壇複合など）がほぼ揃い、社会内部の階層化がすすみ、高度に発達した複雑社会が出現する時期である（表0-2）。メキシコ湾岸のオルメカ文化は衰退し、かわってオアハカ地域やマヤ地域などで社会発展がすすむ。たとえば、現在のメキシコ・チアパス州、グアテマラの太平洋岸や高地では動物や人間をモチーフとする叙述的表現をもちいた石彫文化が隆盛する（e.g. Graham 1992; Guerseny 2006; Parsons 1986; Smith, V. 1984）。また、マヤ低地南部のエル・ミラドール、ナクベ、サン・バルトロなどでは、強固な権力の存在を示唆する大規模な公共建造物が建設され、公共建造物の壁面には象徴的図像や漆喰彫刻が描かれるようになる（e.g. Hansen 1990, 1993, 1994; Saturno 2002）。そして、オアハカ地域では「征服石板」や「踊る人々」にみられるようにモンテ・アルバンの政治的影響力が拡大する時期でもある（e.g. Marcus and Flannery 1996）。

先古典期終末期[5]**（後100～250/300年）** メソアメリカ全域でいわゆる国家段階の社会が成立し始める時期であり、古代メソアメリカ文明史を理解するひとつのターニングポイントとなる時期である。マヤ南部地域では、現在のグアテマラ高地に位置するカミナルフユやエル・ポルトン、エルサルバドル西部に位置するチャルチュアパをはじめ、太平洋岸地域、マヤ低地南部のナクベやエル・ミラドールが衰退もしくは放棄されると考えられて

表0-2　古典期と先古典期を特徴付ける文化要素

古典期マヤの特徴（青山2007: 60-61）	先古典期メソアメリカの特徴（Powis 2005: 2）
1）神殿ピラミッドをはじめとする大石造建造物	1）記念碑的建造物
2）持ち送り式アーチなどの石造建築様式	2）公共芸術
3）都市	3）人口増加・人口密度の増大
4）複雑な図像が刻まれた石碑などの石造記念碑芸術	4）石造記念物
5）マヤ文字の碑文	5）威信財交易
6）ヒスイ製品や海産貝製品のような威信財・日常品の洗練された製作技術	6）専業工人の存在
7）墓や住居に反映される大きな貧富や地位の差異	7）社会階層の出現
8）複雑な農業体系	8）生業の多様化
9）数字と暦	9）支配者層間の競合・抗争
10）多彩色土器	10）支配者層による労働力の支配
11）国家的な政治組織	11）初期国家の萌芽

きた（e.g. Grube ed. 1995; Sharer 1992）。ところが、カミナルフユを含むマヤ南部地域の編年の見直しが2014年に提案され（Inomata et al. 2014）、それにともない同時期の状況も再考する必要性が喚起された。本書ではこの新編年の検討も視野にいれながらも、まずは従来の学説に準じて論をすすめていくことにする。

　オアハカ地域ではモンテ・アルバンにおいて世襲を想起させるような追葬可能な石室墓が造営されるなど、リーダーもしくは支配者層の権力が固定化あるいは強化されていった（e.g. Marcus and Flannery 1996）。メキシコ中央高原では、クイクイルコが崩壊し、その後テオティワカンにおいて強力な権力の存在を示唆するような大型の公共建造物が次々と建設されるようになる（e.g. Cowgill 1997; Sanders et al. 1979; Sugiyama 2005）。

　なお、前400〜後250/300年までを「先古典期後期」と一括する場合もあるが、既述の通り後100〜300年はメソアメリカ各地で社会変化のうねりがうかがえる時期である。したがって、地域や調査成果によっては区別が難しい部分はあるものの、区分が可能であれば両者を区別してもちいることが望ましいという立場を筆者は採用している。

2. 古典期

　先古典期において出現した各文化要素を基盤として、政治、経済、宗教あらゆる側面において成熟期をむかえる時期が古典期である。一般に認知されている古代メソアメリカ文明像はまさしくこの時期の産物である。議論の余地はあるものの、いわゆる国家段階に相当するような社会がメソアメリカ各地域に形成された時期といわれている（e.g. Chase et al. 2009）。神殿ピラミッドをはじめとする公共建造物や文字や暦が刻まれた石造記念物の建立などイデオロギー表象の拡大、遠距離交易網の発達、各都市間の戦争の激化、王、貴族、商人、農民といった階層分化や手工業生産における分業の発達などがみられる。この古典期という時期は、後600年を境として前期と後期にわけられる。

　古典期前期（後250/300〜600年）　マヤ地域では、ティカル、カラクムル、コパンなど各地域に王朝が誕生したことが碑文研究から明らかとなっている（e.g. Coe, M 1992; Stuart 2000）。オアハカ地域ではモンテ・アルバンが支配領域を拡大し、地域全体の覇権を握る。

　メソアメリカ各地域に王朝や強力な政治組織が誕生するこうした背景とされているのが、テオティワカンの勃興とその政治的または宗教的な影響の拡散である。それは都市の建設当初からその背景に強大な権力があったとされるテオティワカンの文化要素（例えば、タルー・タブレロ建築[6]、三脚円筒形土器、雨の神トラロックなど）が、この古典期前期に、メソアメリカの広い範囲でうかがえることがその論拠となる。近年こそテオティワカンの各地域への影響は限定的であり、考えられていた以上に小規模であったと推測されているが（e.g. Braswell ed. 2003）、やはり考慮にいれるべき存在ではある。

　このように古典期には地域間ネットワークが構築され、様々な物資や情報が交換されたことが明白な時期である。したがって、メソアメリカ各地の発展過程を理解するうえで

地域間交流や遠距離交易が重要なキーワードとなっていることは合点がいく（e.g. Aoyama 2005; Brumfiel and Earle 1987; Hirth and Pillsbury eds. 2013; Rathje 1971）。ただし、現在ではテオティワカンやモンテ・アルバン、そしてマヤ地域の各都市の発展要因について、地域間交流だけではなく、戦争、経済、イデオロギー、エージェンシー（行動主体者）などさまざまな角度からの議論が展開されている（e.g. Adams ed. 1977; Blanton et al. 1996; Feinman and Marcus eds. 1998; Houston and Inomata 2009; Joyce, A. 2010; Spencer and Redmond 2004）。

古典期後期（後600〜900/1000年）　テオティワカンが衰退の一途をたどり、メソアメリカ各地で様々な新興勢力が台頭してくる時期である。すでに社会内部の階層化がすすみ、分業体制、宗教体系など社会統合の基盤が構築されたこの時期は、戦争や政略結婚といったように新興勢力による覇権拡大を目的とした行動が顕著になる。とりわけマヤ低地南部ではティカルやカラクルルといった大都市間の攻防にくわえて、その周辺に位置する中小規模の数々の都市が興亡した。しかし、後800年ごろを境としてこのマヤ低地の諸都市は、次第に衰退もしくは放棄される。こうした時期を古典期終末期と称する場合もある。衰退や放棄の要因については、戦争、人口増加、干ばつ、環境破壊、王権の弱体化など諸説あるが、単一の要因では説明しきれない多様な要因が関連していると考えるのが一般的である（e.g. 青山2013; Culbert ed. 1973; Demarest ed. 2005）。また、マヤ低地北部ではプウク、チェネス、リオ・ベックといったモザイク装飾が特徴的な建築文化が発達する。

他方、テオティワカン衰退後のメキシコ中央高原とその周辺地域でも、トゥーラ、ショチカルコ、カカシュトラといった中小規模の都市が勢力をもちはじめ、群雄割拠の時期が到来する（e.g. Coe, M. and Koontz 2008; Sugiura 2001）。巨大な権力を有した王朝が崩壊もしくは衰退する一方で、上述したように中小規模都市が独自戦略に基づき発展することがこの時期の特徴のひとつともいえよう。

3. 後古典期

後古典期（900/1000年〜16世紀）は、本書の射程外ではあるが、簡単に概要を説明しておく。後古典期前期（後900/1000年〜1200年）は、マヤ低地北部においてチチェン・イツァが衰退し、中小規模の都市が各地に建設された。後1150年頃からはマヤパンが政治的中心地として勃興し、オアハカ地域では精巧な装飾品で有名なミシュテカ文化が栄え始める時期である。後古典期後期（後1200〜16世紀）には、アステカ王国を頂点として、メキシコ中央高原およびその周辺においてタラスコ王国などの小王国が群雄割拠した。マヤ南部地域にはキチェ族やカクチケル族などの主都が築かれ、同様に統一王国が存在することはなかった。16世紀前半にスペイン人による侵略がはじまり、以後メソアメリカ中にその波が広がっていく。

第3節　研究動向と現在残されている課題

　古代メソアメリカ文明が栄えた地において、20世紀前半から本格的に考古学研究がはじまって以来、欧米を中心とする世界中の研究者らが数々の調査を実施してきた。本節では、メソアメリカ考古学の大局をとらえ、現在の研究上の課題について明確にする。

1.　メソアメリカ考古学の研究動向

　1841年に刊行されたJ・スティーブンス著『中米・チアパス・ユカタンの旅』（Stephens 1841［1969］）によって、メソアメリカの諸遺跡が世界的に注目を浴びるようになったことは有名な話である。F・ギャザウッドの美しい挿絵によって記録されたコパン遺跡やパレンケ遺跡の石碑や建造物は人々を魅了した。

　以後、本格的に考古学研究が開始されるわけだが、21世紀の今日にいたるまで、膨大な数の調査研究が蓄積されている。仔細を渉猟し、ここで紹介することは、筆者の力量を遥かに超えるだけでなく、本書の主旨から逸脱する。そこで、ここではこれまでに刊行されてきたメソアメリカ考古学の概説書や総説書に依拠しながら、メソアメリカ考古学の大きな流れを捉えることに主眼をおくことにする（e.g. Adams 1977, 2005; Baudez 2004; Blanton eds. 1993; Estrada‑Belli 2011; Evans 2008; Houston and Inomata 2009; Joyce, R. 2004a; López Austin y López Lujan 2002; Nichols and Pool eds. 2012; Sanders and Price 1968; Sharer and Traxler 2006; Smith, M and Masson 2000; Willey and Phillips 1955; 青山2007, 2013）。以下、便宜的に大きく三期にわけて研究動向を整理していこう。

（1）第一期：黎明期（1841～1963年）

　この19世紀後半から20世紀前半にかけては、欧米の探検家や考古学者が大遺跡の中心部、すなわち神殿ピラミッドや文字の刻まれた石碑がある地区の調査を大々的に実施した時期である。1910年代から1950年代にかけては、アメリカ合衆国の研究機関であるスミソニアン研究所、ピーボディー博物館、カーネギー研究所などが総力をあげ、メソアメリカ各地で精力的かつ大規模な考古学調査をおこない、神殿ピラミッド、石造記念物、豊富な副葬品をもつ墓の発見など、その後の研究の基礎となる資料が獲得されていった（e.g. Caso 1932, 1935; Hay eds. 1940; Kidder et al. 1946: Longyear 1944; Shook and Kidder 1952; Smith, A. 1955; Smith, A. and Kidder 1943; Stirling 1940; Thompson 1945, 1950, 1954）。

　こうした黎明期のメソアメリカ考古学は、出土遺物（または表採遺物）の特徴の記述、層位的発掘やセリエーションによる各地の考古遺物や遺構の時空間的位置づけ、そして「地域的統合」が調査研究の主たる目的であった（e.g. Gamio 1913, 1922; Spinden 1915; Vaillant 1930, 1931）。とはいうものの、上述したように主たる研究関心は、壮麗な装飾を

もつ神殿ピラミッドや、人物や文字が刻まれた石碑、つまりは「支配者層の文化」であり、現在の時期区分でいえば、最も華やかである「古典期」の研究であった。こうした研究の学術的成果は極めて重要であるが、再構成された歴史に大きな偏りが生じてしまった点は否めないだろう。当時の時代背景が生んだ帰結とはいえ（詳しくは青山2013など）、以来、21世紀の今日においても大遺跡中心の見方は根強い。

（2）第二期：発展期（1964〜1991年）

　20世紀後半以降、新進化主義やプロセス考古学といった新たな理論的および方法論的潮流が一斉を風靡する。より客観的で科学的なアプローチを重視するこれらの研究潮流は、自然科学分析との融合を積極的におこない、考古学研究の方法論の発達に貢献した。

　この時期の研究の特徴としては、人間と環境の相互関係という観点から社会変化のプロセスを明らかにしようとした点であろう（e.g. Coe, M. and Flannery 1964, 1967; MacNeish 1964; Sanders and Price 1968）。また、メソアメリカ各地の盛衰を理解するキーワードとして、遠距離交易や地域間交流、イデオロギー、戦争といった側面に着目した調査研究が顕著となった（e.g. Adams ed. 1977; Coe, M. 1966; Rathje 1971; Webb 1973）。そして、マヤ地域の石碑などに描かれた碑文の解読が飛躍的に進んだことも特筆に値する（Coe, M. 1992）。この碑文解読によって王朝史などの歴史的事実が明瞭になってきた。その他にもセトルメント・パターン研究が広範に導入されたことによって、大遺跡だけではなく、中小遺跡を含む広範囲が調査対象とされ、それらの広い範囲の体系的調査が試みられた点も出色といえよう（e.g. Ashmore ed. 1981; Willey et al. 1965）。

　しかしながら、やはりティカルやテオティワカンといった大遺跡を中心に据える文明観や支配者層の文化にフォーカスした研究が依然として多い。

（3）第三期：転換期（1992年〜現在）

　以上のような研究動向に次第に変化が見え始めてくるのは20世紀末から21世紀に入ってからである。第三期は、第二期以上に、考古学、碑文・図像学、民族学、自然科学などの学際的研究がすすみ、先行研究との間に齟齬がみえ始め、定説に再考がせまられつつある時期である（e.g. Grube ed. 1995; Marcus 1995; Sharer 1992）。とりわけ、1990年代以降、先古典期研究の進展が著しく、これによって古典期のイメージもまた再考がせまられつつある（e.g. 伊藤2010a, 2011; Braswell ed. 2012; Cyphers 2011; Estrada-Belli 2011; Hansen 1990, 1994; Inomata et al. 2013; Inomata et al. 2014; Inomata et al. 2015; Powis 2005; Saturno 2002; Stanton 2012）。

　こうしたなか、これまで研究者の手が十分に行き届かなかった遺跡や小地域の調査研究、被支配者層などの一般成員に関する研究が進展する点に筆者は特に注目している（e.g. Canuto and Yaeger eds. 2000; Lohse and Gonlin eds. 2007; Lohse and Valdez Jr. eds. 2004; Marcus

1995; Plunket ed. 2002）。1980年代後半から1990年代前半に、社会内部におけるアクターやエージェントに着目したポストプロセス考古学の研究潮流が次第にメソアメリカ考古学にも浸透してきたこととは無関係ではなかろう（e.g. Hodder 1982, 1986; Shanks and Tilley 1987; Yoffee 1993, 2005）。

　また1990年代以降、メソアメリカ文明の形成・発展過程を説明する理論的枠組みも変化し続けている（Nichols and Pool 2012:16-17）。詳細は割愛するが、Dual-Processual Theory（Blanton et al. 1996）、Factional Competition（Brumfiel 1994）、Collective Action（Blanton and Farger eds. 2008）、Social Memory（Van Dyke and Alock eds. 2003）といった新たな参照枠や説明要因が次々とでてきた。これらに通底するのは、支配・被支配という単純な社会関係ではなく、過去の社会に存在したさまざまな位相の人々が織りなすより複雑な社会関係のあり方を想定する方向性がうかがえる点である。

　では、メソアメリカ考古学には現在何が求められているのか。

2. メソアメリカ考古学研究における課題

　ひとつ大きな問題として筆者が指摘しておきたい点は、調査研究が大遺跡に過度に集中し、大遺跡を中心として再構築された歴史や解釈が優位性をもつ研究状況である。前述したように2000年代に入り、これまで研究者の手が行き届かなかった遺跡や小地域、被支配者層などの一般成員に関する研究が進展してきたにもかかわらず、依然として大遺跡中心主義的な見方は根強い。とりわけマヤ地域では、ティカル遺跡やカラクムル遺跡などがあるペテン地域を中心とみなす前提思考が根強く、「ペテン中心主義」と評されることもある（中村2007:87）。

　こうした現象の背景として、現代の国家政策も無縁ではなかろう。つまり、観光開発を促進し、外貨獲得を目指すには大規模な神殿ピラミッドや数々の石碑を有する遺跡を調査し、開発することが、必然的に優先課題となるからである。また学術的には、王墓、石造記念物、多彩色土器など支配者層に関するデータを主に獲得することができ、また修復や保存が急務となれば、研究支援も受けやすいということもその一因としてあるだろう。もちろん一研究者として、大遺跡を調査することの魅力、修復保存の重要性も理解できる。しかし、同時に中米各国の文化財行政が整備され、考古学者が増加し、メソアメリカ各地の大小様々な遺跡が調査された結果、遺跡レベルあるいは地域レベルの資料が格段に増加した現状もある。こうした行政側の努力や調査の結果として、現在の研究状況が大きく変化していることもまた事実である。では、これらの調査成果をメソアメリカ文明史の理解にどのように統合し、繋げていけばよいのか。これが現在のメソアメリカ考古学における大きな課題の一つであると指摘しておきたい。

　この意味において、2000年代以降の新たな理論的枠組みの表明は重要である。例えば、中間層、小集団や被支配者層といったそれまで看過されがちであった、いわゆる「周縁」

的存在と見なされてきた集団や社会に焦点をあてる研究（e.g. Canuto and Bell 2013; Elson and Covey eds. 2006; Lohse and Gonlin eds. 2007; Lohse and Valdez Jr. eds. 2004; Plunket ed. 2002）や、メソアメリカ文明の多様性や地域固有の発展過程の解明の重要性が喚起されたからである（e.g. 嘉幡 2013; 中村 2007; Joyce, A. 2010; Joyce, R. 2004a; Marcus 2004）。

　こうした理論的枠組みの変化は、大都市や支配者層を社会の中心とし、より規模の小さい諸都市・集落、被支配者層については、それらに従属する受動的な存在としてイメージする従来の研究視点から、大都市周縁部の都市や集落、あるいは都市内のさまざまな位相の人々が有していたであろう主体性を重視し、能動的な存在としてイメージする研究視点へと転換をうながした。このような新しい視点に基づく研究によって、メソアメリカ文明の発展過程や発展をもたらす要因の多様性、独自性がより具体的になってくる。

　とはいうものの、やはり質量ともに大遺跡の調査研究の成果は膨大であり、比較研究をおこなっていくには課題が山積みである。だからといって追求をやめていいというものでもなかろう。J・マーカス（Marcus 2003）がテオティワカンとマヤ地域の関係を理解するなかで指摘しているように、現在ではとにかく様々な地域で再構成されつつある先スペイン時代像をさらなる調査研究とともに地道に進めていく以外に方法はないのである。

　最後に、小地域や小集団といったミクロな方向へ研究領域や視点が移行することによって、多様性、独自性、主体性を強調する論調が顕著になってくるなかで、常に意識しておくべきことがある。それは、メソアメリカ文明史のなかでの位置付けである。つまり、よりミクロな方向性にすすむたびに、それらをメソアメリカ文明史のなかにどのように位置づけることができるのか、常に反芻することが重要である。そうしなければ、周縁研究の成果に意義は芽生えてこないと考える。無論、実践することは容易ではないが、常にマクロな歴史展開を考慮してこそ、ミクロな研究の意義がみいだせると筆者は考えている。

第4節　本書の構成

　以上、古代メソアメリカ文明の概要およびメソアメリカ考古学研究の現状と課題について述べてきた。周縁研究を糸口として古代メソアメリカ文明像を再考することを企図する本書では、以下のような構成で論を進めていくことにする。

　まず第1章では、周縁研究における概念的整理と研究視座の提示、メソアメリカ南東部およびチャルチュアパ遺跡を調査対象とする理由について学史的整理をおこなう。そして、古代メソアメリカ文明の変革期である先古典期から古典期への移行期（後100〜600年）における中心／周縁関係について論じる。

　つづく第2章では、本書のみならず将来的に研究の根幹となる編年について、筆者が主体的に関わってきた考古学調査で獲得した建造物データ、炭素14年代測定データ、土器データに基づき再考・精緻化する。前400年から後1000年の時間幅をもつデータから、在

地の文化伝統が漸次的に変容しながら種々の社会活動が連綿と続くことを論じている。

　この連綿と続く長期の社会活動を理解する上で避けて通れないのが、新大陸では完新世最大規模と評されるイロパンゴ火山の噴火の年代とそのインパクトに関する議論である。第3章では、噴火によってチャルチュアパを含む当該地域の社会や文化は壊滅し、数世紀の断絶ののち、新たな民族集団の移入によって再興するという旧説に対して、むしろ噴火のインパクトは小規模で在地集団が継続的に居住していたとする新説を展開している。

　第2・3章で提示した編年観や噴火の解釈をもとに、改めて古代メソアメリカ文明の変革期とされる先古典期から古典期への移行期について検討を加えたのが第4章である。この時期のメソアメリカは、テオティワカンの勃興と影響の拡散、マヤ地域における大都市の出現といった変革期にあたるが、こうした大都市が興亡するなかで、その周縁に位置づけられるチャルチュアパではどのような変化が認められるのか、土器・石彫・土偶といった物質文化の変化、社会階層化の度合いから変化の画期について論じている。結論として、変化の画期は認められるが、その背景は大都市の変化プロセスとは異なることを明示している。

　第5章では、第4章で明らかにした変化の背景について、大都市（＝中心）との交流を示唆する外来要素の受容過程、人の移動、戦いの痕跡から検討し、周縁社会が主体性や独自性を維持し変容させていくさまを、考古学だけでなく形質人類学や同位体分析などの専門家の協力を得ながら、学際的手法をもちいて論証している。

　そして終章では、これまでの議論をまとめ、社会の不安定を助長する複雑化・肥大化を志向せず、適度な社会バランスを持続することで大都市の盛衰や大災害にも大きく左右されない「周縁なるものの戦略」の存在を指摘する。いわゆる中心・中央と認識される大都市遺跡とその周縁に位置する遺跡の見方に新たな視座を提供している。

註

1）　同様な用語には、「中央アメリカ（Central America）」や「中部アメリカ（Middle America）」がある。前者は、グアテマラ、ベリーズ、ホンジュラス、エルサルバドル、ニカラグア、コスタリカ、パナマからなる「政治的概念」を表す地域区分である。後者は、その中央アメリカおよびキューバなどの西インド諸島を含む「地理的概念」を表す区分である。

2）　国家段階の社会だけでなく、国家的な特徴を備えながらも首長制社会的要素もあわせもつ区別の困難な社会（例えば、初期国家など）が存在するため、これらの社会に対するより包括的用語として「複雑社会（complex society）」という用語がもちいられる場合がある（cf. Yoffee 2005）。メソアメリカ古典期社会の一部は国家段階に達していると評価される。しかし、一概に統一できるわけではなく、地域や時期、あるいは各研究者の理論的背景によってもその諸様相は異なる（e.g. Feinman and Marcus eds. 1998; Sanders and Price 1968; Spencer and Redmond 2004）。近年は、特定の社会の発展段階に位置づけようとするのではなく、複雑社会の多様な発展過程を模索する方向へと向かう流れもあり（e.g. Blanton et al. 1996; Yoffee 2005）、筆者もこの流れに賛同する立場をとる。

3）　「チナンパ（Chinampa）」とは、湖に木杭などで囲いをつくり、内側に葦やイグサなどを敷

き詰めて、湖底の肥沃な土を盛って造成された土地で、植物を栽培する農法である。きわめて肥沃で収穫率が一般的な耕作地よりも高かったとされている。現在でもメキシコ・シティ南部のショチミルコにおいてみられる。

4）「セノーテ（Cenote）」とは、ユカタン半島などの石灰岩地帯にみられる陥没穴に自然に地下水が溜まった泉のことをいう。チチェン・イツァ遺跡のセノーテは有名で、セノーテの内部からは人骨や供物と考えられる土器などが大量に出土している。つまり、単に水源としてだけではなく、信仰の対象としても崇められていた。「チュルトゥン（Chultún）」とは、雨水などを貯めるために石灰岩の岩盤を掘ってつくられた地下貯水池である。とくに乾燥の激しいマヤ低地北部においては、チュルトゥンを掘るために、小さな自然の丘の上に住居基壇が造られている例がある。

5）「先古典期終末期」は、学史的に先古典期から古典期の発展段階を示す時期として、「原古典期（Protoclassic）」と称される場合がある。その定義については、G・ウィリーによる定義が代表的である。マヤ地域のバートン・ラミー遺跡、ホルムル遺跡、ノームル遺跡周辺から出土するオレンジ色系土器、球根形四脚付浅鉢形土器に代表される土器群に特徴づけられる文化的な内容のことと定義された（Willey 1977:425）。ただし、これは土器型式にのみ着眼し、それがあたかも文化や社会変化の過渡期として扱われている点に注意が必要である。一方、J・ブラディらは「原古典期という概念は、明確な土器型式群として捉えるべきであり、土器型式のみを過度に強調し、マヤ文明の発展段階の概念としてもちいることはすべきではない」と主張している（Brady et al.1998:34）。したがって、「原古典期」という概念は土器型式の区分としては有効であるが、社会の特質を検討する場合には、注意が必要である概念といえる。本研究では、土器型式に主眼をおいた時期区分である「原古典期」はもちいず、あくまで先古典期の枠組みとして検討している。

6）「タルー・タブレロ建築」というのは斜め壁（タルー）と真上に垂直の枠付きパネル（タブレロ）をはめ込んだ特徴的な建築様式である。この建築様式の起源はプエブラ・トラスカラ地方に求めることができるとされるが（García Cook 1981）、後150〜200年ごろからテオティワカンを中心に発達し広がった。

第1章　メソアメリカ周縁史研究の視座
——周縁からの挑戦——

　第1章では、まず周縁史研究における視点を整理し、本書の射程を明確にする。そのうえで、筆者がフィールドとする「メソアメリカ南東部」について概要・研究史を説明する。そして、本書の主な舞台となるチャルチュアパ遺跡の研究史を概略し、本書が取り組む具体的な課題と論点について明示する。

第1節　本書の視座と意義

1.「周縁」と「中心」

　「周縁」またはその対義語としての「中心」とは考古学的にどのように定義、または認識されるのであろうか。

　中心／周縁をめぐる代表的な考古学的基準としては、遺跡規模、洗練された工芸品や美術様式、石碑や石彫などの石造記念物の存在が挙げられよう。規模の大きい建造物が存在し、生産または交易によって獲得された希少かつ精巧な工芸品、暦や王朝史を刻んだ石造記念物が出土する遺跡は、ある地域のなかで大人口を擁し、成熟した政治、経済、文化と、それらを動かす突出したリーダーや支配者層が存在する大都市、いわば「中心」として認識される。そして、その遺跡の周囲に位置する質的または量的により小規模な遺跡は「周縁」と認識される傾向がある。

　しかし、ある地域で構築される中心／周縁関係は、時間的に一定というわけではなく、地理的にも複数の中心／周縁関係で成立する小地域が統合されて、ひとつの大きな中心／周縁関係を形成する場合もある。また、「周縁」と位置づけられる地域・遺跡・集団のなかにも「中心」となる小地域・遺跡・集団が存在することは容易に想定が可能で、中心／周縁という関係は常に動的かつ複雑な様相を呈し、可変的かつ流動的であることを意識しておく必要がある。

　ここで問題となるのは「周縁」という単語から想起される印象の問題である。マヤ文明研究のなかで周縁地域の重要性を主張する中村誠一は次のように述べている（中村2007:88）。

　　ペテン中心主義[1]から構築されたマヤ文明研究史の中では、周縁という言葉が当初

から地理的意味だけではなく、政治・経済・文化的な後進性という含意をもって使用され、マヤ文明史全体の中で、受動的・後進的地域として位置づけられてきてしまったのである。（傍点筆者）

　つまり、「周縁」という言葉は負のイメージを付与してしまう恐れがあるのである。「一次国家」に対して、その一次国家との接触を経て出現する「二次国家」という言葉にやや負のイメージが付与されてしまう傾向と類似している（Parkinson and Galaty 2007: 114）。「支配者層」「被支配者層」の関係もまた同様といえよう。

　もっともこうした言葉から喚起されるイメージだけではなく、「中心」が常に「周縁」よりも上位にあり、あらゆる事象が「中心から周縁へ」という形で一方的あるいは無意識的に理解、解釈されてしまうことが考古学研究では最も重大な問題であるともいえる。例えば、考古学における中心/周縁の関係を説明する際に、適した理論的枠組みのひとつとして「世界システム論」（Wallerstein 1974［川北訳1981］）がある[2]。中心と周縁という非対称的な関係を軸として、かつ中心は常に周縁に変化を引き起こす媒体として機能するという説明原理を示した。しかし、世界システム論に関しては「中心」という視点に立てば有効な手段として活用できるとされるが、一方で「周縁」と定義された側の主体的な役割が矮小化されてしまう傾向にあるとの指摘がなされている（e.g. 嘉幡2013; Schortman and Urban 1994; Stein 2002）。ショートマンらは、自らの調査地であるマヤ南東地域を「周縁」と呼ぶことを慎んだ方がよいとさえ提案している（Schortman and Urban 1994:413）。

　こうしたなか、序章でも述べたように、近年では周縁と位置づけられるような地域・遺跡・集団がもつ主体性や独自性が、古代メソアメリカ文明の衰退や発展過程の解明のなかで重要視されつつある。例えば、テオティワカンとマヤ地域の各都市の相互関係をめぐる新たな議論はその代表といえよう（e.g. Bove and Medrano 2003; Braswell ed. 2003; Marcus 2003）。従来の議論では、テオティワカンによるマヤ地域各都市の一方的な支配や管理が想定されていた（e.g. Santley 1983）。他方、近年の議論では、マヤ地域の各都市（周縁）におけるテオティワカン的要素（中心）の出現具合が、特定の建造物や墓に集中していることを根拠として、マヤ地域の各都市の自律性または主体性に基づきテオティワカン的要素が受容されたと解釈する（e.g. Braswell 2003; Demarest and Foias 1993; Valdés and Wright 2004）。

　また、テオティワカンという絶対的中心が存在したメキシコ中央高原内にも、「周縁」と位置づけられる地域や集団が存在し、「中心」つまりテオティワカンの支配や動向に左右されない周縁独自の戦略が存在したことを黒曜石や土器の流通という観点から明らかにした研究もある（e.g. 嘉幡2008; Kabata 2009, 2010）。さらに、「周縁」と位置づけられるマヤ南東地域を体系的に調査し、周縁地域内におけるミクロな中心/周縁関係を「競合・変動するネットワークへの独自の意思決定」という観点から説明を試みた研究もある（中村

2007)。

　このように中心/周縁関係が動的かつ複雑であるからこそ、「中心」とアプリオリに決定された地域や遺跡だけを研究対象とするのではなく、地域的な発展過程の再構築や各地域の歴史的固有性への関心が高まってきているのだと考えられる。

2. 歴史的固有性への視座

　考古学や人類学の分野において、個別性や歴史的固有性を重視する視点が顕著となってくるのは1980年代以降である（e.g. Hodder 1982, 1986; Pauketat 2001, 2007; Yoffee 1993, 2005）。この視点は、人間行為の一般法則を追求し、仮説演繹的手法をもちいて文化変化あるいは社会変化の過程を明らかにしようとするプロセス考古学への批判とともに生まれた理論的動向であるとされる（Trigger 1996）。

　こうした理論的動向は、全てではないにしても、大遺跡の調査研究を中心に古代メソアメリカ文明史を再構築しようとしてきた研究動向に一石を投じる重要な視点である。序章でも述べた通り、ペテン中心主義やメキシコ中央高原におけるテオティワカン偏重主義はそうした研究動向の最たるものと位置づけられる。当然、大遺跡の調査研究から解明されてきた部分には十分に留意する必要がある。しかし、より小規模の遺跡、支配者層に限定されない個々の集団や人間に着目した視点も含めた、つまり各地域・遺跡・集団の歴史的固有性へのまなざしをもつことによって、一元的な解釈に陥ることなく、より多元的な視点を含んだ解釈が可能となる。

　こうした歴史的固有性や人々の主体性に着目した研究が、メソアメリカ考古学にないわけではない。例えば、オアハカ地域の大都市であるモンテ・アルバンに集約されない、オアハカ地域全体の長期の歴史的展開を明快に論じたA・ジョイスの著作はそのひとつといえる（Joyce, A. 2010）。また、先の周縁社会の独自性や主体性を志向する研究（e.g. 中村 2007; Bove and Medrano 2003; Braswell 2003; Iannoe and Connell eds. 2003; Scarborough eds. 2003; Schortman and Urban 1994）、一般成員やジェンダーに焦点をあてた研究（e.g. Joyce, R. 2001; Lohse and Valdez Jr. eds. 2004）もまた近年の理論的動向をうけて派生した研究と位置づけられるであろう。

　したがって、本書における視点は決して真新しいものとはいえないかもしれない。しかし、依然として大遺跡の調査や、華やかな発見・報告に一喜一憂しがちなメソアメリカ考古学の研究動向において、現時点では地域の歴史的固有性や地域独自の発展過程に重きを置き、周縁研究を実践する試みが求められているといってよい（e.g. Marcus 2003：356）。また地域史は全体史を構成する要素であり、地域史が充実すれば、全体史への貢献も可能である。以上のような立場にたてば、本書は単に調査や議論がこれまで及ばなかった周縁研究の進展をうながすだけではなく、大遺跡中心主義的な解釈にも影響を与え、古代メソアメリカ文明の深い歴史の理解に貢献できると考えている。

第2節　メソアメリカ南東部と研究略史

　本書は、西はグアテマラ高地、東はレンパ川下流域、北をモタグア川中流域までを含む地理的領域を対象としている。既存の地域区分に従えば、マヤ南部地域と南東地域の一部を含めた地域である。ここでは、より大きな地理的文化的区分である「メソアメリカ南東部」の一部として定義する（図1-1）[3]。その中でも、本書の議論の中心となるのは、カミナルフユ遺跡とコパン遺跡という古代メソアメリカ文明を代表する大都市遺跡から約110km離れたチャルチュアパ遺跡である。先の中心/周縁関係の定義でいうならば、カミナルフユ遺跡とコパン遺跡が「中心」、チャルチュアパ遺跡が「周縁」という位置付けとなろう。では、なぜメソアメリカ南東部、そしてチャルチュアパ遺跡を調査研究の対象とするのか。その前提となる背景について、当該地域の自然環境、歴史的文化的背景、研究史からまずは整理する。

1. メソアメリカ南東部の自然環境

　自然環境は、大きく太平洋沿岸部と高地にわけられる。太平洋沿岸部は、グアテマラ西

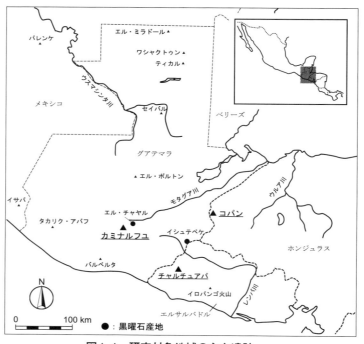

図1-1　研究対象地域の主な遺跡

部太平洋沿岸部（フティアパ州、サンタ・ロサ州）からエルサルバドルの最大河川であるレンパ川までの範囲で、南北に走る何本もの河川が肥沃な平野部を形成している。気候は、熱帯に属し、平均年間降雨量は2000〜3000mmを記録する。太平洋沿岸部は、定住村落が先古典期前期から形成されただけでなく（e.g. Arroyo 1995）、重要な交易経路でもあったと考えられている（e.g. Sharer and Traxler 2006：33-34）。

　一方、高地は太平洋沿岸部の平野部から約50〜70km北に位置する。一般に標高700〜800mを超え、気候は概ね温暖な地域である。カミナルフユ遺跡が位置するグアテマラ盆地や、エルサルバドル西部のアウアチャパン盆地などでは、肥沃な火山性土壌が広がっている。さらに、高地には遠距離交易された黒曜石の原産地であるイシュテペケやエル・チャヤル、そしてヒスイの原産地であるモタグア川が位置している。

　このモタグア川の一支流にコパン川があり、古典期マヤ社会を代表する都市であったコパン遺跡が立地する。一般的には「低地」に区分されているものの（Sharer and Traxler 2006）、コパン遺跡が位置するコパン谷は標高550〜650mで、標高700〜800m以上の「高地」と亜熱帯雨林で覆われた「低地」の間の中間的な自然環境を有している点が特徴である。

2. 歴史的背景

　メソアメリカ南東部は、文化的にはカミナルフユ遺跡やチャルチュアパ遺跡などが位置する高地と太平洋沿岸部、高地と低地の中間に位置するコパン遺跡とその周辺地域に大別することができる。以下、これまでの調査研究で明らかとなっているメソアメリカ南東部の歴史的背景について、主に本書の研究対象時期である先古典期と古典期に的を絞りながら概観していこう。

（1）先古典期（前1500〜後300年）

　メソアメリカ南東部では少なくとも前1500年ごろから太平洋沿岸部で人間の居住が開始される（e.g. Arroyo 1995）。委細については不明な点が多いものの、土器片や貯蔵穴などがみつかっていることから、少なくとも土器を製作し、農業を基盤とする定住村落が形成された時期と考えられる。

　コパン谷においては、前1000〜850年ごろに相当する土器がみつかっている（Fash 2001：69）。これらはメキシコ湾岸に栄えたオルメカ文化の諸特徴を有する土器であり、かなり早い段階からメソアメリカ南東部に位置する社会が広域の地域間交流網の中に組み込まれていた可能性を示唆するものである。高地についても先古典期前期の居住痕跡が確認されてはいるが、詳細は不明である（e.g. Sharer 1978 vol. III：208）。

　メソアメリカ南東部の社会を特徴づける文化要素が次第に形成されていくのは先古典期中期（前1000〜400年ごろ）からである。カミナルフユとその周辺地域では、ナランホに

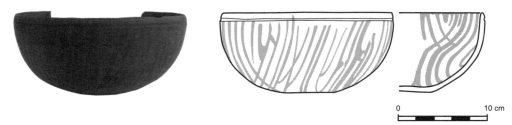

図1-2　ウスルタン様式土器
(チャルチュアパ遺跡ラ・クチージャ地区出土)

代表されるように、先古典期中期ごろから無彫刻石碑や祭壇が建立される（e.g. Arroyo ed. 2010）。先古典期中期後半から先古典期後期にかけては、カミナルフユなどで壮麗な装飾に身を包んだ人物像が刻まれた石造記念物、「太った神様」や「様式化されたジャガーヘッド」と呼ばれる特徴的な石彫が公共建造物周辺に配置されるようになる（e.g. Paredes 2012; Parsons 1986）。同様にチャルチュアパにおいても、先古典期中期にはラ・ベンタに匹敵する土製の公共建造物がつくられ、その後の増改築によって先古典期後期には高さ24mにも達した[4]。その土製の公共建造物の前には石碑や祭壇、人物や暦が刻まれた石造記念物が配置された（伊藤 2016; Ichikawa 2008; Sharer 1978）。

　その後の古典期マヤ低地の文化要素を特徴付ける石碑の原形と考えられているこれら先古典期の石彫文化は、西はメキシコ太平洋沿岸部に位置するイサパ、グアテマラ太平洋沿岸部に位置するタカリク・アバフ、東はチャルチュアパまでの広範囲に広がっていた。くわえて、カミナルフユでは大規模な土製の公共建造物群、300点近い精製土器やヒスイ製品をともなう墓が造営されていたことから、強力な王権に基づく社会がすでに存在していたと考えられている（e.g. 青山 2013：59; Micheles 1979）。

　ところで、メソアメリカ南東部の先古典期後期を代表する土器に「ウスルタン様式土器」と呼ばれるものがある（図1-2）。施文技術の違いなどによっていくつかのタイプに分類されるが、いずれのタイプにも通底する特徴は、オレンジ地で明褐色またはクリーム色を呈したネガティブ文様である。波状線や平行線などの幾何学的なデザインが施文される。チャルチュアパを生産の中心として、カミナルフユやコパンだけではなく、少なくとも北はペテン地域、西はチアパス、東はコスタリカまで、メソアメリカの広範囲に分布が認められる土器である（村野 2012; Demarest and Sharer 1982; Sharer 1978）。この他にもカミナルフユに特徴的な刻線文付黒褐色土器も比較的広域に分布する土器のひとつである。

　こうした先古典期中期から後期にかけて共通する石彫様式や土器の分布は、各都市間で地域間交流を示す証拠であり、その地域間交流のなかで各文化要素、知識・情報が広く共有されていたと考えられる[5]。ウスルタン様式土器以外にも、刻線文付黒褐色土器、オレンジ色浅鉢形土器、「太った神様」の石彫、南北軸を中心とする建造物配置も、広域

に分布することから地域間交流を示す証左といえる。これらの地域的まとまりをA・デマレストらは「プロビデンシア・ミラフローレス土器文化圏（Providencia-Miraflores Ceramic Sphere）」と称している（Demarest and Sharer 1986）。土器文化圏とされているが、上述したように様々な文化要素が共有されている地域としても言い換えることが可能である。

　一方で、先古典期後期のコパン谷周辺については、建造物がすでに造られてはいるものの、実態はよくわかっていない（e.g. Hall and Viel 2004）。しかし、ウスルタン様式のオレンジ地浅鉢形土器や球根形脚付浅鉢形土器など、往時のカミナルフユやチャルチュアパと共通する土器がみられることから（e.g. Viel 1993）、少なくとも高地との地域間交流は存在したものと思われる。

（2）古典期（後300〜900年）

　先古典期終末期（後100〜300年）ごろから古典期前期前半（後300〜450年）にかけて、石彫製作の中断または石彫の破壊（大井編1994）、土器タイプ数の減少（Sharer 1978 vol. III）などがみられることから、メソアメリカ南東部の各社会は衰退期を迎えると考えられている（e.g. Sharer and Traxler 2006：279）。この要因のひとつとしてあげられているのが、エルサルバドル中央部に位置するイロパンゴ火山の噴火である。しかし、後述するように噴火年代が後400年以降に定着しつつある昨今では、遠距離交易網の変化（e.g. Shook and Hatch 1999）、大規模干ばつ（e.g. Valdés and Wright 2004）、外部集団の移住（e.g. Popenoe de Hatch 1993）など噴火以外の衰退要因を想定する必要がある。とはいうものの、考古学的証拠が依然として明瞭でないこと、イロパンゴ火山の噴火年代やインパクトに関する考古学的議論が立ち後れている現状を考慮するといずれの仮説も検討の余地がある。ここではメソアメリカ南東部において先古典期終末期から古典期前期前半がひとつの変革期であったという点を押さえておきたい。

　この変革期にメソアメリカ南東部では、メキシコ中央高原最大の都市国家であったテオティワカンの影響が現れるようになる[6]。太平洋沿岸部のバルベルタやモンタナでは、三脚円筒形土器、人物形象香炉、パチューカ産緑色黒曜石が後200〜400年ごろに出現することから、これらのセンターはメソアメリカ南東部では最も早い段階からテオティワカンと何らかの関係を有していたとされる（Bove and Medrano 2003）。一方、グアテマラ高地のカミナルフユにテオティワカン的要素が本格的に出現するのは、後400年以降といわれている（Braswell 2003: 102; Kidder et al. 1946）。カミナルフユの支配者層は、三脚円筒形土器、パチューカ産黒曜石、胡座葬といったテオティワカン的要素だけではなく、マヤ低地の多彩色土器やメキシコ湾岸起源とされる黄鉄鉱製鏡など、外部の文化要素を多分に取り込むことによって自らの権力を正当化し、さらに強化していったようである（Braswell 2003）。

　同様にテオティワカンやマヤ低地などの外部要素を権力資源として積極的に利用し、突

如頭角をあらわすのがコパンである（Fash 2001; Sharer 2004）。ただし、メソアメリカ南東部の他のセンターと無関係であったわけではなく、コパン王朝創始時にはカミナルフユとの関係も指摘されている（e.g. Valdés and Wright 2004）。また、実証的ではないが、イロパンゴ火山の噴火によって引き起こされたチャルチュアパなど南からの人々の移住が、コパン谷周辺の人口増加や社会発展に寄与したともいわれている（e.g. Dull et al. 2010）。

　古典期後期（後600〜900年）は、メキシコ中央高原においてテオティワカンが衰退する時期である。カミナルフユなどでは引き続き居住痕跡や外部との地域間交流の形跡がみられるものの、先古典期後期や古典期前期前半ほどの地域的影響力は失われた。一方で、コパンは引き続きマヤ低地およびメソアメリカ南東部社会との関係を保持し、独自の発展過程を経ていく。チャルチュアパはこのコパンの発展に関与していた可能性があるという。なぜならば、チャルチュアパは、コパンで多くみられる「コパドール多彩色土器」のひとつの生産地候補と考えられているからである（e.g. 寺崎2002; Longyear 1952; Sharer 1978 vol. III）。

　以上が本書の対象とする地域の歴史的背景である。では、メソアメリカ南東部の研究の進展は、古代メソアメリカ文明史の再構築の過程において、どのよう学術的意義があるのか。研究の位置づけについて改めて確認したい。

3. 残されている研究課題

　先に述べたようにペテン中心主義のような大遺跡を中心に据える視点は、メソアメリカ考古学において依然として支配的である（Love 2011: 14-15）。しかし、1940年代から1980年代にかけて、カミナルフユ遺跡やチャルチュアパ遺跡が所在する地域は、オルメカ文化との地域間交流や古典期マヤ社会を特徴付ける文化要素（文字、暦、石碑祭壇複合など）を早い段階から有していた文化的先進地域と位置づけられ、古典期マヤ社会の発展過程を考える上で学史的に重要な地域であった（e.g. Ichon and Arnauld 1985; Sharer 1978; Sharer and Gifford 1970: 452; Willey 1977: 438-439）。1990年代から2000年代にかけては、サン・バルトロ遺跡やエル・ミラドール遺跡など、定説を覆すポテンシャルをもったマヤ低地の先古典期遺跡の調査が進展したことにより（e.g. Hansen 1990, 1993, 1994; Saturno 2002）、メソアメリカ南東部やマヤ南部地域への関心が一時的に低くなったといわざるを得ない。しかし、近年は地道な考古資料の蓄積によって古代メソアメリカ文明を考えるうえで、メソアメリカ南東部やマヤ南部地域は無視できない地域であることが再認識されつつある（e.g. Inomata et al. 2014; Love and Kaplan eds. 2011; Marcus 1995）[7]。とりわけ、カミナルフユ遺跡を扱った議論は2010年代に入り再燃している（e.g. Demarest 2011; Inomata et al. 2014; Kaplan 2011）。

　こうした研究状況において、メソアメリカ南東部の大都市の盛衰を手短に要約すると

次のようになる。まず、カミナルフユが先古典期中期後半から先古典期後期にかけて絶頂期をむかえる。一時的な衰退の後、古典期前期にテオティワカン系要素を受容することで復権するも、先古典期後期のような影響は周辺地域まで及ばなくなった（Braswell 2003; Shook and Hatch 1999）。一方、先古典期後期までは他地域への強い影響力を有していなかったコパンでは、後426年に新王朝が成立すると、以後約300年間にわたりマヤ地域の広い範囲に影響を及ぼすほどの繁栄期を迎えるのである。

　ここで「周縁」という視点に立ち戻ってみると、ひとつの疑問が生じる。先古典期中期から後期にはカミナルフユ、古典期前期以降はコパンという、他地域へ影響を及ぼした異なる大都市が興隆するとき、大都市の周辺に存在したより小さな都市や集落の人々はどのような対応をとったのか、という疑問である。換言すれば、ある地域の中で大きな影響力を有する大都市の盛衰は、その大都市との政治的・社会的・経済的諸関係の中に包摂される中小規模の社会や集団にどのような影響や変化を生じさせたのであろうか。そもそも中心となる大都市の影響というものを直接的に受けるような環境や状況であったのか。

　これまでの学史を振り返れば、カミナルフユ遺跡やコパン遺跡は重要であることは疑いない。しかし、単に遺跡規模や洗練された石碑や芸術などの存在に準じてしまっては、最終的には世界システム論的解釈を促すだけである（cf. Kaplan 2011:403）。この点において、先古典期後期におけるカミナルフユの高地内の政治経済的支配が従来想定されていたよりも小さいことが指摘されている点は示唆的であるといえよう（Braswell and Robinson 2011）。また、コパンとその周辺地域に関する地域間関係についても、先にも述べたような中村らの体系的な調査研究によって、「各地域の支配者層の独自のネットワーク構築戦略」の存在が指摘されたことは傾聴に値する（e.g. 中村 2007; Canuto and Bell 2013）。

　上述したような、先古典期から古典期にかけての社会の盛衰過程あるいは社会変化の過程における周縁社会の動きを明らかにするためには、先古典期のカミナルフユや古典期のコパンと常に何らかの地域間関係を有していた遺跡が調査研究の対象として適している。こうした研究上の問題点を解決するのに適した遺跡のひとつが、エルサルバドル西部に位置するチャルチュアパ遺跡である。以下、チャルチュアパ遺跡の調査研究史をふまえ、本書における論点を精査しておきたい。

第3節　チャルチュアパ遺跡と本書における論点

1. チャルチュアパ遺跡の概要
（1）地理的位置

　チャルチュアパ遺跡は、エルサルバドル共和国の首都サン・サルバドルから西へ約80kmのサンタ・アナ県チャルチュアパ市に位置する（図1-3）。少なくとも遺跡範囲は約3km²におよび、北からエル・トラピチェ地区、エル・パンペ地区、ペニャーテ地区、カ

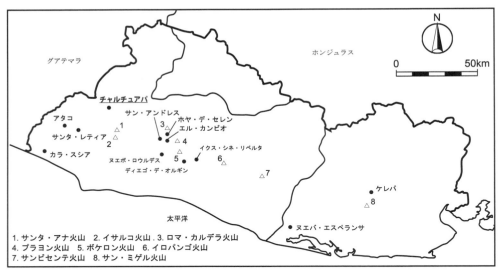

図1-3　エルサルバドルの主要遺跡

サ・ブランカ地区、ラ・クチージャ地区、ロス・ガビラネス地区、ラス・ビクトリアス地区、ラグナ・クスカチャパ地区、ラグナ・セカ地区、ヌエボ・タスマル地区、タスマル地区の11地区でこれまで考古学調査が実施されている（図1-4）。その結果、大小合わせて100基以上の建造物が登録されている（Sharer 1978 vol. I）。遺跡は、北側のチンゴ火山、南側のサンタ・アナ火山など標高1000m以上の山々に挟まれた盆地状の台地に立地しており、遺跡北側にはパンペ川が流れている。標高は710m前後でタスマル地区（約720m）からエル・トラピチェ地区（約700m）にかけて高低差が約20mある。周辺には、アパネカ山麓に位置するアタコ遺跡（直線距離で約22km）やサンタ・レティシア遺跡（直線距離で約18km）があり、いずれも標高1200mを超えた山間部に位置している。なお、チャルチュアパ遺跡からカミナルフユ遺跡までは直線距離で約115km、コパン遺跡までは約110kmあり、黒曜石の産地で有名なイシュテペケは約50kmのところに位置している。

(2) 調査史概略

　チャルチュアパ遺跡に関する考古学的記録は、地誌学者J・ラルデによる1926年の報告をその嚆矢とする（Larde 1926）。その後、J・ロングイヤーやS・ボッグスらが踏査やタスマル地区の発掘調査を実施した（Boggs 1943a, 1943b, 1944, 1945, 1950; Longyear 1944）。ボッグスによる一連のタスマル地区調査は、建造物群の時期や豊富な副葬品をともなう墓などについて報告されただけでなく、建造物群全体を修復保存した点が当時の考古学調査としては特筆に値する。その後、A・キダーやW・コウらがエル・トラピチェ地区やカサ・ブランカ地区の小規模な発掘調査を実施した（Coe, W. 1955; Sharer 1978）。

　1967年以降、R・シャーラーを団長とするペンシルバニア大学博物館調査団によって、

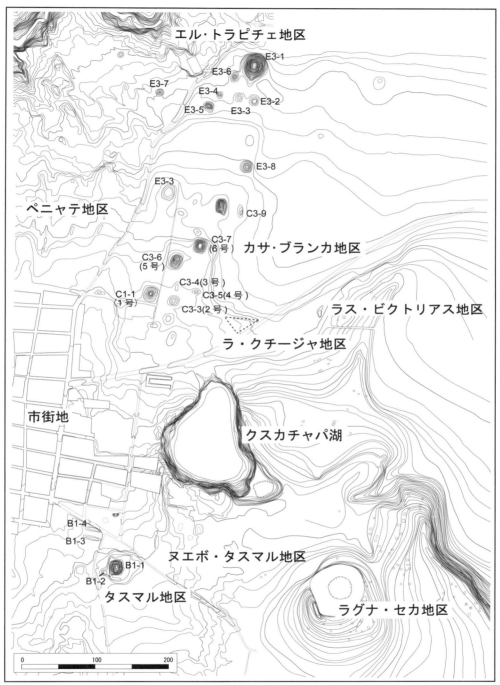

図1-4 チャルチュアパ遺跡地図
(Sharer 1978 Mapをトレース・加筆)

エル・トラピチェ地区とカサ・ブランカ地区を中心とした大規模な発掘調査が実施された（Sharer 1978）。後述するように、この調査成果はメソアメリカ南東部の歴史を考えるうえで重要な学術的成果をもたらしたこともあり、学史に長く刻まれる重要なものであった。

1979年から1992年にかけてはエルサルバドル国内で内戦が勃発し、考古学の調査研究は停滞期に入る。その後、チャルチュアパ遺跡の本格的な調査再開は、1995年の京都外国語大学を調査主体としたエルサルバドル総合学術調査団を待たねばならない（大井編2000）。同調査団は、カサ・ブランカ地区の土製建造物群の発掘、修復保存活動をおこなうと同時に、エルサルバドル人考古学者の育成にも力を注いだ。

2000年以降は、名古屋大学の伊藤伸幸が団長を務める「エルサルバドル考古学プロジェクト（Proyecto Arqueológico de El Salvador ＝以下PAES）」やエルサルバドル文化芸術審議会文化遺産局考古課（現・大統領府文化庁文化自然遺産局考古課）が中心となって、カサ・ブランカ地区、タスマル地区、エル・トラピチェ地区、ヌエボ・タスマル地区などで発掘調査が継続的に実施されている（伊藤2004, 2009, 2010b, 2016; 伊藤他2002; 伊藤編2007; 伊藤・柴田2007; 吉留2013; Ito ed. 2009, 2010［2003］; Ito y Shibata 2007, 2008; Murano et al. 2011; Namigata et al. 2008; Shibata 2005a, 2005b, 2005c, 2006; Shibata y Murano 2007; Shibata et al. 2002）。

2003年以降は、国際協力機構青年海外協力隊と文化庁との協同体制が整い、タスマル地区B1-2号建造物（Kato 2006; Kato et al. 2006; Valdivieso 2005, 2007）、カサ・ブランカ地区の南に位置するラ・クチージャ地区（Ichikawa y Shibata 2007, 2008）、カサ・ブランカ地区5号建造物と6号マウンドなどの発掘調査が実施された（Ichikawa 2008; Ichikawa et al. 2009; Murano 2008）。

筆者が初めてエルサルバドルにおいて考古学調査に参加したのは2003年である。以降、2005年から2007年には青年海外協力隊として、2008年から2013年にかけては大学院生として、上述の調査のほとんどに参加、あるいは調査主任として発掘調査を担当した。本書に掲載されている考古資料やデータは、その際に収集・分析したものが中心である。

さて、各調査の詳細については各報告書や論考を参照されたいが、1995年以降の考古学調査によって、一次資料が着実に蓄積されてきたことは重要な成果のひとつである。こうしたなかで、一部の研究者をのぞき1970年代以降の議論から進展がみられないことを考えると、新しい考古資料をもちいて、これまでの解釈や仮説の検証または刷新をしていくことが喫緊の課題であると筆者は考えている（市川2011:127）。本書では、先古典期から古典期にかけての社会変化という題材から周縁社会の特質について考えていくことにするが、その際に重要と思われる論点には次の3点があげられる。

3. 本書における三つの論点

（1）チャルチュアパ遺跡の編年

あらゆる考古学研究をおこなう上でその根幹をなすのが編年である。編年構築の作業は

基礎作業であるとともに、各地域の歴史性を抽出し比較検討するための重要な作業である（e.g. Marcus 1998, 2004 : 360）。

　R・シャーラーによって構築されたチャルチュアパ遺跡編年（以下、シャーラー編年）はとくにマヤ考古学に広く普及しているタイプ・バラエティ分類法に基づく土器編年としては、バートン・ラミー遺跡（Gifford 1976）やセイバル遺跡（Sabloff 1975）の土器編年と並び、ひとつの到達点と評されている（寺崎2002 : 72）。それゆえに、多くの研究者がシャーラー編年を再検討することなく使用しているというのが現状である。

　しかし、発表から30年以上たった現在、シャーラー編年に問題がないわけではない。最も大きな問題は、タスマル地区の層位的発掘に基づいた土器資料が欠如している点である。年代的には後200〜1000年に相当する。とくに、タスマル地区建造物群の創建段階に相当する先古典期終末期から古典期前期（後200〜400年：ベック期）は土器タイプ数が減少することから「衰退期」と位置づけられている（Sharer 1978 vol. III : 127）。しかし、これは先古典期後期・終末期などの資料と比して単に分析資料そのものが少なかったからに過ぎない。タイプ数は盛衰の一応の目安にはなるとはいえ、土器の器形や装飾の変化などに注目し、製作集団の志向や技術の変化の連続性にも着目しながら、より多角的に検討していく必要があるだろう。また、チャルチュアパでは複数地区に建造物群が造営されているが、各地区の時期差あるいは並行関係が明確でない点についても再考の余地がある。

　さらに、シャーラー編年の大きな問題のひとつとして、絶対年代がある。編年にもちいられた炭素14年代測定試料は、約2000年の時間幅を持つ編年にもかかわらず、7点しかない。遺構にともなった試料となるとわずか2点であり、残りはいずれも遺物包含層出土試料である。現在は、シャーラー編年が構築された1960〜1970年代とは異なり、加速器質量分析法（Accelerator Mass Spectrometry ＝ 略称AMS）やOxcalなどの較正プログラムの開発によって年代測定技術が進歩しており、より高精度な編年を構築することが可能な状況にある。

　また、A・デマレストが、マヤ南部地域において通時的・共時的な地域間比較をおこなうには現在の編年体系は粗雑であると指摘し（Demarest 2011 : 360, 380）、近年では猪俣健らによってカミナルフユ編年の大幅な修正案が提示されたことにより（Inomata et al. 2014）、編年研究への関心が高まっている。このような状況に鑑みるならば、チャルチュアパ遺跡のシャーラー編年を新資料から再検討する作業は、メソアメリカ南東部内の比較研究の基盤となるだけでなく、メソアメリカ文明史全体に当該地域の歴史を位置づけるための基礎作業という点で研究上の意義が見いだせる。

（2）イロパンゴ火山の噴火と社会変化の関係

　イロパンゴ火山の噴火は、新大陸では完新世最大規模と評される噴火である（e.g. Dull et al. 2001; Dull et al. 2010; Sheets 1979, 1983a, 1986）。その影響は火山が位置する現在のエル

サルバドル一帯やマヤ地域全体にとどまらず、一時的に世界規模での寒冷化をも引き起こしたとも言われている（e.g. Dull et al. 2010）。

　このイロパンゴ火山の噴火に関する研究は、メソアメリカ考古学において重要な論点を内包している。第一に、広域分布する火山灰であることから時期決定の指標となり、現在揺れ動いているマヤ南部地域の編年問題にも貢献できる可能性がある。これは噴火年代の解決と深く関わる。第二に、火山噴火がマヤ南部地域の人々の移住をうながし古典期マヤ文明の発展もしくは衰退の契機となったのか否か、つまり噴火がどのような影響や変化をうながしたのか、という点である。これは噴火のインパクトの問題である。より詳しく見てみよう。

　まず、噴火年代はいまだ定まっていない。現在までに、おおむね後260年、420年、535年という3つの年代案が提示されているが、研究者間の一致をみていない（e.g. Dull et al. 2001; Dull et al. 2010; Kitamura 2010a; Sheets 1979）。後260年とする説は現在ではあまり支持されていないが、支持する年代によって噴火のインパクトを都合よく解釈してしまう傾向がある点にも注意が必要である。解決に至らない原因としては、炭素14年代測定や氷床コアの分析など自然科学側からの新データが蓄積される一方で、考古学側からの十分な検討が欠落している点が第一にあげられるであろう。

　次に、噴火のインパクトについては、文化変容を促すほどのインパクトがあったとする立場（Dull et al. 2001; Dull et al. 2010; Sheets 1983b）と、逆にインパクトの影響を小さく見積もる立場（e.g. Demarest 1988; Kitamura 2010b, 2013）がある。前者は、民族集団の交替や人々の移住といった壊滅的状況を想定する立場で、例えば後260年とした場合には、噴火にともなってチャルチュアパをはじめとするマヤ南部地域の諸集団が、北に向かって移住することによって古典期マヤ低地社会の発展の原動力となったと解釈される（Sheets 1983b）。後420年とする場合にも、チャルチュアパは壊滅的影響をうけ、当該地域の政治経済的な地域間関係が崩壊もしくは変化したことによってカミナルフユの弱体化、そしてテオティワカンの介入を促すとする（Dull et al. 2001）。後535年とする場合にもチャルチュアパは壊滅的状況に陥るとされ、コパンの人口増加やティカルなどの停滞期との因果関係が示唆されている（Dull et al. 2010）。しかし、いずれも考古資料によって適切に評価されているとはいいがたく、後260年説に限ってはほぼ棄却されつつある。

　一方、噴火のインパクトを小さく見積もる立場の後者は、壊滅的な状態にあったのは軽石流が到達した火口から半径約40kmの範囲であり、それ以外の地域、例えば火山灰の堆積層が30cm以下の地域では、一時的な被害はあったものの、壊滅的影響は生じなかったと想定する（Kitamura 2010b, 2013）。これは、チャルチュアパ遺跡タスマル地区で建造物内の人為堆積層の間で観察されたイロパンゴ火山灰の一次堆積層をその根拠とする。筆者はイロパンゴ火山の噴火のインパクトに関してはこの後者の立場をとっているが、土器をはじめとするその他の考古資料の変化から仮説を補強することが喫緊の課題であると考え

ている。この点については、第三の論点である先古典期から古典期にかけての社会変化と
その背景という問題とも関連する。

（3）先古典期から古典期にかけての周縁社会における変化とその背景

　先のイロパンゴ火山の噴火の影響を考慮にいれないとしても、先古典期終末期から古典
期前期への移行期には、テオティワカンの勃興、カミナルフユやエル・ミラドールの衰退、
古典期マヤ文明の興隆などが起こる変革期であった（e.g. 青山2013:65; Sharer and Traxler
2006:279-284）。では、こうした変革期の中で中心的な社会を取り巻く周縁社会ではどの
ような状況が想定できるのか。中心の動きが周縁の動きを規定していたのであろうか。そ
れとも、周縁は主体的かつ独自に変化に対応していたのであろうか。これが第三の論点で
あり、本書の最大の関心である。

　前節で述べたように「中心」と「周縁」の二項対立的または一方向的な関係のみを想定
すれば、発展的な議論は期待できない。「周縁」地域の性格を考える上では、考古資料に
もとづき、個々の脈絡から当該社会の実態を明確にしなければならない。そのうえで、各
社会あるいは社会内部の各集団について主体性をもつ動的な存在として捉える視点が必要
である。

　以上の三つの論点に対して、次章からは、建造物や土器そして墓をはじめとする様々な
考古資料の分析、炭素14年代測定や同位体分析などの理化学分析を駆使して、地域間交
流、戦い、人の移動、イデオロギーといった多様な視点から検討をくわえ、古代メソアメ
リカ文明における周縁社会の特質の抽出を試みていきたい。

註
1）　序章でも述べたが、「ペテン中心主義」とは、「マヤ文明」はマヤ低地南部のティカルを中心
　　とした範囲＝ペテン地域でまず成立し、そこからマヤ地域各地へ波及していったとする伝統
　　的な考え方をいう（中村2007:86）。伝統的にマヤ考古学は、ティカル遺跡を中心とするペ
　　テン地域の大規模遺跡の研究に主眼がおかれてきた経緯がある。意識的にせよ無意識的にせ
　　よ、研究者の思考を規定してしまう危険性を孕んでいるにもかかわらず「ペテン中心主義」
　　は根強い。一方、それ以外の地域は「周縁」と無意識的に位置づけられてしまっているとこ
　　ろがある。
2）　世界システム論を批判的かつ発展的に援用したメソアメリカ考古学関連の論考には、Blanton
　　and Feinman 1984 や Smith, M. and Berdan eds. 2003 などがある。
3）　エルサルバドルのレンパ川以南に位置するニカラグアやコスタリカ西部もメソアメリカの一
　　部として含まれる。しかし、ニカラグアやコスタリカ西部は高さ20mを超すような神殿ピ
　　ラミッドや文字を刻んだ石碑や祭壇などが今のところみられず、土器タイプも明らかに異な
　　る。そしてメソアメリカとアンデスの両文明領域の間に位置することから、一般的には「中
　　間領域」とも呼ばれる。本書で規定するメソアメリカ南東部とレンパ川以南の地域社会間の
　　交流は存在したと思われるが、異なる文化的背景を有していたと考えている。本書ではエル

サルバドルのレンパ川周辺までをメソアメリカ南東部と便宜的に定め論を進めていくことにする。また、本研究対象地域のなかでもグアテマラやエルサルバドルの高地および太平洋沿岸部を「マヤ地域」に含めない研究者も多い。しかしながら、石碑祭壇複合などの石彫文化、支配者層などをモチーフとした多彩色土器など、いわゆるマヤ地域に特徴的にみられる文化要素を共有しているセンターも多く、ここではマヤ文化が及んだ地域という、より緩い枠組みでもちいている。

4）　詳しくは第2章第1節を参照いただきたい。

5）　土器の中性子放射化分析（Instrumental Neutron Activation Analyses ＝ INAA）によれば、広域分布する土器タイプがあるものの、いずれも地元産の粘土を使用していることが明らかとなっている（e,g. Bishop et al. 1989）。つまり、交易によってモノ自体が移動しているのではなく、土器製作に関連するアイデア、製作技術などが広く共有されていたことを示唆する。

6）　テオティワカンとの関係を示唆する遺構・遺物には、①タルー・タブレロ様式の建造物、②三脚円筒形土器、③薄手精製オレンジ土器、④器壁が大きく外反する壺形土器、⑤劇場型香炉、⑥パチューカ産緑色黒曜石、⑦カンデレーロ、⑧トラロック神などの図像、⑨戦士と思われる土偶、が挙げられる。

7）　M・ラブは、マヤ南部地域研究の4つの論点を整理している（Love 2011）：①マヤ南部人は誰か、②マヤ南部地域とマヤ低地の関係、③マヤ系・非マヤ系集団の関係、④カミナルフユとその周縁の関係（広域国家か首長国か）。本研究は主に④の論点に関連する。

第2章　歴史の連続性
——チャルチュアパ遺跡編年の再考——

　第2章では、議論の根幹をなす編年について、チャルチュアパ遺跡の建造物の変遷過程、炭素14年代、土器の分析から検討する。主に前400年から後1000年、つまり先古典期後期から古典期後期にかけて、断絶のない長期の変遷過程を明らかにしていく。

　メソアメリカ考古学全般に指摘できることだが、編年が一度構築されると、それを無批判に使用することがしばし見受けられる。同様に、炭素14年代の測定結果を安易に受け入れてしまう傾向もある。遺跡内あるいは遺跡間の時間的前後関係の把握は、あらゆる考古学研究の根幹をなすものであり、決して軽視してはならない部分である。

　本章は個別データの記述が大部を占めるが、各節の「小結」においてデータのまとめと解釈をおこない、それらを統合して第4節において筆者の考えを提示した。

第1節　チャルチュアパ遺跡建造物群の変遷過程

　メソアメリカ考古学において最も代表的な遺構が土製または石製の建造物である。チャルチュアパ遺跡の建造物群は、古い建造物を覆って新しい建造物をつくるという、メソアメリカ建造物群に一般的にみられる「重層建築」である。これは複雑な増改築はあるものの各建造物の重なりや層位的前後関係を追認しやすいという利点があるため、編年構築の作業には最も適した遺構であると言える。

　チャルチュアパ遺跡には少なくとも58基の建造物、高さ1m以下の低基壇87基が記録されている（Sharer 1978 vol.I：3）。ここでは、そのうち体系的な考古学調査が実施されている、エル・トラピチェ地区、カサ・ブランカ地区、タスマル地区の発掘調査データをもとにチャルチュアパ遺跡における建造物群の変遷過程について検討する。

　建造物群の変遷過程の再構築にもちいる資料は、S・ボッグスによるタスマル地区発掘調査成果（Boggs 1943a, 1943b, 1944, 1945, 1950）、ペンシルバニア大学博物館調査団によるエル・トラピチェ地区およびカサ・ブランカ地区の発掘調査成果（Sharer 1978 vol. I）、京都外国語大学、名古屋大学、国際協力機構青年海外協力隊、そしてエルサルバドル文化庁文化遺産局考古課によるカサ・ブランカ地区およびタスマル地区の発掘調査成果に基づくものである（伊藤2004, 2009, 2010b；伊藤他2002；大井編2000；柴田2007；Ichikawa 2008; Ito ed. 2009, 2010［2003］; Ito y Shibata 2007, 2008; Kato 2006; Kato et al. 2006; Murano 2008; Murano et al. 2011; Shibata y Murano 2007; Valdivieso 2005, 2007）。

　以下、エル・トラピチェ地区、カサ・ブランカ地区、タスマル地区の順に建造物の変遷過程をみていくことにする。なお、各建造物の名称については、各報告書に準じている。

1. エル・トラピチェ地区

　エル・トラピチェ地区はチャルチュアパ遺跡で最も北に位置し、時期的に最も古い建造物群を有する地区である（図1-4）。主要な建造物として、E3-1、E3-2、E3-3、E3-4、E3-5、E3-6、E3-7建造物がある。

　最も古いE3-1-2nd建造物は建造物内の充填土から得られた炭化物の炭素14年代測定結果から前549±63年、前611±60年という年代が与えられている（Sharer 1978 vol. III:116）。続くE3-1-1st建造物は高さ24mを有し、エルサルバドル国内では最も高い土製建造物である。この建造物の増築過程において土器埋納（10号埋納遺構）がおこなわれている。この土器埋納にともなう炭化物の炭素14年代測定結果では、前99±44年という年代が得られている（Sharer 1978 vol. I:116）。柴田潮音は、この10号埋納遺構を構成する土器の組み合わせ[1]が、カサ・ブランカ地区大基壇造成前の埋納遺構の中から出土した土器群と同じであることを指摘し、これら2つの埋納遺構はほぼ同時期の所産であると位置づけている（柴田2007:53）。筆者もこれに異存はない。

　E3-3およびE3-2建造物は対をなし、E3-1建造物の中軸とほぼ垂直に交わる三角形配置を構成している。E3-8、C3-9、C3-10建造物も同様に三角形配置を構成している（図1-4）。これらの建造物群からは先古典期後期の土器が出土しており、E3-1建造物と同時期に機能していたと考えるのが妥当である。E3-7建造物は上述した建造物群から約250m東に立地している。炭素14年代データはなく、出土土器から前100〜後100年ごろ、つまりその他のエル・トラピチェ地区建造物群と同時期に建設され、機能していたと考えられている（Fowler 1984）。

　エル・トラピチェ地区建造物群は基本的に土製で、階段などに石が一部使用されている。表面仕上げには泥漆喰がもちいられている。トレンチ発掘のため建築様式の詳細は不明だが、緩やかな傾斜壁をもつことがわかっている（Sharer 1978 Maps:Fig.8）。

2. カサ・ブランカ地区

　カサ・ブランカ地区は、エル・トラピチェ地区の南、タスマル地区の北に位置する。南北約240m、東西約220m、高さ約2mの大基壇とその上に造られた6基の建造物を中心とする地区である（図2-1.1）。C1-1、C3-3、C3-4、C3-5、C3-6、C3-7建造物とペンシルバニア大学博物館の調査で番号が付されている。近年は1〜6号建造物というより簡素な建造物番号が京都外国語大学調査団によりつけられている（大井編2000）。本研究では、建造物変遷をより的確に把握している後者の建造物名を使用することにする。

　カサ・ブランカ地区における活動の痕跡は少なくとも前400〜200年ごろにはみられる。

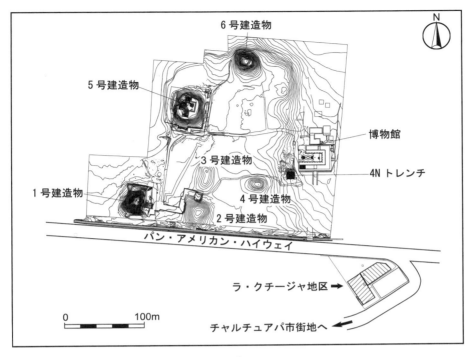

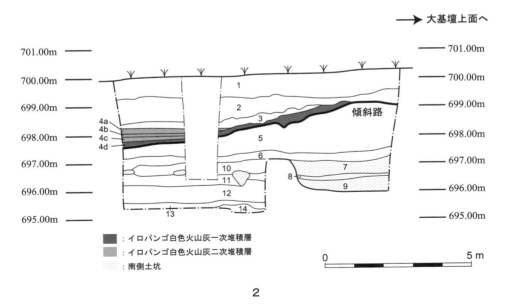

図2-1 カサ・ブランカ遺跡公園平面図および4Nトレンチ南側断面図
1. カサ・ブランカ遺跡公園平面図、2. 4Nトレンチ南側断面図
（4NトレンチはIto ed. 2010: Fig.32をトレース・加筆）

第2章 歴史の連続性 ——チャルチュアパ遺跡編年の再考—— 37

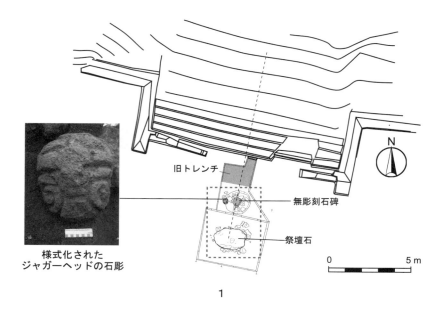
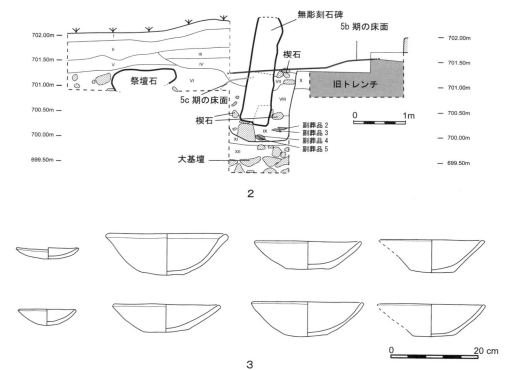

図2-2　カサ・ブランカ地区5号建造物前出土の石碑祭壇複合の出土状況
1. 5号建造物平面図、2. 5号建造物前断面図、3. 埋納土器（Aguacate Ceramic Group）

土器や土偶を埋納もしくは保管したと考えられるフラスコ状ピットがみつかっているが（Shibata 2005a）、この時期の建造物の存在はまだ明らかとなっていない。

　カサ・ブランカ地区における本格的な建築活動の開始は大基壇の造成からである（図2-1.2）。炭素14年代測定結果に基づけば大基壇は後50〜100年には造成された（Shibata et al. 2002）。大基壇への斜面を形成する盛土下には、土器、土偶、黒曜石製品をともなう埋納遺構がある。この埋納遺構にともなう土器の組み合わせが前述したエル・トラピチェ地区E3-1-1st建造物の10号埋納遺構と類似しているのである。つまり、E3-1-1st建造物が機能し始めていた時期にカサ・ブランカ地区の大基壇はまだ造成されていなかったことになる。

　大基壇上に建造された6基の建造物群のうち1号、2号、5号建造物については建築構造や建築様式の一部が明らかになっている。1号建造物は少なくとも3つの建造物の重なりが観察できる。階段は建造物東側に位置している。また、出土遺物によって先古典期後期から古典期後期ごろに位置づけられている（大井編 2000：55-56; Sharer 1978 vol. I）。先古典期に属する建造物は、内部は土で、表面付近に礫をもちいて、表面を泥漆喰で仕上げる建築構造であること以外よくわかっていない。古典期の所産である1a・1b建造物については五角形の平面形状をもち、階段にはアルファルダ（斜壁装飾帯）[2]がつく建築様式である。垂直壁と斜め壁の組み合わせをもつ建造物である。

　2号建造物は3つの建造物の重なりがみられる。階段は建造物西側にある。古い順に2c、2b、2a建造物と称されている（大井編 2000）。2c建造物はイロパンゴ火山灰に覆われている。建築材は土が主体で、階段には礫がもちいられ、表面は泥漆喰仕上げである。2b建造物は出土遺物から古典期後期に位置づけられる。一方、2a建造物は礫を主体とすることや、鉛釉土器3点が出土していることから古典期後期から後古典期に位置づけられる（Shibata 2006：208）。

　5号建造物は少なくとも4つの建造物の重なりが確認されている。階段は建造物南側に位置している。古い方から5d、5c、5b、5a建造物と名付けられている。最初の2つの建造物はイロパンゴ火山灰よりも下層にあるので先古典期後期から古典期前期前半、次の2つの建造物はコパドール多彩色土器が出土することから古典期後期に位置づけられている（大井編 2000）。5d建造物は壁面近くに石がもちいられていること、壁が厚さ約5cmの泥漆喰仕上げであること以外は不明である（Murano 2008）。5c建造物の南北中心軸線上には石碑祭壇複合が設置されている（Ichikawa 2008）。石碑建立時には先古典期後期を特徴づけるオレンジ色厚手浅鉢形土器（Aguacate Ceramic Group）とエルサルバドル西部に特徴的な「様式化されたジャガーヘッド」の石彫が埋納されており、石碑の設置にともなう儀礼がおこなわれたと考えられる（図2-2.1〜3）。5c建造物は土製で、一部表面近くに平石や礫が施され、表面は泥漆喰仕上げである。

　5c建造物に関して注目しておきたい点は、5c建造物東側において泥漆喰の壁面が崩れ

た状態で出土している点である（Murano 2008）。この壁面は茶褐色土層を1層はさんでイロパンゴ火山灰に覆われていることから、イロパンゴ火山灰と建造物の間にある程度の時間的隔たりがあったことが考えられる。また、床面に複数の穴がみつかっている。これらの考古学的事実は、イロパンゴ火山灰の降下以前に5c建造物が何らかの理由により破壊あるいは放棄されたことを物語っている。

　次の5b・5a建造物は主にアドベ（日干しレンガ）をもちいた建造物である。一部に礫が含まれる。建築様式は十字の平面形状をもち、垂直壁と斜め壁の組み合わせからなる。5b建造物の階段にはアルファルダはなく、5a建造物から付けられる。建造物の充填土内からコパドール多彩色土器が出土していることから古典期後期に属するものと考えられる。この5a建造物周辺からは火災の痕跡が確認されており（大井編 2000:63）、5号建造物の終焉を考察するうえで貴重な資料である。大井は、これらの証拠をもとに大胆な仮説としながらも、「古典期文化の破壊者」との推測をおこなっている（大井編 2000:239）。

3. タスマル地区

　タスマル地区はチャルチュアパ遺跡の中で最も南に位置し、B1-1建造物複合を中心としてB1-2建造物や球技場（B1-3・B1-4建造物）で構成されている（図2-3.1）。タスマル地区はS・ボッグスによって建造物の発掘および修復保存作業が実施されているが、最終報告書が刊行されておらず、編年や年代については前述したエル・トラピチェ地区やカサ・ブランカ地区と比較して不明な点が多い。そこで本書では、ボッグスが発掘した当時の状況を知る手がかりとなるエルサルバドル国立人類学博物館所蔵写真およびハーバード大学所蔵写真を参考にしながら、PAESなどによって実施された2003〜2011年までの測量・発掘調査成果をもとにタスマル地区建造物群の変遷過程を検討する。複雑な建造物群の増改築を理解するため、B1-1建造物複合については便宜的に東西南北にわけて説明を試みる。

（1）西側

　タスマル地区建造物群は西側にその正面を置く。この建造物正面の方角は、タスマル地区で建築活動がおこなわれている間は変化することがない。

　西側の中心的な建造物であるB1-1d建造物（別名：列柱の神殿）はタスマル地区建造物群の中では古い段階の建造物に位置づけられ、少なくとも7回の増改築が確認されている（柴田2007:55-56）。列柱の神殿は、西側にアルファルダ付きの正面階段があり、それを上ると、中央の通路を挟むように南北に部屋状構造がある。しかし、部屋状構造物の入口は正面（西側）になく、裏側（東側）に位置している。つまり、部屋状構造物は可視的な位置に存在しておらず、その部屋へのアクセスは制限されていた可能性がある（図2-3.2）。

　26号試掘坑では埋もれた主神殿（現在はB1-1建造物に覆われて見えない）と思われる建

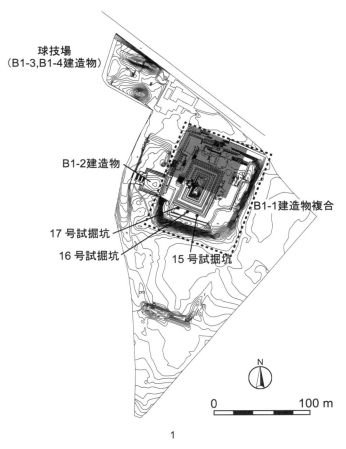

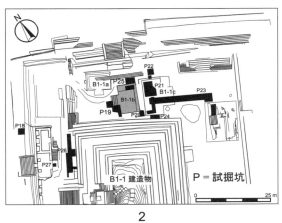

図2-3 タスマル地区遺跡公園平面図と調査区
1. タスマル地区遺跡公園平面図、2. 灰色部分の拡大図と調査区
（Ito ed. 2009: Fig.2に加筆）

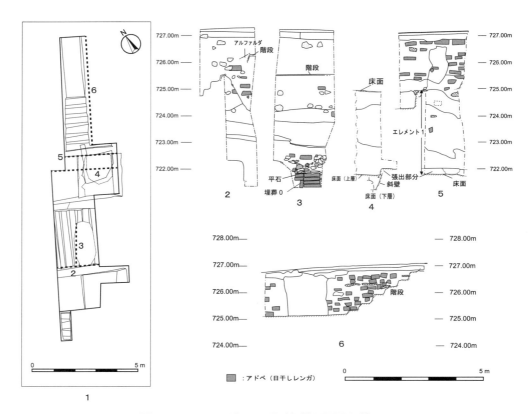

図2-4 タスマル地区26号試掘坑平面図と断面図
1. 平面図、2. 南側、3. 北側拡張区・北側断面2、4. 北側拡張区・北側断面2、5. 北側拡張区・東側断面
（Ito ed. 2009: Fig.14-17に加筆）

造物に続く階段がみつかっている（図2-4.1）。また、主神殿を増築する過程で墓（埋葬0）が設けられていた。この埋葬0は、B1-1d-III建造物またはそれより古い建造物を壊して埋葬され、大量のヒスイ製品、円盤形石製品、骨製品などが副葬されていた（図2-4.2, 3）。さらに、主神殿に続く階段の北側では、約3m掘り込まれた墓壙から埋葬1がみつかっている（図2-5.4, 5）。以上の建造物はいずれも土が主たる建築材であり、厚さ約5～10cmの泥漆喰で壁表面を仕上げている点が特徴である。一方、先の埋もれた主神殿はアドベをまばらに使用した南北方向の階段I・IIにより覆われる。この南北方向の階段は、さらにアドベを主たる建築材とする建造物に覆われる（図2-4.6）。

アドベを主たる建築材とする建造物を覆うようにして、現在みることのできる建造物の中で最も規模の大きいB1-1建造物が造られる。この時期には建造物の中心軸が先行期よりも南へ約13mずれる。また、B1-1建造物は石を主たる建築材とする建造物へと変化す

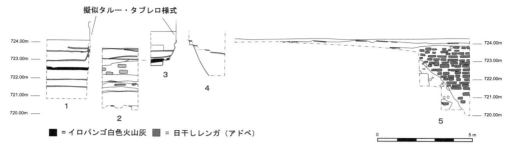

図2-5　タスマル地区北側調査区断面図
1. 試掘坑19号南側、2. 試掘坑25号北側拡張区南側、3. 試掘坑25号東側、4. 試掘坑21号南側、5. 試掘坑23号北側 (Ito ed. 2009: Fig.13をもとに作成)
＊各試掘坑の間隔は各試掘坑間の正確な距離を示すものではない。

る。B1-1建造物の西側正面、中位の高さに小型のB1-1e建造物がある。

　B1-1建造物は少なくとも6回に及ぶ増改築がおこなわれ、最終的には全体が平石で直接覆われるが、それ以外の詳細は現時点ではわかっていない。

（2）北側

　北側にはB1-1a、B1-1b、B1-1c建造物がある（図2-3.2）。様々な増改築の層位関係の把握は発掘範囲が限られており現時点では難しいものの、少なくとも次の3点は明らかである。①B1-1b建造物周辺では最低でも4つの床面があること（図2-5.1）、②東側に3回の増築があったこと（図2-5.5）、③そのうち最初の2回は土と一部礫が含まれる建造段階で、最後はアドベを主たる建築材とした建造段階であること。

　21号試掘坑でみられる斜め壁はPAES仮説[3]でいう北側基壇の東壁である（図2-5.4）。この斜め壁はB1-1建造物下に続くことから、タスマル地区建造物群の造営当初は西側を正面とする「凸型」基壇が存在していた可能性がある。

　19・25号試掘坑ではイロパンゴ火山灰層がみられる（図2-5.1, 3）。堆積状況から一次堆積層と考えられている[4]。19号試掘坑の「2つの床面→充填土→イロパンゴ火山灰層→充填土→建造物」という層位的前後関係から、建築活動中にイロパンゴ火山灰が降下し、その後も建築活動が継続したことを示唆する重要な証拠である（図2-5.1）。

　B1-1b建造物はメキシコ中央高原のテオティワカンに代表されるタルー・タブレロ様式の建造物と考えられていたが、タルーとタブレロの接続部分に平石をもちいておらず、タルー：タブレロ比の比率がテオティワカンとは異なる（図2-5.1）。このことから「疑似タルー・タブレロ」と判断されている（Ito ed. 2009: 15）。

　25号試掘坑の調査から、不規則ではあるものの早い段階でアドベを建築材の一部としてもちいた建造物が存在したことが想定される（図2-5.2）。西側の大基壇造成時には、北側には幅の広い階段が設置されており、少なくとも2回にわたる増改築がおこなわれてい

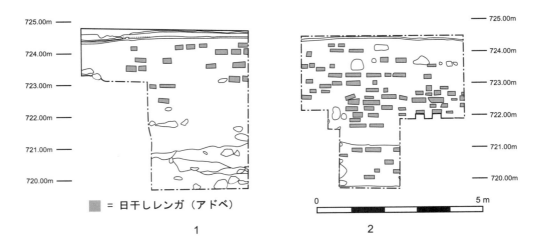

図2-6　タスマル地区東側調査区断面図
1. 7号試掘坑・西側断面図、2. 8号試掘坑・東側断面図
（Ito ed. 2009: Fig.6をトレース・加筆）

る（Boggs 1944）。

（3）東側

　7・8号試掘坑では少なくとも2回の建築活動がみられる（図2-6.1, 2）。ひとつは、土と部分的に礫を充填した建造物である。もうひとつは、それを覆って建てられた土とアドベで充填された建造物である。このアドベを主たる建築材とする建造物は、7・8号試掘坑北側の23号試掘坑のアドベを含む建造物に対応する。つまり、土および部分的に礫が混じる建造物のあとにアドベを主たる建築材とする建造物が東側に大きく拡大することがわかる。

（4）南側

　南側では少なくとも3回の建築活動がみられる（図2-7.1）。はじめに土と泥漆喰を建築材とする土製建造物が造られる。次に、少なくとも2回にわたって石を主たる建築材とした建造物が造られる。15号試掘坑では石の建造物を建築する際に埋納されたと考えられる円筒形土器と椀形土器が出土している（図2-7.2, 3）。円筒形土器の内部にはヒスイ、複数個体分の鳥骨、二枚貝などが含まれていたことから、建造物の増改築にともなって儀礼がおこなわれたと考えられている（伊藤・柴田2007）。これらの土器が埋納されていた土坑から検出された炭化物の炭素14年代測定の結果、545-635 cal AD（2σ）という年代が得られている。

　建造物の変遷という観点からこの15号試掘坑で重要なことは、北・東・西側建造物群

44

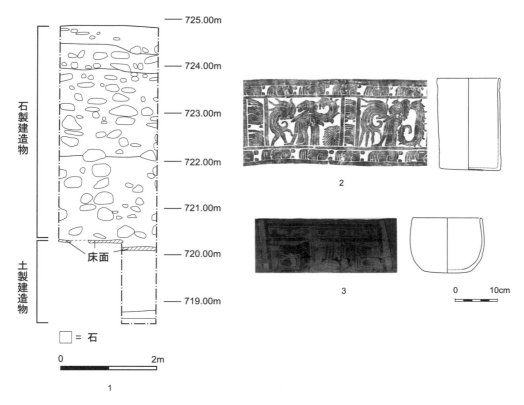

図2-7 タスマル地区南側調査区断面図と埋納土器
1. 15号試掘坑・東側断面図、2. 刻線文付円筒形土器、3. 多彩色椀形土器
（Ito ed. 2009: Fig.9をトレース・加筆）

と異なり土製建造物と石を主たる建築材とする建造物の中間にアドベを主たる建築材とする建造物がみられない点である。また、後述するように土製建造物の充填土の内部で出土する主な土器は先古典期後期から先古典期終末期に相当するウスルタン文をもつ土器である。このことは、カサ・ブランカ地区が機能していた時期に、タスマル地区でもすでに建築活動がおこなわれていたことが想定できる点で重要な資料である。

（5）B1-2建造物

　B1-2建造物はB1-1複合建造物に続く大階段を破壊し、B1-1複合建造物の大基壇をわずかに覆うようにして、中心軸を南に約14m移したところに建造されている（図2-3.1）。建造物正面はB1-1複合建造物と同じく西側を向く。建築構造としては主に火山性の礫や平石を使い、壁面に球技場同様に赤色軽石細粒をもちいている。また、少なくとも5回の建造物の重なりがある（図2-8）。建築様式は古い建造物では垂直壁のみを採用しているが、新しい建造物ではコーニス（蛇腹：本章註2を参照）と傾斜壁をもちいている。また、

第2章　歴史の連続性 ──チャルチュアパ遺跡編年の再考──　*45*

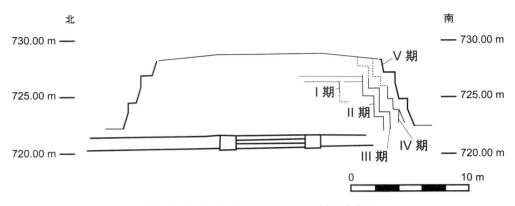

図2-8　タスマル地区B1-2建造物断面模式図
（Kato 2006: Fig.67をトレース・加筆）

壁面装飾突出石（Piedras Salientes）を配置しているが、この特徴はメキシコ中央高原イダルゴ州のトゥーラ遺跡に特徴的な要素とされている（Kato 2006; Valdivieso 2005）。上部には部屋状構造物、石柱を有した構造物があったと考えられている。B1-2建造物の最終時期にあたるV期ではグアテマラ太平洋岸で主に生産されていたと考えられている鉛釉土器をともなう埋葬がみつかっている（Kato 2006）。後述するが、この埋葬出土の炭化物の炭素14年代測定の結果、775-1015 cal AD（2σ）という年代が得られている。

(6) 球技場

　球技場は、タスマル地区の中で北西に位置している（図2-4）。一部破壊を受けているが、東西軸をもつB1-3建造物とB1-4建造物の両建造物からなる「平面I字形閉鎖型」の球技場である。同様な平面形をもつ球技場はエルサルバドル中央部の古典期後期から後古典期のシワタン遺跡でもみられる。タスマル地区球技場は火山性の礫で造られ、壁面や床面の仕上げとして、赤色軽石細粒を泥漆喰に混合して使用している（柴田2007:57）。B1-2建造物でも同様の特徴がみられることから、B1-2建造物と球技場ほぼ同時期に存在していたと考えられる。B1-4建造物では少なくとも二段の石壁がみられる（図2-9）。

　球技場の東側に位置する試掘坑M5の最下層では、伸展葬の人骨がみつかっている（Ito ed. 2009）。この人骨の出土位置から上層には泥漆喰製の床面が検出されている。副葬品である黒褐色タイプの三脚浅鉢形土器（Pino Ceramic Group）の存在から先古典期後期ごろに時期比定される。この資料もまた、15号試掘坑同様にタスマル地区に少なくとも先古典期後期から居住の痕跡があることを示す貴重な資料と位置づけられる。

(7) その他

　タスマル遺跡公園北側7番通りの発掘調査では時期のことなる床面が3つ確認されてい

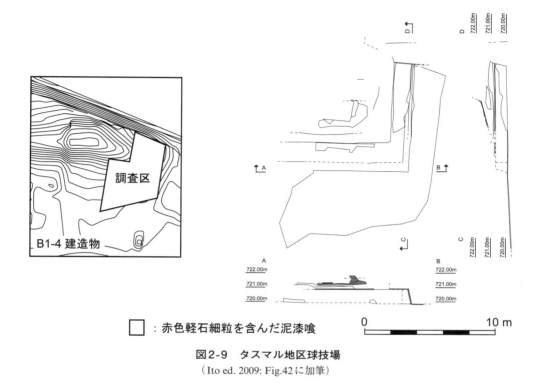

図2-9　タスマル地区球技場
（Ito ed. 2009: Fig.42に加筆）

る（Shibata 2005b）。B1-1建造物群との直接的な関連は不明だが、出土遺物と後述する炭素14年代測定の結果から、古典期後期前後の所産と考えられる。

4. 小結：連綿と続く建築活動

　ここで、チャルチュアパ遺跡の建造物変遷を模式図としてまとめておこう（図2-10）。シャーラーらが示した従来の建造物群の変遷観（エル・トラピチェ地区→カサ・ブランカ地区→タスマル地区）に大きく変更をせまるものではないが、次の3点が新たに明らかとなった。

　第一に、地区から地区への移行過程、地区内の建造物群の変遷過程である。ここでいう「地区」とは、往時の社会の中核をなした建造物が密集した場所をいうが、この地区から地区への移行期には、一時的に異なる地区の建造物群が同時期に機能していたことが想定できるようになった。これは地区から地区への変遷が突如おこるのではなく、段階的におこっていることを示唆するものであり、社会変化を考察する上で肝要と考えている。

　第二に、これまで体系的に理解されてこなかったタスマル地区建造物群の変遷を主たる建築材と中心軸の変遷との関係から大きく3期に区分できることである。I期はB1-1d建造物（列柱の神殿）を中心とし、その背後に主神殿を配置する時期である。I期はさらに土

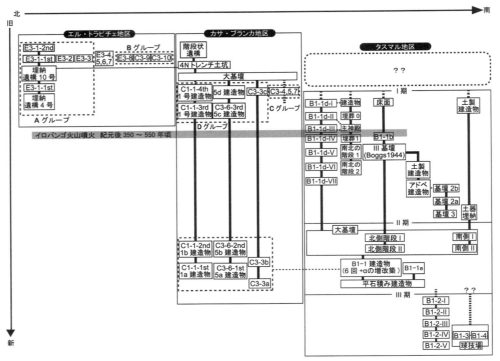

図2-10 チャルチュアパ遺跡の建造物群の変遷模式図
直線は層序または型式学的関係によって上下関係または併行関係が明確なことを示し、破線はおおよその上下関係または併行関係を示す。

を主たる建築材とするIb期、アドベを主たる建築材とするIa期にわけることができる。II期は中心軸を南に約13m移し大基壇を造成、さらに主神殿となるB1-1建造物を置く時期である。III期はB1-1建造物に続く階段を壊し、中心軸が約14m南に移りB1-2建造物がB1-1建造物複合の大基壇をわずかに覆うよう造成される時期である。これは、いわゆるメソアメリカ的な特徴を有した「重層建築」であり、ひとつの地区内での変化という点で、先に述べた地区から地区への移行とは意味合いが異なる変化と位置づけられる。

　第三に、イロパンゴ火山の噴火と建造物の関係である。カサ・ブランカ地区ではイロパンゴ火山の噴火後に長い空白期間が認められる。一方、タスマル地区においては19・25号試掘坑でみられるようにイロパンゴ火山の噴火前後に継続的に建築活動がおこなわれていたことがわかった。また、少なくとも編年関係からカサ・ブランカ地区からタスマル地区への移行の要因がイロパンゴ火山の噴火ではないことも明らかとなった。これは、チャルチュアパがイロパンゴ火山の噴火によって完全には崩壊していないことを示す重要なデータである。この点については、第3章で詳しく述べる。

第2節　炭素14年代

　本節では、前述した建造物変遷史に暦年代を付与することによって、より具体的な年代をともなうチャルチュアパ遺跡の変遷観を提示する。これまでチャルチュアパ遺跡の発掘調査で得られている炭素14年代測定試料は28点である（表2-1, 2）。そのうち7点がペンシルバニア大学博物館の調査で得られたものであり、21点が1995年以降のPAESなどの発掘調査で得られた試料である。1995年以降の資料はAMS法をもちいて測定されている。一方のペンシルバニア大学博物館の調査で得られた資料については、当時は現在のような国際較正曲線が確立されておらず、またδ^{13}C補正がされた炭素年代であるか否かも不明である。ペンシルバニア大学博物館の調査で得られた資料を除くデータについては、年代較正曲線IntCal09（Reimer et al. 2009）および暦年較正プログラムOxcal.v.4.1（Ramsey 2009）をもちいて新たに再計算した（図2-11）。

　以下、新たに得られた年代測定結果をもとにチャルチュアパ遺跡建造物群の活動開始期および存続期間について検討する。建造物の増改築は、王の即位や死、暦に基づいておこなわれるなど、往時の社会にとって象徴的な理由や背景があったと考えられている（e.g. 中村2007 : 74-75; Freidel et al. 1993）。したがって、おおよその建造物の年代幅を明らかにすることができれば、歴史的事象が記録された石碑がみつかっていないチャルチュアパにおいても、マヤ低地の諸都市のように王あるいは政治的に統治していた集団の統治期間や、他地域との政治的関係などに接近できる可能性も見えてくる。

　ただし、現時点では試料数や誤差範囲を考慮して、50～100年単位での粗い議論にならざるをえないことをはじめに断っておく。本来であれば、同一性が担保される複数の年代測定試料をもちいて、より蓋然性の高い年代観を提示することが理想である。

1．エル・トラピチェ地区

　エル・トラピチェ地区は、先古典期前期終末期（前1000年）から人々の居住の痕跡がうかがえる。建築活動が開始するのは先古典期中期（前600年）でE3-1-2nd建造物がその初現である。その上に重なるようにして建造されたE3-1-1st建造物は10号埋納遺構（前99±44年）以前には造られていたと考えられるが、いつごろまで遡るかは不明である。E3-1-1st建造物にともなう4号埋納遺構は後145±38年という年代測定結果が得られている。

　さらに、4号埋納遺構より上層で石彫10基がみつかっている（伊藤2016; Sharer 1978 vol. I）。これらのうち1号石造記念物は、当該地域では唯一の文字列をもつ石彫である。文字列Bの「ウィナル（20日から成る月）」という暦と関連する文字以外は、解読不可能なほどに削平・摩滅しており、破壊された可能性がある。メソアメリカ太平洋岸斜面では少なくとも古典期前期の日付をもつ石碑がないことから（伊藤2001 : 38）、1号石造記念物は後150

表2-1　チャルチュアパ遺跡で得られた炭素14年代測定試料

No.	試料番号	δ13C (‰)	δ13C補正炭素年代 (yrBP)	1σ	2σ	試料	地区	出土位置	出土層位	関係する遺構	共伴する遺物	参考文献
1	Beta-176668	-21.7	8380 ± 40	Cal AC 7525 - 7450 / Cal AC 7400 - 7370	Cal AC 7540 - 7350	有機土壌	CB	4Nトレンチ	XIV(黒色土)	-	-	Ito et al. 2010 [2003]
2	NUTA-1742	-25.5	2283 ± 29	Cal AC 400 - 360 / Cal AC 275 - 260"	Cal AC 400 - 350 / Cal AC 295 - 230 / Cal AC 220 - 210	木片	CB	バイパス	-	5号フラスコ状ピット	-	Shibata et al. 2002 / Shibata 2005a
3	NUTA-1741	-27.7	1977 ± 29	Cal AC 20 - 10 / Cal AC 1 - 65	Cal DC 45 - 75	木片	CB	4Nトレンチ	VI(焼土層)	大基壇に続く斜面下	-	Shibata et al. 2002
4	NUTA2-1709	-27.7	1948 ± 26	Cal DC 20 - 80	Cal AC 20 - 15 / Cal AC 1 - DC 130	炭化物	CB	4Nトレンチ	VI(焼土層)	大基壇に続く斜面下	-	Shibata et al. 2002
5	Beta-136667	-27.7	1910 ± 40" (40 ± 40 DC)	Cal DC 30 - 35 / Cal DC 50 - 130"	Cal DC 5 - 215	炭化物	CB	4Nトレンチ	VI(焼土層)	大基壇に続く斜面下	-	大井編2000
6	NUTA-1740	-26.6	1706 ± 29	Cal DC 260 - 280 / Cal DC 320 - 390	Cal DC 255 - 405	炭化物	CB	4Nトレンチ	VI(焼土層)	大基壇に続く斜面下	-	Shibata et al. 2002
7	Beta-136668	-27.7	1210 ± 40 (740 ± 40 DC)	Cal DC 770 - 885	Cal DC 685 - 895 / Cal DC 925 - 935	炭化物	CB	1号建造物西側	-	埋葬3-6	石製円盤、土製耳飾り、ヒスイ製ビーズなど	大井編2000
8	Beta-136666	-23.3	960 ± 30 (990 ± 30 DC)	Cal DC 1025 - 1050 / Cal DC 1085 - 1125 / Cal DC 1140 - 1150	Cal DC 1020 - 1155	炭化物	CB	2号建造物北側	-	集石遺構	赤色塗彩壺形土器	大井編2000
9	NUTA2-1708	-25.1	23 ± 25	Cal DC 1713 - 1716 / Cal DC 1890 - 1910	Cal DC 1700 - 1725 / Cal DC 1815 - 1835 / Cal DC 1875 - 1920	炭化物	CB	博物館側溝	地表面から20-40cm	-	-	Shibata et al. 2002
10	PLD-10330	-26.45 ± 0.10	2000 ± 20	Cal AC 40 - DC 25	Cal AC 45 - DC 55	炭化物	LC	-	III	5号埋葬	ウスルタン土器	-
11	PLD-10487	-24.18 ± 0.15	1987 ± 20	Cal AC 20 - 10 / Cal AC 1 - DC 55	Cal AD 40 - DC 60	炭化物	LC	-	III	9号集石遺構	ウスルタン土器	-
12	PLD-10331	-23.90 ± 0.20	1930 ± 20	Cal DC 30 - 40 / Cal DC 50 - 90 / Cal DC 105 - 120	Cal DC 25 - 125	炭化物	LC	-	III	8号集石遺構(炉跡)		-
13	NUTA2-16329	-	2325 ± 40	480 - 470 cal BC / 415 - 360 cal BC / 275 - 260 cal BC	515 - 355 cal BC / 290 - 230 cal BC	人骨	LC	-	III	36号埋葬		-
14	PLD-10329	-25.93 ± 0.13	1897 ± 20	Cal DC 80 - 125	Cal DC 55 - 140 / Cal DC 155 - 170 / Cal DC 195 - 210	炭化物	LC	-	IIb	9号埋葬	ウスルタン土器	-
15	PLD-10328	-26.51 ± 0.20	1771 ± 20	Cal DC 235 - 260 / Cal DC 295 - 320	Cal DC 170 - 190 / Cal DC 210 - 340	炭化物	LC	-	IIa	1号埋納遺構(炉跡)		-
16	PLD-10488	-24.54 ± 0.11	1313 ± 19	Cal DC 665 - 690 / Cal DC 750 - 760	Cal DC 660 - 715 / Cal DC 745 - 770	炭化物	LC	-	IIa	火山灰土壙	多彩色土器他	-
17	IAAA-10923	-28.44	1590 ± 40	Cal DC 425 - 470 / Cal DC 480 - 535	Cal DC 390 - 560	炭化物	TZ7	2号トレンチ	XIII(茶色層)	床3の下	-	Shibata 2005a
18	PLD-10489	-27.31 ± 0.12	1481 ± 20	Cal DC 565 - 605	Cal DC 545 - 635	炭化物	TZ	15号試掘坑	V	埋納遺構	刻文付円筒形器	伊藤・榮田2007
19	IAAA-176667	-25	1390 ± 40	Cal DC 620 - 665	Cal DC 575 - 690	炭化物	TZ7	3号トレンチ		床上	-	-
20	IAAA-10924	-27.63	1270 ± 30	Cal DC 690 - 730	Cal DC 665 - 785 / Cal DC 790 - 810 / Cal DC 845 - 855	炭化物	TZ7	3号トレンチ		床下	コパドール多彩色土器	Shibata 2005a
21	IAAA-42660	-	1140 ± 50	Cal DC 785 - 790 / Cal DC 825 - 840 / Cal DC 865 - 980	Cal DC 775 - 1000 / Cal DC 1005 - 1015	炭化物	TZ	B1-2建造物		2号埋葬	鉛釉土器	Kato 2006

CB=カサ・ブランカ（Casa Blanca）：LC=ラ・クチージャ（La Cuchilla）：TZ 7=タスマル7番通り（7a Calle Oriente, Tazumal）：TZ=タスマル（Tazumal）

表2-2　ペンシルバニア大学博物館による炭素14年代測定試料（Sharer 1978参照）

No.	試料番号	δ13C (‰)	炭素14年代(yrBP)*	1σ	2σ	試料	地区	出土位置	層位	関係する遺構	共伴する遺物	参考文献
-	P1803	-	1769 ± 62 (241 ± 62 d.C)	-	-	-	CU	LC2-8.5	-	-	ベック期(200-400 d.C)の土器	Sharer 1978
-	P1547	-	1871 ± 38 (145 ± 38 d.C)	-	-	-	TR	TR10-1	-	4号埋納(Cache 4)	カイナック後期(0-200 d.C)の土器	Sharer 1978
-	P1805	-	2024 ± 61 (15 ± 61 a.C)	-	-	-	TR	建造物 E3-1-1st TR10-7	-	建造物充填土	カイナック前期(200-0 a.C)の土器	Sharer 1978
-	P1550	-	2097 ± 44 (99 ± 44 a.C)	-	-	-	TR	TR10-2	-	10号埋納(Cache 10)	カイナック前期(200-0 a.C)の土器	Sharer 1978
-	P1806	-	2457 ± 63 (549 ± 63 a.C)	-	-	-	TR	建造物 E3-1-2nd TR10-7	-	建造物充填土	コロス期の土器(900-650 a.C)	Sharer 1978
-	P1807	-	2521 ± 60 (611 ± 60 a.C)	-	-	-	TR	建造物 E3-1-2nd TR10-15	-	建造物充填土	コロス期の土器(900-650 a.C)	Sharer 1978
-	P1551	-	2874 ± 57 (999 ± 57 a.C)	-	-	-	TR	TR10-3	-	-	トック期の土器(1200-900 a.C)	Sharer 1978

CU=クスカチャパ湖（Laguna Cuzcachapa）：TR=エル・トラピチェ（El Trapiche）

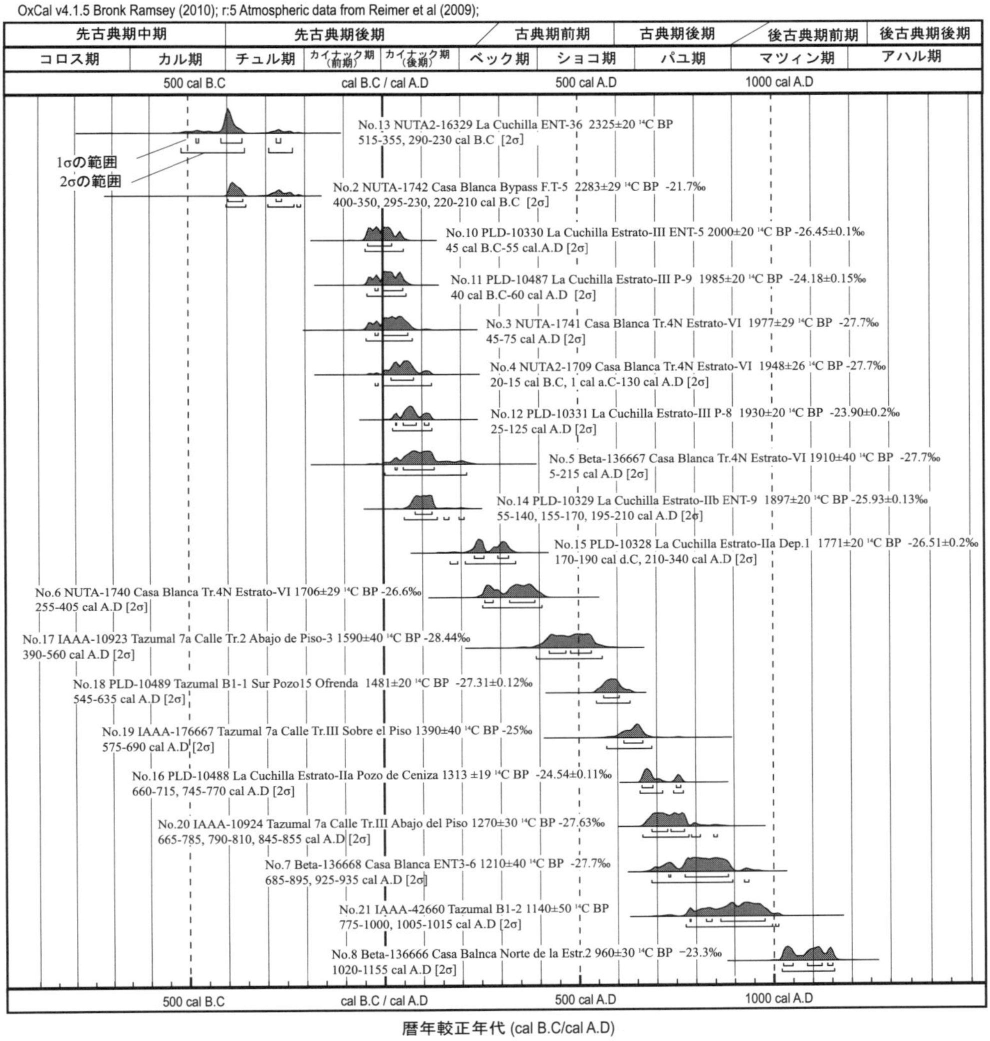

OxCal v4.1.5 Bronk Ramsey (2010); r:5 Atmospheric data from Reimer et al (2009);

先古典期中期		先古典期後期					古典期前期	古典期後期	後古典期前期	後古典期後期
コロス期	カル期	チュル期	カイナック期（前期）	カイナック期（後期）	ベック期	ショコ期		パユ期	マツィン期	アハル期

500 cal B.C   cal B.C / cal A.D   500 cal A.D   1000 cal A.D

1σの範囲
2σの範囲

No.13 NUTA2-16329 La Cuchilla ENT-36 2325±20 ¹⁴C BP
515-355, 290-230 cal B.C [2σ]

No.2 NUTA-1742 Casa Blanca Bypass F.T-5 2283±29 ¹⁴C BP -21.7‰
400-350, 295-230, 220-210 cal B.C [2σ]

No.10 PLD-10330 La Cuchilla Estrato-III ENT-5 2000±20 ¹⁴C BP -26.45±0.1‰
45 cal B.C-55 cal.A.D [2σ]

No.11 PLD-10487 La Cuchilla Estrato-III P-9 1985±20 ¹⁴C BP -24.18±0.15‰
40 cal B.C-60 cal A.D [2σ]

No.3 NUTA-1741 Casa Blanca Tr.4N Estrato-VI 1977±29 ¹⁴C BP -27.7‰
45-75 cal A.D [2σ]

No.4 NUTA2-1709 Casa Blanca Tr.4N Estrato-VI 1948±26 ¹⁴C BP -27.7‰
20-15 cal B.C, 1 cal a.C-130 cal A.D [2σ]

No.12 PLD-10331 La Cuchilla Estrato-III P-8 1930±20 ¹⁴C BP -23.90±0.2‰
25-125 cal A.D [2σ]

No.5 Beta-136667 Casa Blanca Tr.4N Estrato-VI 1910±40 ¹⁴C BP -27.7‰
5-215 cal A.D [2σ]

No.14 PLD-10329 La Cuchilla Estrato-IIb ENT-9 1897±20 ¹⁴C BP -25.93±0.13‰
55-140, 155-170, 195-210 cal A.D [2σ]

No.15 PLD-10328 La Cuchilla Estrato-IIa Dep.1 1771±20 ¹⁴C BP -26.51±0.2‰
170-190 cal d.C, 210-340 cal A.D [2σ]

No.6 NUTA-1740 Casa Blanca Tr.4N Estrato-VI 1706±29 ¹⁴C BP -26.6‰
255-405 cal A.D [2σ]

No.17 IAAA-10923 Tazumal 7a Calle Tr.2 Abajo de Piso-3 1590±40 ¹⁴C BP -28.44‰
390-560 cal A.D [2σ]

No.18 PLD-10489 Tazumal B1-1 Sur Pozo15 Ofrenda 1481±20 ¹⁴C BP -27.31±0.12‰
545-635 cal A.D [2σ]

No.19 IAAA-176667 Tazumal 7a Calle Tr.III Sobre el Piso 1390±40 ¹⁴C BP -25‰
575-690 cal A.D [2σ]

No.16 PLD-10488 La Cuchilla Estrato-IIa Pozo de Ceniza 1313 ±19 ¹⁴C BP -24.54±0.11‰
660-715, 745-770 cal A.D [2σ]

No.20 IAAA-10924 Tazumal 7a Calle Tr.III Abajo del Piso 1270±30 ¹⁴C BP -27.63‰
665-785, 790-810, 845-855 cal A.D [2σ]

No.7 Beta-136668 Casa Blanca ENT3-6 1210±40 ¹⁴C BP -27.7‰
685-895, 925-935 cal A.D [2σ]

No.21 IAAA-42660 Tazumal B1-2 1140±50 ¹⁴C BP -27.7‰
775-1000, 1005-1015 cal A.D [2σ]

No.8 Beta-136666 Casa Balnca Norte de la Estr.2 960±30 ¹⁴C BP -23.3‰
1020-1155 cal A.D [2σ]

500 cal B.C   cal B.C / cal A.D   500 cal A.D   1000 cal A.D

暦年較正年代 (cal B.C/cal A.D)

図2-11　チャルチュアパ遺跡で得られた炭素14年代の暦年較正確率分布
（表2-1の試料1・9については論旨と関係がないため割愛している）

〜300年の間に製作・使用され、破壊されたと考えられる。

　以上の考古学データに基づくならば、E3-1-2nd建造物が前600〜100年、E3-1-1st建造物が前100〜後300年ごろまで存続していたと考えられる。ただし、発掘調査区が建造物中心軸線上に限られているため、各建造物段階において細かな増改築があったことは想定しておく必要があろう。

　その他の建造物群（E3-4、E3-5、E3-6、E3-7、E3-8、C3-9、C3-10建造物）の炭素14年代試料は得られていない。採集された土器資料から先古典期後期、すなわちE3-1-1st建造物

第2章　歴史の連続性 ——チャルチュアパ遺跡編年の再考——　*51*

とほぼ同時期に存在していたと考えられている（Sharer 1978 vol. I）。

2. カサ・ブランカ地区

（1）先古典期

　カサ・ブランカ地区における活動の痕跡は少なくとも前500～200年ごろに遡る。土器や土偶を埋納あるいは保管したと考えられるフラスコ状ピット5基がその根拠とされている（Shibata 2005a）。5号フラスコ状ピットから得られた木片の炭素14年代測定の結果、400-210 cal BC（2σ）の値が得られており、確率分布のピークをみてみると約400～350 cal BCの可能性が高い（図2-11）。これは、エル・トラピチェ地区E3-1-2nd建造物が機能していた時期に相当する。

　4Nトレンチ南側土坑から出土した土器の組成は、エル・トラピチェ地区の10号埋納遺構出土土器のそれと同一である（本章註1参照）。先の年代測定結果では、10号埋納遺構は前100年ごろに相当する。つまり、4Nトレンチ南側土坑は大基壇造成前の所産であり、カサ・ブランカ地区では前100年ごろにはまだ大基壇は造成されていなかったことになる。

　大基壇上面に続く傾斜路造成直前の儀礼の痕跡と考えられる、焼土層から検出された炭化物の炭素14年代測定結果は、50-200 cal AD（2σ）[5]の範囲におさまる。較正年代の確率分布をみてみると50～100 cal ADにピークがみられることから（図2-11）、大基壇が造成される時期は後50～100年以降であったと考えられる。

　この大基壇造成後、6基の建造物が造営される。しかし、先古典期に相当する建造物群に関する炭素14年代データが得られておらず、各建造物の存続期間の推定は困難である。ただし、5d・5c号建造物などイロパンゴ火山灰に覆われた建造物が存在しており、これらは少なくとも後400～450年以前に機能していたと考えられる。イロパンゴ火山灰層と5c建造物床面の間には茶褐色層があるため、噴火以前に破壊または放棄され、その後一定期間を有していたと考えられるので、大基壇上にある先古典期後期の建造物群は後50/100～400年に機能していたと推測される。これは、エル・トラピチェ地区E3-1-1st建造物が機能していた時期と一部重なる。

　さらに、E3-1-1st建造物が機能していた時期とほぼ同時期に存在したとする証拠には、オレンジ色厚手浅鉢形土器（Aguacate Ceramic Group）の存在がある。エル・トラピチェ地区4号埋納遺構と5c建造物前の無彫刻石碑建立時に埋納された土器がそれにあたる（図2-2.3）。

（2）古典期

　イロパンゴ火山の噴火以降、カサ・ブランカ地区ではしばらく建築活動が認められない。アドベを主たる建築材とする5a・5b建造物は、古典期後期の指標であるコパドール多彩色土器片を含むことから後600～900年ごろに時期比定される。1号建造物前で検出

された40体以上の人骨にともなう炭化物の年代測定結果が685-935 cal AD（2σ）であることからも、カサ・ブランカ地区では古典期後期に建築活動が再開されたことがわかる。Oxcalでみる確率分布では750～900 cal ADにピークがみられる。カサ・ブランカ地区の建造物群は、最終的には火災などを主たる要因として古典期後期から古典期後期終末期に放棄されたと考えられている（大井編2000:239）。

3. ラ・クチージャ地区

　ラ・クチージャ地区では、建造物はみつかってない（Ichikawa y Shibata 2007, 2008）。しかし、層位的発掘に基づく8点の炭素14年代測定試料がある。これらは全て遺構および原位置出土土器にともなっている点で良好な出土状況をもつ重要な試料である。カサ・ブランカ地区との時間的前後関係をより明確にできるためここで取り上げることにする。

（1）LC第III層

　LC第III層出土の年代測定試料は4点あり、概ね40 cal BC-130 cal AD（2σ）という年代値が得られている。これは、先のカサ・ブランカ地区の大基壇造成時とほぼ同時期にあたる。ただし、36号埋葬人骨だけが514-213 cal BC（2σ）という年代が得られており、確率分布ではおおよそ510～350 cal BCにピークがみられる。LC第III層のなかでも最も深い遺構（4号フラスコ状ピット）から出土しているためこうした年代値が得られている可能性がある。この年代値はカサ・ブランカ地区の5号フラスコ状ピットがつくられた時期に相当する。

（2）LC第IIb層

　LC第IIb層出土の年代測定試料は1点である。炭素14年代測定の結果、55 cal BC-210 cal AD（2σ）という年代値が得られている。確率分布のピークは80～125 cal ADにあり、第III層よりも若干ではあるが新しい年代を想定できる。つまり、層位的に矛盾していない。この年代値はカサ・ブランカ地区において大基壇が造成される時期から造成後に相当する。

（3）LC第IIa層

　LC第IIa層出土の年代測定試料は3点である。コーヒー栽培による撹乱層であるLC第I層の影響を受けていること、明らかに時期の異なる土器（ウスルタン文浅鉢形土器と多彩色土器）が墓の副葬品として原位置で出土していることから、出土状況によって異なる年代値が得られることが予想された。

　その予想通り、炭素14年代測定の結果からは2つの異なる年代値が得られている。古い年代値は1号埋納遺構から得られた試料であり170-340 cal AD（2σ）という年代である。

第2章　歴史の連続性　――チャルチュアパ遺跡編年の再考――　53

これはカサ・ブランカ地区に大基壇が造成された後の、建造物などが機能していた時期に相当する。一方、新しい年代値は火山灰を多く含む特殊な土坑から得られた試料で660-770 cal AD（2σ）という値が得られている。これは、カサ・ブランカ地区5号建造物での活動が再開されていた時期に相当する。

　以上のラ・クチージャ地区の年代測定結果をまとめると、第III層はカサ・ブランカ地区大基壇造成前後、第IIb・IIa層がカサ・ブランカ地区大基壇造成前後からイロパンゴ火山の噴火以前に相当する。ただし、第IIa層の一部には、カサ・ブランカ地区建造物群が再建された時期、つまり古典期後期に相当するものがあることになる。

4. タスマル地区

　タスマル地区で得られている炭素14年代測定試料は5点である。そのうち3点が「7番通り」の発掘調査で得られたものである。この年代測定試料は主たる建造物であるB1-1建造物群などにともなうものではなく、原位置がわかる遺物もともなっていないため、建造物の変遷時期を検討するには適していない。B1-1建造物群に直接関わる試料は、15号試掘坑から出土した円筒形土器にともなう炭化物1点であり、545-635 cal AD（2σ）という年代値をもつ。確率分布のピークは、約550〜600 cal ADである。もう1点は、B1-2建造物から検出された5号埋葬にともなう炭化物で785-1015 cal AD（2σ）という値が得られている。確率分布のピークがやや明瞭ではないものの、約900〜1000 cal ADにみられる。以下、前節の建造物変遷史にしたがって、各期の時間幅について検討してみたい。

（1）TZ-I期　タスマル地区I期（TZ-I期）の建造開始期は現時点では不明といわざるをえない。しかし、少なくとも層位的にはイロパンゴ火山の噴火以前、つまり後400〜450年以前には建築活動が開始していたことは明白であり、カサ・ブランカ地区が機能していた時期にはすでにタスマル地区で建築活動がおこなわれていた。年代測定試料の増加を待つ必要はあるものの、B1-1d建造物では少なくとも3回の増改築の痕跡、19号試掘坑では2枚の床面があることを考慮すれば（図2-5.1）、噴火以前に相当するTZ-Ib期は少なくとも数十年あるいは百年単位の建築活動があっても不思議ではない。つづく、アドベを主たる建築材とするTZ-Ia期は、イロパンゴ火山の噴火後に土を主たる建築材とする建造物が数回の増改築を経て建造され、その後に石を主たる建築材とする建造物が造られるようになる、後600年ごろまで続く。つまり、TZ-Ia期の期間は100〜150年程度に見積もることが可能である。

（2）TZ-II・III期　タスマル地区II・III期（TZ-II・III期）についてはTZ-II期の開始期とTZ-III期の終焉を示す2点の炭素14年代測定結果しか得られていない。TZ-II期の開

始期を示す試料は545-635 cal AD（2σ）で、確率分布のピークは約550〜600 cal ADにみられる。TZ-III期の終焉を示すのはB1-2建造物の最終時期に相当するV期から検出された5号埋葬で775-1015 cal AD（2σ）という値が得られ、確率分布のピークをみてみると約900〜1000 cal ADに相当する。つまり、TZ-II・III期は推定で400年前後の存続期間が想定される。ただし、TZ-III期の中心建造物であるB1-2建造物はII期の中心建造物であったB1-1建造物の主神殿へむかう階段を破壊した上で建造されており、両建造物が同時期に機能していたとは考えにくい。これまでの土器分析から得られている推定年代に依拠することになるが、コパドール多彩色土器などを含むTZ-II期は古典期後期（後600〜800年）、鉛釉土器がみつかっているTZ-III期は古典期後期終末期から後古典期前期（後800〜1000年）の時期とそれぞれ設定しておくことにする。

第3節　土器編年

1.　土器分類の視点と方法

　本節では、前節までに再構築された建造物変遷史と炭素14年代を参照しながら、各時期の土器の変化を検討する。本研究でもちいる土器資料は、カサ・ブランカ地区、ラ・クチージャ地区、タスマル地区出土の土器資料である。時間幅としては、前400〜後1000年に相当する資料である。資料は2000〜2013年までにPAES、国際協力機構青年海外協力隊、エルサルバドル文化庁文化遺産局考古課の発掘調査で新たに獲得された資料であり、土器研究だけではなく、エルサルバドル考古学自体の発展に貢献することが求められている資料である。

　チャルチュアパ遺跡の土器編年は、タイプ・バラエティ分類法のひとつの到達点と評されるシャーラー編年（Sharer 1978 vol. III）が基本である。しかし、イロパンゴ火山の噴火年代の変化にともなってこの編年自体にも再検討が求められており、本書ではシャーラー編年の一部分を踏襲しつつも、以下の分類基準に従い再検討をおこなうことで、チャルチュアパ土器編年研究の精緻化に貢献することをめざす。

　まず、どの土器片にもみられる最も基本的な属性である「化粧土の色」を核とし、次に最も変化しやすく、かつ土器伝統、製作者の意図や社会的規範を反映すると考えられる属性である「装飾」と「器形」に着目する（e.g. 小林2006; 中園1994; 松本2000）。装飾や器形に限らないが、土器の多様性には当時のさまざまな社会的要因が関係していると考えられている（e.g. Rice 2005［1987］; Wobst 1977）。例えば、土器製作者（集団）の条件（熟練度、社会的地位、デザインへの志向性・伝統など）、地域間交流（情報交換・交易など）、土器そのものあるいは装飾の象徴的意味や価値（祭祀儀礼用、威信財としての土器利用など）などが挙げられる。こうした視点や前提に基づけば、単に土器の類似性や相違点といった時空間的把握だけではなく、土器製作と社会変化の諸要因を関連づけて考えることができると思

われる。

　装飾や器形は破片が小さいと同定に困難をともなうが、幸いにしてチャルチュアパ遺跡出土土器資料は大型の破片が比較的多い。シャーラー編年は複数の諸属性からなる「タイプ」の集まりを「グループ」として分類し、各グループの系統を時系列に把握することで土器編年を構築した。しかし、複数のタイプやグループに通底する装飾や器形（例えば、ウスルタン文、胴部が弓状に外反する浅鉢形土器）がある場合、それ自体はあまり考慮されず、あくまで人為的に設定されたタイプやグループという枠組みで捉えられてしまうため、土器製作における段階的な各属性の通時的変化を見過ごしやすいという特性があった。

　土器名称については、シャーラー編年の定着度や今後の汎用性を考慮すると、全くコンセプトの異なる名称の使用は混乱のもとになると考える。そこで、シャーラー編年や、シャーラー編年を批判的に検証しながらサンタ・レティシア遺跡土器編年研究を展開したデマレストがもちいた名称（Demarest 1986, 2011）との相関関係を比較的容易に把握できるようにするため「化粧土の色：装飾」という記述を基本とする。

　例えば、オレンジ色の化粧土が施された刻線をもつ土器であれば、「オレンジ：刻線」とした。また、シャーラー編年における土器タイプと同じ、または近い特徴をもつ土器については、シャーラー編年上のグループ名またはタイプ名も［　　］内に記載することによって汎用性のある土器分類にすることに努めた。

　なお、本論で扱う土器は発掘調査で得られた全ての土器資料を対象としていない。層位的状況が良好な原位置出土土器を中心に、遺物包含層出土の場合には装飾や器形の残存がよい口縁部資料を中心に分析した。あくまで各時期の土器の特徴を抽出した質的分析である。したがって、量的な問題で土器タイプの盛衰を把握するというよりも、土器における新しい要素が、どの時期から現れるのかという点を特に注視した。

2. カサ・ブランカ地区とラ・クチージャ地区

　カサ・ブランカ地区の土器資料は、PAESによる4Nトレンチ発掘調査資料（Ito y Ichikawa 2010［2003］）を中心に、5号建造物周辺の発掘調査資料（Ichikawa 2008; Murano 2008）を基にしている。それぞれの出土状況は、4Nトレンチ発掘調査資料がカサ・ブランカ地区における初期の活動痕跡から大基壇造成期まで、5号建造物周辺の発掘調査資料が大基壇造成後から5c建造物がイロパンゴ火山灰に覆われてしまう以前である。先の炭素14年代測定結果から言えば、前400〜後400年ごろ、つまり先古典期中期後半から古典期前期前半に時期比定される資料である。これらの資料に加えてカサ・ブランカ地区の南約100mに位置し、カサ・ブランカ地区が機能していた同時期の所産であるラ・クチージャ地区の土器資料と炭素14年代測定結果を統合して、4期にわけて土器の特徴をみていくことにする。

（1）カサ・ブランカⅠ期（CB-Ⅰ期：前400-100年）

　カサ・ブランカ地区4Nトレンチにおける第10〜11層がカサ・ブランカⅠ期にあたる。カサ・ブランカ地区の居住開始期の土器資料であり、全て破片資料である。

　化粧土の色を軸としてオレンジタイプ［Olocuitla］［Savana］［Puxtla］、黒褐タイプ［Pino］、赤タイプ［Lolotique］［Santa Tecla］、素地タイプ［Mizata］［Guaymango］［Lamatepeque］［Cara Sucia］［Topozoco Composite］の大きく4タイプ、装飾の有無によって20のサブタイプに分けられる。素地タイプ以外の土器は、器面内外に研磨または平滑の調整がおこなわれており、丁寧な製作工程がうかがえる。

　CB-Ⅰ期の特徴を概略すると、①オレンジタイプの土器に装飾や器形のバリエーションが多いが、ウスルタン文が未発達である、②黒褐および赤タイプに幾何学文様の刻線文が目立つ、③素地タイプの土器は、やや他のタイプと比較して器壁が厚いやや重厚な土器が顕著である、といった特徴がある。

　装飾　刻線文または凹線文、鎖状装飾が目立つ。刻線文または凹線文は黒褐タイプ、赤タイプに顕著であり、単独で施される場合もあれば刻線文と凹線文の両方が施される場合もある（図2-12.14〜16, 18, 23）。刻線文は、直線、曲線、点、鋸歯文などの組み合わせによって幾何学文様が構成される。黒褐タイプでは浅鉢形土器の胴部に、赤タイプでは短頸壺形土器の胴部に刻線文が規則的に施される例が多い。凹線文は口縁部外側あるいは胴部と底部の変曲点に水平に一条あるいは数条施されている（図2-12.3, 6, 7, 10, 19, 20）。幅広で縦方向または斜め方向の凹線文もある（図2-12.5）。鎖状装飾は、浅鉢形土器の口縁部および胴部に施される（図2-12.4, 21）。胴部に施される場合には、胴部と底部の変曲点に施され、顎状装飾（Basal-Flange）ともいわれる（図2-12.12, 13）。その他、突帯文や鎖状突帯文もみられる（図2-12.8, 27）。なお、鎖状突帯文は、見た目は鎖状装飾と似ているが、突帯文は単に粘土紐を貼付けるのに対し、装飾の方は口縁や胴部成形時に粘土紐に手を加えて成形した上で施されたものとして区別している。

　その他の装飾にはウスルタン文と彩色装飾がある。ウスルタン文をもつ土器はオレンジタイプのみにみられ、後代になるとチャルチュアパを代表する土器装飾となる。しかし、CB-Ⅰ期にはまだ明確に文様として認識できるほどでなく、シミのように見えるのが特徴的である（図2-12.10, 11）。彩色は赤彩が基本で、素地タイプの土器の口縁部内面または口縁部の内面から外面にかけて施されている（図2-12.24, 25）。白彩も施されているが希少な例である（図2-12.9）。その他、人物を立体的に表現した土器がある（図2-12.26）。

　器形　口径が高さの2倍以上あるような浅鉢形土器を基本として、口径：高さの比がほぼ同じあるいは高さの方が値の大きい鉢形土器、無頸・有頸の壺形土器、大型の皿形土器、特殊な用途が考えられる形象土器がある。浅鉢形土器については、胴部が内傾するものも

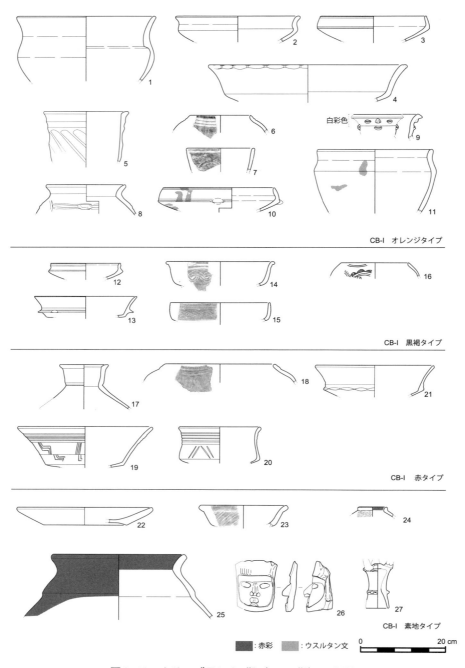

図2-12 カサ・ブランカI期（CB-I期）の土器

[オレンジタイプ] 1-3.無装飾、4.鎖状装飾、5-7.凹線文、8.突帯文、9.白彩色・人物形象装飾、10-11.ウスルタン文、[黒褐タイプ] 12-13.顎状装飾、14-16.刻線文・凹線文、[赤タイプ] 17.無装飾、18-20.刻線文・凹線文、21.鎖状装飾、[素地タイプ] 22.無装飾、23.刻線文、24.赤彩・刺突文、25.赤彩、26.人物形象装飾、27.鎖状突帯

あるが（図2-12.3, 10）、オレンジタイプや赤タイプにみられる、胴部が大きく外傾する浅鉢形土器が特徴的である（図2-12.4, 19, 21）。さらに、胴部が弓状に強く外反する浅鉢形土器も特徴のひとつである（図2-12.1, 2, 21）。素地タイプの土器には器壁が厚い土器が目に付く（図2-12.22）。壺形土器は「テコマテ」と呼ばれる無頸壺形土器（図2-12.16）、頸部が短くかつ強く外傾する短頸壺形土器（図2-12.8）、頸部がやや垂直に立ち上がり口縁部で強く外傾する壺形土器（図2-12.17）、人物形象壺形土器（図2-12.9）などがある。

（2）カサ・ブランカⅡb期（CB-Ⅱb期：前100-後50/100年）

カサ・ブランカⅡ期は層位的上下関係と炭素14年代測定結果に基づき、南側土坑が造られたCB-Ⅱb期（第7～9層）と大基壇造成時のCB-Ⅱa期（第5～6層）とに分けられる。CB-Ⅱb期はカサ・ブランカ地区4Nトレンチで検出された南側土坑から出土した一括土器群である。

化粧土の色を軸としてオレンジタイプ［Olocuitla］［Izalco］、黒褐タイプ［Pino］、赤タイプ［Lolotique］［Santa Tecla］［Nohualco］［Finquita］、素地タイプ［Mizata］［Cara Sucia］［Topozco Composite］の4タイプに大きく分けられる。装飾の有無や組み合わせによってサブタイプの総数は28で、CB-Ⅰ期よりもバリエーションが豊富になる。素地タイプ以外の土器は、器面内外に研磨または平滑の調整がおこなわれている、特に黒褐タイプの土器では光沢がでるほどの研磨調整がみられる。

CB-Ⅱb期の特徴は、①オレンジタイプ［Olocuitla］［Izalco］の土器において、器形では胴部が大きく外傾するもしくは胴部が弓状に外反する浅鉢形土器が典型となり、装飾では［Izalco］に分類されるウスルタン文がCB-Ⅰ期よりも複雑化する、口縁部に鎖状装飾以外に動物などが形象されるようになる、②黒褐タイプの土器において、器形では胴部が垂直に立ち上がる浅鉢形土器、円筒形土器がみられるようになり、装飾では刻線文以外に繊細な細刻線文が発達する［Pino Ceramic Group: Canchon Fine-incised］、③赤タイプ［Lolotique］の土器では、CB-Ⅰ期に特徴的であった刻線文が施された浅鉢形土器にかわり、胴部に幾何学的デザインをもつ刻線文が施された有頸・無頸の壺形土器が特徴的となる、④素地タイプの土器［Mizata］に、コマル（トルティーヤなどを焼くための道具で、平たい器形を呈する土器）が出現する。

装飾 CB-Ⅱb期の最大の特徴は、オレンジタイプの土器にみられるウスルタン文である（図2-13.8～16）。複数の並行する直線・曲線・波状線で構成され、それらは時に格子状に交わる。壺形土器では外面のみだが、浅鉢形土器では内外面に密に施される場合がある。

その他の特徴としては、口縁部が平坦になるほど強く外反する器形が出現し、平坦部には凹線文や刻線文などで動物（鳥類？）を模したデザインが施される（図2-13.10, 11）。ま

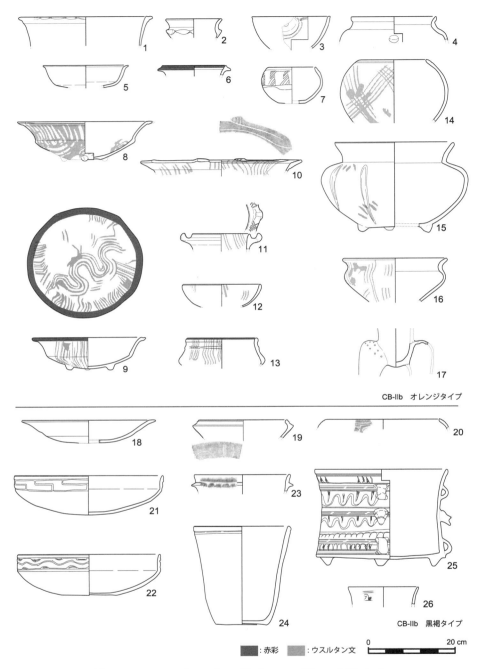

図2-13 カサ・ブランカIIb期（CB-IIb期）の土器（1）

［オレンジタイプ］1-2.鎖状装飾、3.凹線文、4.粘土貼付、5.無装飾、6.赤彩、7.刻線文、8・12・14・16.ウスルタン文、9・13.赤彩・ウスルタン文、10-11.動物形象・ウスルタン文、17.刺突文、［黒褐タイプ］18.無装飾、19.凹線文、20-24.刻線文、25-26.細刻線文

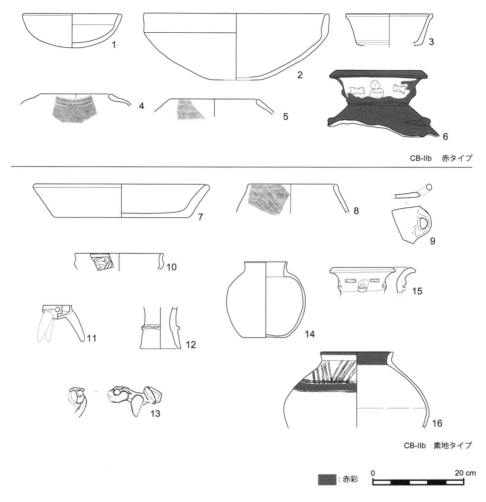

図2-14 カサ・ブランカIIb期（CB-IIb期）の土器（2）
[赤タイプ] 1-2.無装飾、3.凹線文、4-5.刻線文、6.人物形象、[素地タイプ] 7.無装飾、8.刻線文、9.コマル、10.刻線文・粘土貼付、11.粘土貼付、12.鎖状装飾、13.動物形象、14.無装飾、15.人物形象、16.刻線文・赤彩

た、先行期に引き続き、凹線文や刻線文もみられる（図2-13.3, 7）。口縁内外面に赤彩が施される浅鉢形土器も出現する（図2-13.6）。そして、「オレンジ：赤彩・ウスルタン文」タイプが新たに出現する点も装飾組み合わせの変化という点で重要である（図2-13.9）。オレンジタイプの土器は総じて光沢がでるほどの研磨調整がおこなわれている。

　黒褐タイプ［Pino］にみられる刻線文は、縦横に幾何学的に施されることが多く（図2-13. 19, 20）、浅鉢形土器に施される場合には鋸歯文または波状線というように先行期よりも定型化される傾向にある（図2-13.21, 22）。一方で、太さ1mm以下の鋭利な道具で施文されたと考えられる細刻線文が発達する［Pino Ceramic Group: Canchon Fine-

第2章　歴史の連続性　──チャルチュアパ遺跡編年の再考──　61

incised〕（図2-13.25, 26）。これらの装飾技法や文様形態はカミナルフユ遺跡のVerbena Black-Brown Fine Incisedに極めて類似したものである（Wetherington 1978：64-65）。刻線文は赤タイプでもCB-I期に引き続き顕著であり、短頸・有頸壺形土器に限らず胴部に規則的に施される、あるいはカエルまたは鳥類を模したと考えられるモチーフが施される場合もある（図2-14.4, 5）。赤タイプでは、さらに有頸壺形土器で頸部に粘土貼付けと刺突の組み合わせで成形される人物形象土器が目につくようになる。胴部には腕や手と思しき装飾も施されている（図2-14.6）

　その他の装飾としては、鎖状装飾がオレンジタイプの浅鉢形土器の口縁部や胴部、鎖状突帯文が素地タイプの三本角付香炉にみられる（図2-13.1, 2, 図2-14.12）。顎状装飾もオレンジタイプや黒褐タイプの浅鉢形土器にうかがえる（図2-13.2, 11, 23）。単に楕円形あるいは円形の粘土貼付装飾をともなう土器もみられる（図2-13.4）。その他、素地タイプの土器において、浅い刻線文と赤彩の組み合わせをもつ壺形土器が出土している（図2-14.8, 10, 16）。

　器形　オレンジタイプでは、胴部が外傾する、または弓状に外反する浅鉢形土器が顕著であり、CB-IIb期を特徴付ける器形のひとつである。口縁部が外傾、または口縁部に平坦面ができるほどに強く外反している器形もある（図2-13.5, 8, 10）。これらの浅鉢形土器には小さなボタン状または円錐形の三脚または四脚がつけられる（図2-13.8, 9, 15）。また、胴部断面がS字になる鉢形土器も特徴的である（図2-13.15, 16）。その他、胴部が内傾する浅鉢形土器、椀形土器、頸部が外反する短頸壺形土器、オアハカ地域のモンテ・アルバンII期（前100～後200年）に特徴的な三脚注口土器と考えられる器形もみられる（図2-13.17）。黒褐タイプでは胴部が垂直に立ち上がる浅鉢形土器が主体的であり、その他に円筒形土器や器壁が緩やかに外傾する浅鉢形土器などがある（図2-13.18, 24）。赤タイプでは人物形象壺形土器が特徴的であり（図2-14.6）、その他には椀形土器や無頸壺形土器がある（図2-14.1～5）。素地タイプには大型の皿形土器、短頸壺形土器、動物・人物形象壺形土器、三本角付香炉、やや長めの三脚、そして把手付きのコマルがある（図2-14.7, 9, 11～15）。

（3）カサ・ブランカ IIa期 （CB-IIa期：後50/100-後150/200年）

　カサ・ブランカ地区4Nトレンチの第5～6層に相当し大基壇造成期にあたる。先の炭素14年代測定結果を参照すると、焼土層の年代と大基壇造成時期がラ・クチージャ地区第III層の年代と重なるため両者はほぼ同時期と想定される。ラ・クチージャ地区では墓にともなって完形土器が原位置で出土しており（Ichikawa y Shibata 2007, 2008）、これらの完形土器資料を基本として分類をおこなった。

　化粧土の色を軸としてオレンジタイプ［Olocuitla］［Izalco］、オレンジ・クリームタ

イプ［Jicalapa］、黒褐タイプ［Pino］、赤タイプ［Lolotique］［Santa Tecla］、白タイプ、クリームタイプ［Guazapa］、素地タイプ［Mizata］［Guaymango］［Lamatepeque］の7タイプに大きく分けられる。サブタイプの総数は34で、CB-IIb期よりもバリエーションが豊富になる。素地タイプ以外の土器は、器面内外に研磨または平滑調整がおこなわれている。

CB-IIa期の特徴を概略すると、①「オレンジ・クリーム：ウスルタン文［Jicalapa］」が顕著になる、②球根状脚部が出現する、③「化粧土削り文Engobe Raspada」が出現する、④白タイプの土器が出現する、⑤素地タイプで装飾と器形のバリエーションが増加する。例えば、厚手の皿形土器または浅鉢形土器である「素地：無装飾［Aguacate］」。胴部に粘土貼付装飾が施される壺形土器なども製作されるようになる。

装飾　CB-IIa期の装飾に関する最大の変化は、CB-IIb期に発達したウスルタン文が簡素化することである（図2-15.11〜15）。クリーム色の化粧土を下地としてさらにオレンジ色化粧土を塗布する二重化粧土の技法をもちいており、文様の現れかたがCB-IIa期に比較して洗練さに欠ける。また、口縁部に赤彩を施す「オレンジ：赤彩［Olocuitla Red-Painted］」が出現する点も先行期にはない特徴である（図2-15.7〜9）。

そして、「化粧土削り文」という装飾技法が登場する点は注目すべきである（図2-15.16）。なぜなら、この装飾技法は、従来イロパンゴ火山の噴火以降に出現する技法とされていたからである（Sharer 1978 vol.III：49）。本研究の資料は噴火以前にすでに化粧土削り文が存在していたことを示す。化粧土削り文は、クリーム色の化粧土で土器の表面を覆った後に、化粧土が乾燥する前に指または道具をもちいて化粧土の一部を削ることで文様を造る施文方法である。複数の線が並行する波状線文はウスルタン文から派生した装飾技法と考えられている（Sharer 1978 vol.III：49）。また、器形と表面調整が「素地：無装飾［Aguacate］」に類似していることが指摘されており（Demarest 1988：347）、異なる土器の特徴を融和して製作されるようになった土器であると筆者は考えている。

黒褐タイプや赤タイプの土器には引き続き刻線文や細刻線文がみられるが、CB-IIb期に比べると顕著ではない（図2-16.1〜3, 12, 13）。むしろ、顎状に張り出した鎖状装飾（図2-16.4）、縦方向の幅広の凹線文（図2-16.5）、人物または動物形象土器が目立つようになる（図2-16.6, 9〜11）。

素地タイプは無装飾が多いが、刻線文（図2-17.4）、鎖状突帯文（図2-17.5）、人物または動物の塑造がみられる（図2-17.6, 9, 10）。白漆喰の上に赤彩が施されるものもみられる（図2-17.7）。

CB-IIb期同様に赤彩と浅い刻線文の組み合わせをもつ壺形土器がみられる（図2-17.8）。

器形　CB-IIb期までオレンジタイプに顕著であった、胴部が大きく外反する、または

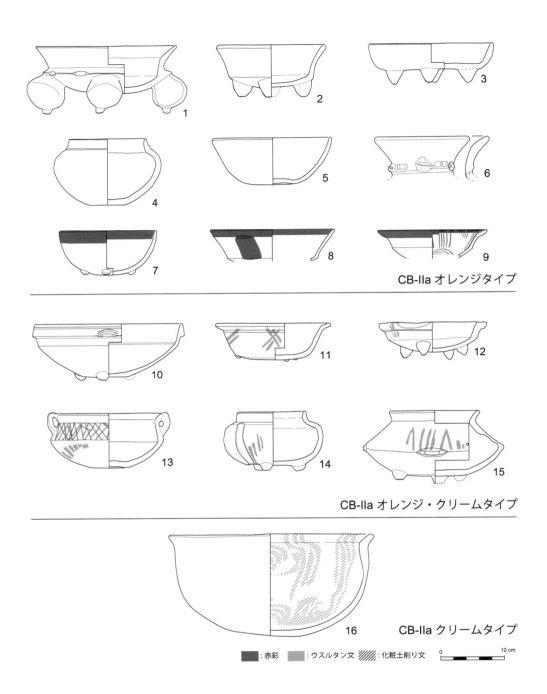

図2-15 カサ・ブランカIIa期（CB-IIa期）の土器（1）
[オレンジタイプ] 1.鎖状装飾、2-5.無装飾、6.人物形象、7.赤彩、8.赤彩・粘土貼付装飾、9.赤彩・刻線文・ウスルタン文 [オレンジ・クリームタイプ] 10.凹線文、11-12.ウスルタン文、13.刻線文・ウスルタン文、14.凹線文・ウスルタン文、15.粘土貼付装飾・ウスルタン文、[クリームタイプ] 16.化粧土削り文

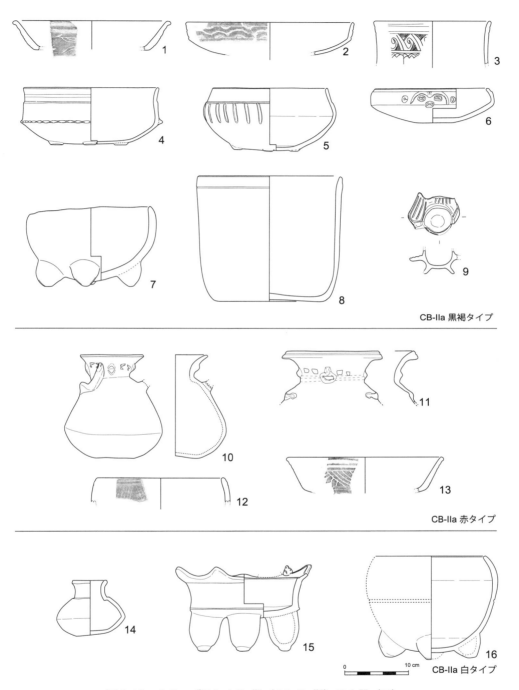

図2-16 カサ・ブランカIIa期（CB-IIa期）の土器（2）

[黒褐タイプ] 1-2.凹線・刻線文、3.細刻線文、4.鎖状装飾、5.凹線文（縦方向）6.人物形象、7-8.無装飾、9.動物形象、[赤タイプ] 10-11.人物形象、12-13.凹線文・刻線文、[白タイプ] 14.無装飾 15.動物形象、16.凹線文

第2章 歴史の連続性 ——チャルチュアパ遺跡編年の再考—— 65

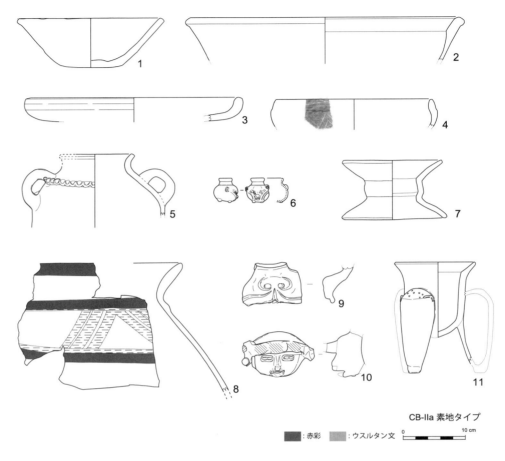

図2-17 カサ・ブランカⅡa期（CB-Ⅱa期）の土器（3）
[**素地タイプ**] 1-3.無装飾、4.刻線文、5.鎖状突帯文、6.人物形象、7.赤彩、8.赤彩・細刻線文、9.動物形象、10.人物形象、11.刺突文・粘土貼付（三脚付注口土器）

弓状に外反する浅鉢形土器が引き続き製作されている（図2-15.1, 2, 10～12）。しかし、CB-Ⅱb期ほどきつく胴部が外傾または外反していない。一方で胴部が丸みを帯びる椀形土器あるいは短頸壺形土器や鉢形土器の製作が目立つようになる（図2-15.3～5, 7）。口縁部に把手がついた浅鉢形土器（図2-15.13）、人物形象壺形土器（図2-15.6）もみられる。黒褐タイプは浅鉢、円筒形土器が主にみられるが（図2-16, 1～9）、顎状装飾をもち胴部の口縁部近くに緩い段差をもうける器形も特徴的である（図2-16.4）。また、球根状、ボタン状、円錐形など脚部の種類が増加するのはこの時期の特徴のひとつといえる（図2-15.1; 図2-16.7, 15, 16）。赤タイプでは、人物形象壺形土器または浅鉢形土器しかみられず、器形にバリエーションがみられない。白タイプの土器には、壺形土器や動物形象土器（コウモリ）、そして球状形土器がある（図2-16.14～16）。この球状形土器はカミナルフユ

遺跡でもみられる器形であり（大井編1994：479）、チャルチュアパではこの白タイプ土器以外にみられない器形である（図2-16.16）。素地タイプは、鉢形土器（図2-17.1, 2）、大型の皿形土器（図2-17.3）、把手付壺形土器（図2-17.5）で主に構成される。その他、容器としてではなく、他の土器とセットでもちいるために製作されたと考えられる鼓形土器（図2-17.7）、オアハカ地域のモンテ・アルバンII期（前100〜後200年）に特徴的とされる三脚付注口土器もある（図2-17.11）。

（4）カサ・ブランカⅢ期（CB-Ⅲ期：後150／200-400年）

　カサ・ブランカ地区大基壇造成後の時期で、ラ・クチージャ地区第IIa・IIb層と同時期である。カサ・ブランカ地区大基壇造成後の出土状況の良好な土器資料は、5号建造物南側正面と東側調査区で得られている。ラ・クチージャ地区ではCB-IIb期同様に墓から原位置出土した完形土器である（図2-18；図2-19）。

　化粧土の色を軸としてオレンジタイプ［Olocuitla］、オレンジ・クリームタイプ［Olocuitla double slipped Usulutan］、黒褐タイプ［Pino］、素地タイプ［Mizata］［Guaymango］［Lamatepeque］の4タイプに大きく分けられる。サブタイプの総数は14で、CB-IIb期からバリエーションが激減することがこの時期の特徴である。先行期までにみられていた光沢がでるほどの研磨調整があまりみられず、全体的にやや粗製な印象である。

　CB-Ⅲ期の特徴を概略すると、①オレンジタイプに赤彩が施される土器［Huiscoyol-Orange］が顕著となる、②ウスルタン文が簡素化する［Olocuitla Usulutan］、③刻線文がほとんどみられなくなる、④赤タイプの土器がみられない、⑤テオティワカン系三脚円筒形土器が出土する、といった特徴がある。そして、繰り返しになるが、土器タイプのバリエーションが激減するという点が重要である。詳細については後述する。

　装飾　CB-Ⅲ期の土器装飾における最も顕著な特徴は赤彩装飾の増加である。口縁部に赤彩装飾を施す土器はCB-IIa、IIb期にすでに存在していたが、三角形や渦巻き文などを施す「オレンジ：赤彩［Huiscoyol-Orange］」はCB-Ⅲ期に新たに出現する装飾である（図2-18.9〜14）。この土器タイプは、シャーラー編年では、イロパンゴ火山灰よりも上層でしかみられない土器とされているが（Sharer 1978 vol.III：46-47）、同火山灰よりも下層から出土している点が重要である。ただし、土器は化粧土がオレンジであり、シャーラー編年ではクリームが化粧土であるという違いがある。それ以外の装飾と器形の特徴は共通する。先行期からすでに衰退の兆候がみられるウスルタン文はこの時期も簡素であり、土器内外面の一部に縦方向に複数の平行線が施文されているだけである（図2-18.4〜8）。CB-IIa期に比べると文様の表出度合いがさらに鮮明さに欠ける。化粧土削り文をもつ土器が量的には極めて少ないが出土している。鳥と思われる動物形象土器も出土している

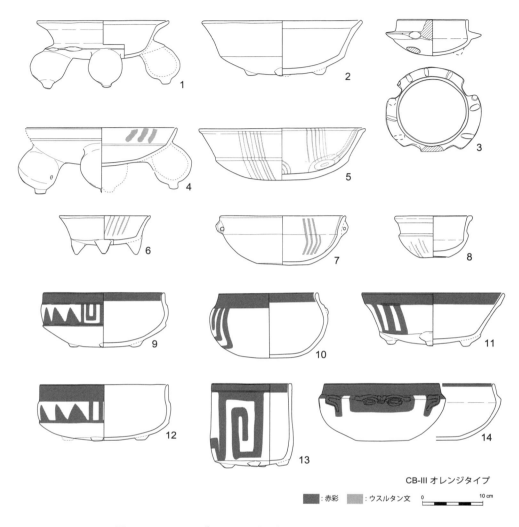

図 2-18　カサ・ブランカⅢ期（CB-Ⅲ期）の土器（1）

[オレンジタイプ] 1. 顎状装飾、2. 無装飾、3. 顎状装飾・動物形象、4. 凹線文・ウスルタン文、5-8. ウスルタン文、9-13. 赤彩、14. 赤彩・動物形象

（図 2-18.3）。

　黒褐タイプは、刻線文が消失することが特徴である。変わって、ボタン状装飾（図 2-19.2, 3, 5）、円形の凹部（図 2-19.6）や縦方向の凹線文（図 2-19.4, 7）が目立つようになる。先行期の CB-Ⅱa 期まで赤タイプや素地タイプにみられた人物形象土器が黒褐タイプにもみられるようになる（図 2-19.8）。

　素地タイプには、CB-Ⅱa 期にもみられたように基本的には無装飾であるが（図 2-19.9〜11）、鎖状突帯文や動物形象もある（図 2-19.12〜14）。特筆すべきはテオティワカン系三

68

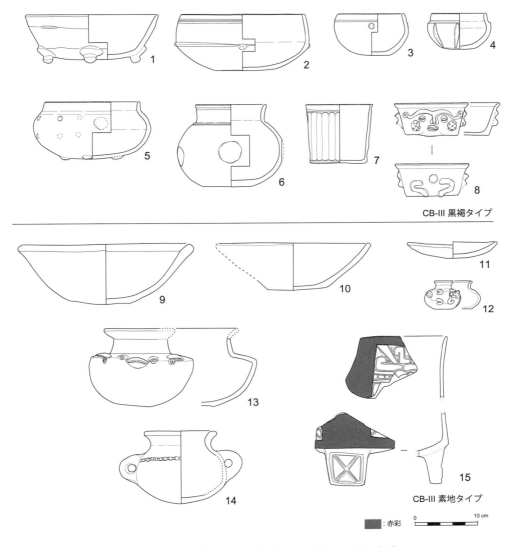

図2-19 カサ・ブランカⅢ期（CB-Ⅲ期）の土器（2）
[黒褐タイプ] 1.粘土貼付、2-3.凹線文・ボタン状装飾、4.凹線文（縦方向）、5.ボタン状装飾、6.凹線文（円形）、7.凹線文（縦方向）8.人物形象、[素地タイプ] 9-11.無装飾、12-13.動物形象、14.鎖状突帯文、15.赤彩・刻線文（テオティワカン系土器）

脚円筒形土器である。胴部は口縁部から胴部にかけて赤彩が施され、赤彩によって区画された箇所に抽象的なデザインが刻線文で施されている（図2-19.15）。脚部には「X」字型の刻線文が施されている。この他にも、胴部に縦方向の幅広の凹線文が施されたテオティワカン系三脚円筒形土器片も確認されている（大井編2000:31）。これらはテオティワカンの影響がチャルチュアパに拡散した時期を検討する上で貴重な資料である。

素地タイプには、カエルやアルマジロを形象した動物形象土器が確認されている（図2-19.12, 13）。薄くオレンジあるいは赤色の化粧土がかけられているようにも見えるが、摩滅のため定かではない。ここでは素地タイプとして分類しておく。

器形　最も特徴的であるのは「オレンジ：赤彩［Huiscoyol Orange］」にみられる浅鉢形土器である。胴部が垂直に立ち上がる、あるいは胴部がやや内傾し、口縁部付近で緩く屈曲し器壁が立ち上がる器形である（図2-19.9, 12）。胴部と底部の変曲点に小さく顎状になっているのも特徴的である。底部にはボタン状の四脚がついている。その他、CB-IIa期までにみられる胴部や口縁が外傾する浅鉢形土器、短頸壺形土器あるいは把手付で口縁部が外反する短頸壺形土器、円筒形土器がある（図2-18.2, 5, 7, 13）。胴部が弓状に外反する浅鉢形土器はあまり顕著ではないが、球根状脚部とセットとなり確認されている（図2-18.1; 図2-19.1, 4）。把手付短頸壺形土器以外は、基本的に底部は平底である。器壁が厚い大型の浅鉢形土器「素地：無装飾［Aguacate］」もCB-IIa期から出土しているがCB-III期でもみられる（図2-19.9～11）。無装飾であり、決して精製土器とはいえないが、5号建造物前の石碑建立にともなう埋納土器として使用されている点が興味深い（Ichikawa 2008）。

テオティワカン系三脚円筒形土器は板状脚部と胴部の幾何学文様が特徴的でありCB-IIa期までにはなかった器形である。

3.　タスマル地区
前節で述べたように、タスマル地区は主たる建築材と建造物群の中心軸の変化によって大きく3期にわけることができる。本研究で対象とするのはI期とII期の土器資料であり、全てPAESによる発掘調査で出土したものである。I期は、土とアドベという主たる建築材の違いによって古い方からIb期、Ia期に分けられ、II期は建造物群の中心軸がI期よりも南に約13m移動し、主たる建築材が石に変化する時期である。

（1）タスマルIb期（TZ-Ib期：??-後450/500年）
TZ-Ib期は土を主たる建築材とする時期であり、タスマル地区建造物群の創建期にあたる。TZ-Ib期の土器資料は15～17・25・26号試掘坑で得られているが、重層建築という建築方法ゆえに最深部まで発掘調査が行き届いていない可能性がある。したがって、初現期が遡る可能性も残されており、現時点で初現期を結論づけることは難しい。しかし、以下にみるように土器の特徴はCB-III期出土土器との高い類似が認められるため、カサ・ブランカ地区が機能していた時期に一時的に並存していた可能性が高いと考えられる。

TZ-Ib期の土器は、化粧土の色を軸としてオレンジタイプ［Olocuitla］［Chilanga］、オレンジ・クリームタイプ［Guazapa］、黒褐タイプ［Pino］、赤タイプ、白タイプ、クリー

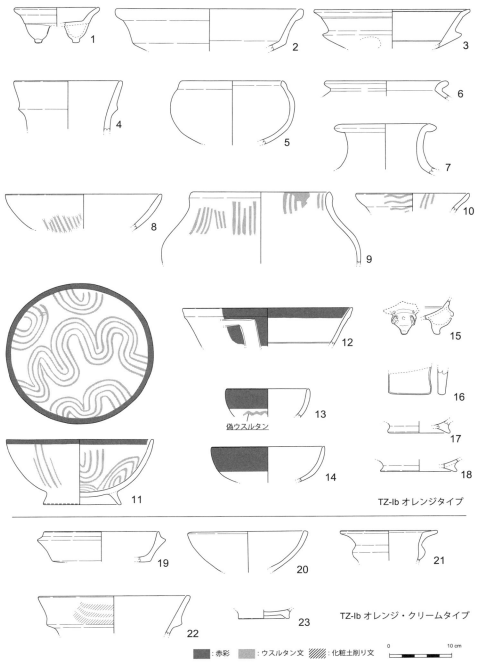

図2-20 タスマルIb期（TZ-Ib期）の土器（1）

[オレンジタイプ] 1-2・5-7.無装飾、3.4.顎状装飾、8-10.ウスルタン文、11.赤彩・ウスルタン文、12.赤彩・刻線文、13.赤彩・偽ウスルタン文、14.赤彩、15.動物形象、16.板状脚部、17-18.無装飾、[オレンジ・クリームタイプ] 19-21.無装飾、22.顎状装飾・化粧土削り文、23.無装飾

第2章 歴史の連続性 ――チャルチュアパ遺跡編年の再考―― 71

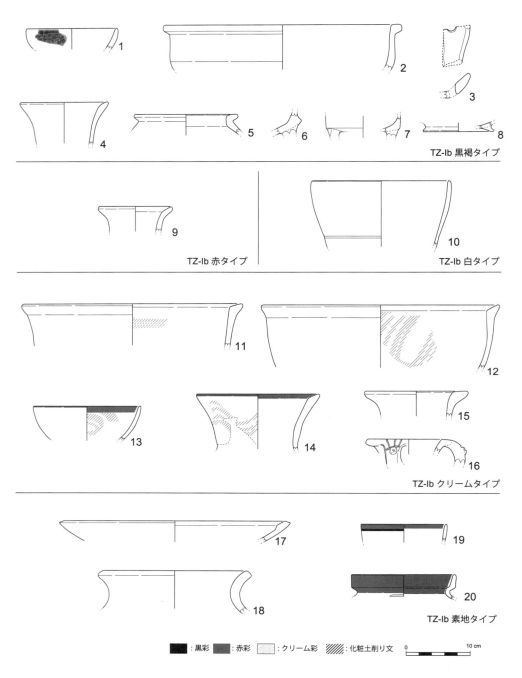

図 2-21 タスマル Ib 期（TZ-Ib 期）の土器（2）
[黒褐タイプ] 1.刻線文、2-8.無装飾、[赤タイプ] 9.無装飾、[白タイプ] 10.凹線、[クリームタイプ] 11-12.化粧土削り文、13-14.赤彩・化粧土削り文、15.無装飾、16.粘土貼付・刻線文、[素地タイプ] 17-18.無装飾、19.赤彩・黒彩、20.赤彩

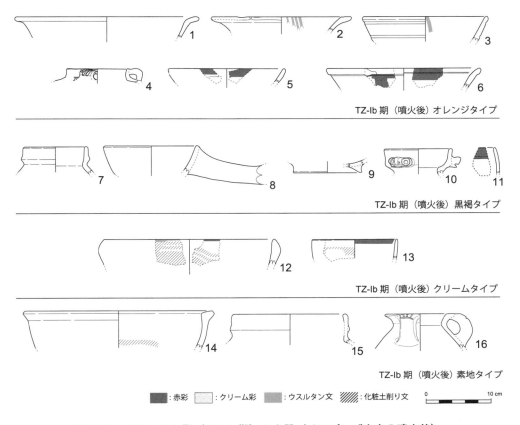

図2-22 タスマルIb期（TZ-Ib期）の土器（イロパンゴ火山の噴火後）
[オレンジタイプ] 1.無装飾、2.鎖状装飾・ウスルタン文、3.凹線文・ウスルタン文、4.刻線文・刺突文、5.赤彩、6.赤彩・凹線文、[黒褐タイプ] 7-9.無装飾、10.動物形象、11.赤彩・クリーム彩、[クリームタイプ] 12-13.赤彩・化粧土削り文、[素地タイプ] 14.化粧土削り文、15.無装飾、16.刻線文

ムタイプ［Guazapa］、素地タイプの7タイプに大きく分けられる。サブタイプの総数は27で、CB-III期からバリエーションは増加しているが、CB-IIa期ほどではない。

　TZ-Ia期の特徴を概略すると、①高台付椀形土器の「オレンジ：赤彩・ウスルタン文［Chilanga Red-painted Usulután］」が製作される、②化粧土削り文を施される土器の器形にバリエーションの増加がみられる、③黒褐タイプの刻線文が施される浅鉢形土器がみられなくなる、④鳥やカエルといった動物形象土器がみられなくなる、⑤球根状脚部や円錐形脚部などにかわって高台が出現する、といった特徴があげられる。

　装飾　赤彩が口縁の内外面に帯状に施されるのは、先行期から継承されている装飾の特徴である（図2-20.11〜14; 図2-21.13, 14, 19, 20）。赤彩の他に新たに黒彩がみられるが、わずか1点にすぎない（図2-21.19）。「オレンジ：ウスルタン文［Olocuitla Usulután］」

は、数本が並行する波状線文が中心で、先行期までと比べて精巧さに欠け、さらに文様が簡素化している（図2-20.8, 9）。一方、「オレンジ：赤彩・ウスルタン文［Chilanga Red-painted Usulután］」は装飾の特徴は先行期から継承されるものであり、ウスルタン文も明瞭にみられ（図2-20.11）、高台付椀形土器と組み合わされるという点が特徴的である。また、素地タイプにも口縁部に赤彩が施されるようになる（図2-21.19, 20）。

　化粧土削り文は、CB-IIa期とCB-III期にはすでにみられたものの、このTZ-Ib期から特に顕著になる（図2-20.22; 図2-21.11～14）。これは化粧土削り文が多様な器形に施されることを根拠とする。既述のとおり、この化粧土削り文は、ウスルタン文から派生した装飾技法の一種と考えられている。この推測を支持する資料として、本研究で得られた土器資料の中に興味深い資料がある。「オレンジ：ウスルタン文［Izalco］」に属する土器だが、ウスルタン文が施文されている箇所が口縁部で、文様は水平方向に波状線文が施されている（図2-20.10）。この特徴は後代にみられる「クリーム：化粧土削り文［Guazapa］」に代表的な施文方法と施文箇所であり、ウスルタン文から化粧土削り文への変化を示す中間形態と考えられる。

　こうしたウスルタン文から化粧土削り文への移行期の中で派生した装飾技術が、「偽ウスルタン文［Tapa Trichrome: Tapa Variety］」と考えられる（図2-20.13）。複数の並行する波状線で文様を構成する点はウスルタン文と共通するが、白色顔料で線が描かれているため、典型的なウスルタン文とは装飾技術という点で異なる。このことから、偽ウスルタン文と呼ばれている。口縁部の赤彩装飾と高台付椀形土器という器形の組み合わせは「オレンジ：赤彩・ウスルタン文［Chilanga Red-painted Usulután］」と共通する特徴であり、このTZ-Ib期のものと想定される。

　以上のように先行期の土器伝統を継承しつつ、新たな特徴を追加し装飾技術が段階的に変化していく一方で、黒褐タイプや赤タイプに特徴的であった刻線文や凹線文、動物や人間を形象した土器は次第に消失していく様子がうかがえる。

　器形　高台付椀形土器の出現がこの時期の大きな特徴である（図2-20.11, 17, 18, 23; 図2-21.8）。高台が付随しない椀形土器もある（図2-20.13, 14, 20; 図2-21.1, 13）。脚部のバリエーションは先行期と比して減少する。先行期に引き続き球根状脚部が作られている他に、板状脚部といった新しいタイプも出現する（図2-20.15, 16）。

　先行期から継承されている器形の特徴として、胴部が弓状に外反する浅鉢形、胴部の小さな顎状部分、やや外反する口縁部をもつ壺形土器などがあり、これらは「オレンジ：無装飾［Olocuitla］」や黒褐タイプ［Pino］などに主にみられる特徴である（図2-20.1～7, 19; 図2-21.1）。

　黒褐タイプは、胴部がやや垂直に立ち上がる浅鉢形土器が主流であったが、TZ-Ib期には壺形土器、椀形土器、皿形土器、コマルなど器形が多様化する（図2-21.1～8, 19）。化

粧土削り文が施される土器は、比較的大型の壺形または鉢形土器の場合が多い（図2-21.10
～15）。壺形土器は、口縁部が強く外傾する短頸壺は少なく、やや頸部が外傾または外反
し、小さな顎状装飾をもつ器形がみられる（図2-20.4, 6, 7, 21; 図2-21.5, 9, 15, 16, 18, 20）。
また、素地タイプの土器には、大型の皿形土器、壺形土器がある（図2-21.17～20）。テオ
ティワカン系三脚円筒形土器に典型的な板状脚部が確認されている（図2-20.16; 図2-21.6,
7）。

　その他　TZ-Ib期は土を主たる建築材とする建造物であるが、層位と土器の特徴から細
分が可能である。例えば、「オレンジ：無装飾［Olocuitla］」や「オレンジ：ウスルタン
文［Olocuitla Usulután］」はTZ-Ib期前半、「オレンジ：赤彩・ウスルタン文［Chilanga
Red-painted Usulután］」や「クリーム：赤彩・化粧土削り文［Guazapa Red-painted］」
はTZ-Ib期後半に位置づけられる。また、TZ-Ib期後半にはイロパンゴ火山灰が検出さ
れている。発掘調査区が限定されているため、噴火直後の建造物に相当する遺物が少ない
という制約があり、評価は難しいが、土器タイプには減少傾向がみられる（図2-22：4タ
イプ・13サブタイプ）。しかし、後述するように噴火前後に土器の特徴に大きな差異が看取
できない点は見逃せない。各土器タイプの特徴の一部は次のTZ-Ia期の土器にも引き続
き継承されているのである。

（2）タスマルIa期（TZ-Ia期：450／500-600年）

　TZ-Ia期は、建造物の中心軸は変わらないものの、主たる建築材が土からアドベに変化
する時期である。TZ-Ia期の土器資料は7・8・21・23・26号試掘坑で得られているが、
すべて遺物包含層中の破片資料である。

　化粧土の色を軸として、オレンジタイプ［Olocuitla］［Chilanga］、オレンジ・クリー
ムタイプ［Gualpopa］、黒褐タイプ［Pino］、赤タイプ、クリームタイプ［Guazapa］、
素地タイプの6タイプに大きく分けられる。サブタイプの総数は28で、TZ-Ib期とほぼ同
じである。

　TZ-Ia期の特徴を概略すると、①ウスルタン文にかわって、赤、黒、紫、茶、クリーム
といった彩色装飾が顕著になり、文様も複雑化する、②赤・黒の多彩色土器［Gualpopa］
が出現する、③化粧土削り文が先行期のTZ-Ib期よりも洗練される、といった特徴があ
げられる。

　装飾　まず、「オレンジ：赤彩［Tapalhuaca］」にみられるようにオレンジタイプに伝
統的な赤彩装飾の文様が複雑化する（図2-23.7～9, 19, 20）。CB-IIa期の「オレンジ：赤
彩［Huiscoyol Orange］」が同様のタイプであるが、赤彩装飾の文様が三角形や渦巻き文
といった単純な幾何学文ではなく、より抽象的なデザインを採用している点で異なる。そ
の他、「オレンジ：偽ウスルタン文・赤彩」もある（図2-23.5）。

第2章　歴史の連続性　──チャルチュアパ遺跡編年の再考──　75

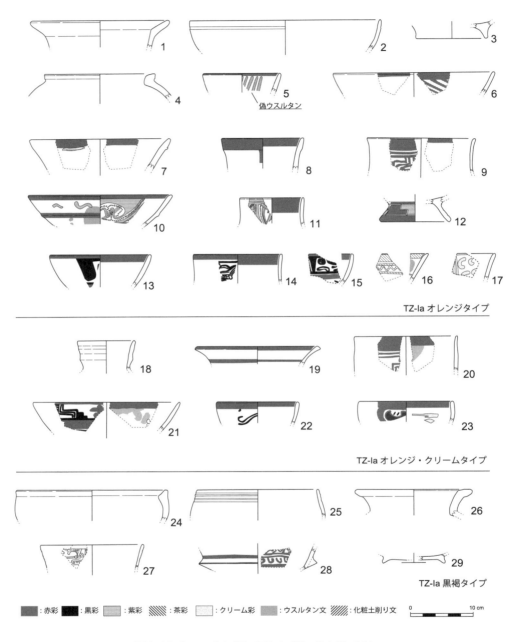

図2-23 タスマルIa期（TZ-Ia期）の土器（1）

[オレンジタイプ] 1.無装飾、2.凹線、3-4.無装飾、5.赤彩・偽ウスルタン文、6.赤彩・ウスルタン文、7.赤彩・粘土貼付、8-9.赤彩、10.赤彩・紫彩・ウスルタン文、11.赤彩・紫彩、12.赤彩・紫彩・刻線文、13-15.赤彩・黒彩、16.茶彩、17.クリーム彩、[オレンジ・クリームタイプ] 18.無装飾、19.赤彩、20.赤彩・ウスルタン文、21.黒彩・赤彩・ウスルタン文、22.赤彩・黒彩、23.赤彩・黒彩 [黒褐タイプ] 24,26,29.無装飾、27.刻線文、28.顎状装飾・赤彩

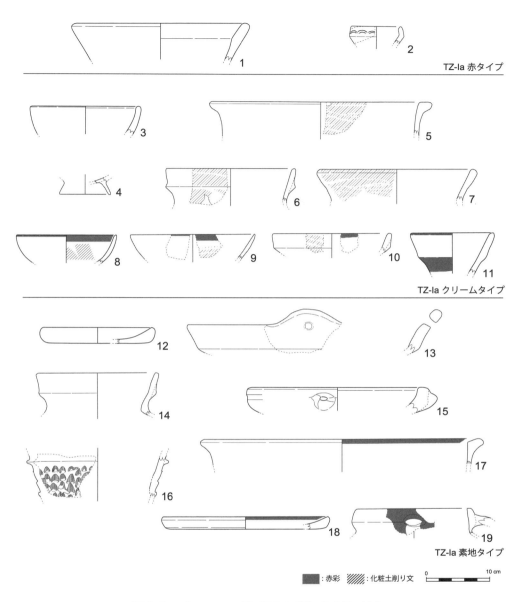

図2-24 タスマルIa期（TZ-Ia期）の土器（2）

[赤タイプ] 1.無装飾、2.刻線文、[クリームタイプ] 3-4.無装飾、5-7.化粧土削り文、8-10.赤彩・化粧土削り文、11.赤彩、[素地タイプ] 12-14.無装飾、15.粘土貼付、16.刺突文、17-19.赤彩

　次に特徴的な土器は、紫彩装飾をもつ「オレンジ：赤彩・紫彩・ウスルタン文 [Machacal]」である（図2-23.10〜12）。この土器はグアテマラ太平洋岸産の搬入土器と考えられている（Kosakowsky et al. 1999; Sharer 1978 vol.III）。しかし、チャルチュアパに伝統的かつ特徴的なウスルタン文が文様の最背面に施されている点は製作技術という点から

第2章　歴史の連続性 ——チャルチュアパ遺跡編年の再考——　77

重要である。さらに、紫彩装飾は、チャルチュアパから直線距離で南西約18kmに位置するサンタ・レティシア遺跡の先古典期後期の土器群から確認されている点も看過できない（Demarest 1986 : 70）。これらの土器は中性子放射化分析の結果、在地生産されたものと考えられている（Demarest 1986 : 74, 2011 : 369）。つまり、紫彩色の装飾技術は、チャルチュアパ周辺ですでに存在した装飾技術であり、必ずしもグアテマラ太平洋岸に生産地を求める必要がなく、この「オレンジ：赤彩・紫彩・ウスルタン文［Machacal］」は、チャルチュアパあるいはその周辺で製作されていた土器伝統の発展系として捉えることができる。

　そして、TZ-Ia期に新しく出現する土器タイプとして注視しておきたいのが「オレンジ・クリーム：赤彩・黒彩［Gualpopa］」である。オレンジ・クリーム（またはオレンジのみ）の化粧土の上に、幾何学または抽象的な文様が赤色と黒色によって彩色されている（図2-23.13～15, 21～23）。この土器は、古典期後期（後600～900年）のコパンにおいて特徴的な土器として挙げられるが、本分析結果に基づけば生産開始期はチャルチュアパが先行することになる。装飾と器形から「オレンジ：赤彩・ウスルタン文［Chilanga Red-painted Usulutan］」の特徴を継承する土器であると考えられている（Demarest 1988 : 355）。口縁部の赤彩、最背面にみられるウスルタン文が継承された部分であり、より幾何学的・抽象化した文様と、黒彩が新しい要素として出現する。しかし、続くTZ-II期よりも文様の複雑さという点では簡素で、定型化もされていない。

　上述した土器タイプに共通する興味深い特徴としては、彩色装飾の最背面にウスルタン文を有している点である。ウスルタン文は、CB期そしてTZ-Ib期前半までを代表する装飾である。主体となる装飾がウスルタン文から彩色装飾へと変化する中でも、土器伝統の一部が継承されている。このことは、在地の土器製作集団の技術や志向の連続性を考えるうえで重要な考古学データであるといえる。

　「クリーム：化粧土削り文［Guzapa］」の土器は、口縁部に赤彩を施すようになるなど他の土器タイプにみられる装飾と組み合わさる他、多様な器形に装飾されるようになる（図2-24.5～11）。素地タイプにおける赤彩装飾はTZ-Ib期同様にみられる（図2-24.17～19）。

　希少ではあるが茶色やクリーム色の彩色装飾もみられることからも、TZ-Ia期における彩色装飾の多様化が裏付けられる（図2-23.16, 17）。

　先行期から引き続き使われている装飾としては、赤タイプでは刻線文しかみられず、基本的には無装飾が多い（図2-24.1, 2）。オレンジタイプでは偽ウスルタン文（図2-23.5, 6）、黒褐タイプでは刻線文や赤彩装飾（図2-23.27, 28）があり、素地タイプでは粘土貼付や刺突文がある（図2-24.15, 16）。

　器形　装飾に比べて器形のバリエーションは少なく、むしろ器形は画一化の方向に進んでいるようにみえる。依然として、浅鉢形土器の胴部や壺形土器の頸部に小さな顎状部分

が形成され、高台がつくなど、先行期に特徴的な器形が継続されている（図2-23.3, 10, 18, 29;図2-24.4, 6, 11, 14）。しかし、TZ-Ia期に最も顕著な器形は椀形土器である（図2-23.2, 5, 6, 13, 21〜23;図2-24.3）。さらに、高台がともなわない点がTZ-Ib期と異なる特徴である。高台がともなうのは、胴部が外傾し小さな顎状装飾をもつ浅鉢形土器であり、先行期からの特徴を有する器形である。その他、比較的大型の半球形の鉢形土器（図2-23.24, 25）、厚手で大型の皿形土器（図2-24.12, 13, 18）、口縁が強く外傾する壺形土器（図2-23.1, 4, 26）がある。

　「クリーム：化粧土削り文［Guzapa］」タイプの土器には、器壁が厚めで大型の鉢形土器、壺形土器が特徴的である（図2-24.6〜11）。また、頸部がやや外傾し、外面に小さな顎状装飾をもつ壺形土器も目立つ。この壺形土器は、エルサルバドル中央部サポティタン盆地に位置するホヤ・デ・セレン遺跡などで頻出する器形であり、口縁部の大きさ、器形の厚さなどから大型の壺形土器と想定される（Beaudry-Corbett and Bishop 2002:131-133）。クリームタイプだけではなく、素地タイプにも同様な壺形土器があり、口縁部に赤彩、把手を有するという違いがある（図2-24.19）。

（3）タスマルII期（TZ-II期：600-800年）

　TZ-II期は、建造物の主たる建築材が石に代わり、さらに建造物の中心軸が先行期よりも南に約13m移動する時期である。炭素14年代測定結果からTZ-II期の始まりは後600年ごろに位置づけられる。TZ-II期の土器資料はB1-1建造物南側に位置する15〜17号試掘坑で得られている。また、ラ・クチージャ地区でも同時期の土器が原位置で出土しているため追加する。15号試掘坑で出土した石を主たる建築材とする建造物にともなう埋納土器2点、ラ・クチージャ地区20号墓の副葬土器3点以外は、すべて遺物包含層中の破片資料である。

　化粧土の色を軸としてオレンジタイプ［Tapalhuaca］［Chilanga］、オレンジ・クリームタイプ［Copador］［Gualpopa］、黒褐タイプ、赤タイプ、クリームタイプ［Guazapa］、素地タイプの6タイプに大きく分けられる。サブタイプの総数は32で、TZ-Ib期よりバリエーションが豊富となる。

　TZ-II期の特徴を概略すると、①彩色装飾、とくに「オレンジ：赤彩・黒彩［Gualpopa］」タイプの土器が主体となる、②「オレンジ・クリーム：赤彩・黒彩［Copador］」タイプの土器が出現する、③一方で、赤彩のみの彩色装飾や化粧土削り文が次第に消失していく、④多彩色土器には椀形土器が顕著である、⑤CB期に顕著であった胴部が弓状に外反する浅鉢形土器が再び製作される、といった特徴があげられる。

　装飾　TZ-II期を代表する土器は、「オレンジ：赤彩・黒彩［Gualpopa］」と「オレンジ・クリーム：赤彩・黒彩［Copador］」であり、装飾の基本は、ウスルタン文では

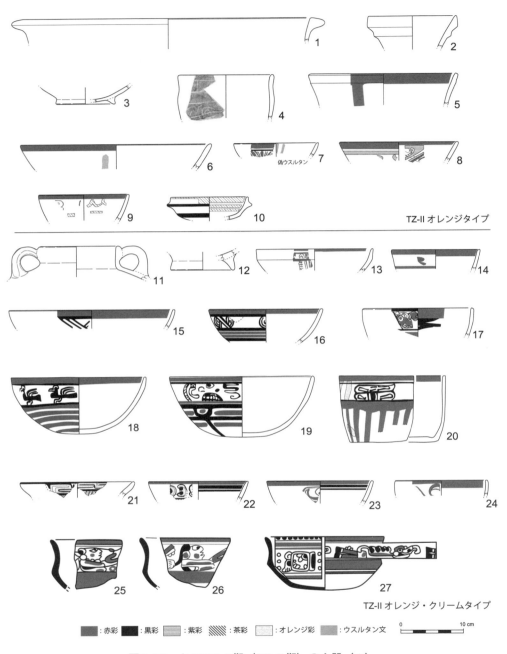

図2-25 タスマルII期（TZ-II期）の土器（1）

［オレンジタイプ］1-3.無装飾4.刻線文、5.赤彩、6.赤彩・ウスルタン文、7.赤彩・黒彩・偽ウスルタン文、8.赤彩・紫彩、9.赤彩・茶彩、10.黒彩・茶彩、［オレンジ・クリームタイプ］11-12.無装飾、13-14.赤彩、15-19.赤彩・黒彩、20.赤彩・黒彩・オレンジ彩、21.赤彩・オレンジ彩、22-23.赤彩・黒彩・オレンジ彩、24.赤彩・オレンジ彩色、25-27.赤彩・黒彩（Sharer 1978 vol.III:171 Fig.22.g1, 2, 6をトレース）

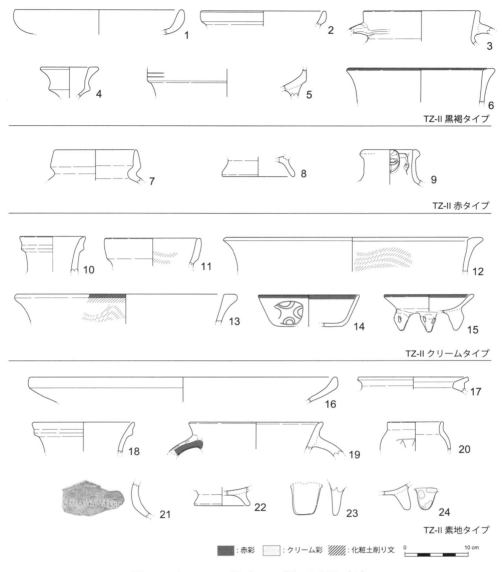

図2-26 タスマルⅡ期（TZ-Ⅱ期）の土器（2）
[**黒褐タイプ**] 1-4.無装飾、5.刻線文、6.赤彩、[**赤タイプ**] 7-8.無装飾、9.人物形象、[**クリームタイプ**] 10.無装飾、11-12.化粧土削り文、13.赤彩・化粧土削り文、14.赤彩・刻線文、15.赤彩・動物形象、[**素地タイプ**] 16-18.無装飾、19.赤彩、20-21.刻線文、22.無装飾、23.無装飾（板状脚部）、24.クリーム彩

なく彩色装飾が基本となる（図2-25.15～24）。「オレンジ：赤彩・黒彩［Gulapopa］」の彩色装飾はTZ-Ia期にはすでに出現しているが、文様がより複雑化かつ定型化している点に先行期との差異を見いだせる（図2-25.15～20）。「オレンジ・クリーム：赤彩・黒彩［Copador］」は、一見すると「オレンジ：赤彩・黒彩［Gualpopa］」と混同されやすい

第2章 歴史の連続性 ——チャルチュアパ遺跡編年の再考—— 81

が、胎土がクリーム色、化粧土はオレンジ・クリームで雲母片を含み、多くはないがオレンジ彩色がもちいられる、疑似文字や様式化された人物が描かれるという点でも区別することができる（図2-25.21〜24）。「オレンジ・クリーム：赤彩・黒彩［Copador］」は、ホンジュラスのコパン遺跡とエルサルバドルの各遺跡で多くみられることから、各々の文字の一部をとって「コパドール多彩色土器［Copador Polychrome］」と名付けられ、古典期後期の指標とされている（Longyear 1952; Sharer 1978 vol.III）。一部に濃いオレンジ彩色装飾を施す場合もある（図2-25.21, 22, 24）。その他、TZ-Ia期から継続される土器伝統として「オレンジ：赤彩［Tapalhuaca］［Chilanga］」（図2-25.5〜10, 13, 14）、「クリーム：化粧土削り文［Guazapa］」や刻線文がみられるが、文様がTZ-Ia期よりも簡素化している（図2-25.4; 図2-26.10〜13）。クリームタイプでは、刻線文や動物形象脚部がみられる（図2-26.14, 15）。

　ただし、15号試掘坑で出土した埋納土器2点は、装飾という点では上述した土器とはやや異なる特徴を有している（図2-7.2, 3）。まず、「黒褐：刻線文」タイプの円筒形土器は、歴史的出来事などが叙述的に描かれている「絵文書様式土器（Codex-style Ceramic）」（Coe, M. 1978:16）[6]と類似し、王と思われる人物が2人刻まれている。王位継承等に関する儀礼を表象しているものと考えられている（伊藤・柴田2007）。さらに、文字のような装飾が土器の口縁部と底部近くに繰り返し表現されている。こうした特徴をもつ土器はグアテマラのペテン地域の多彩色土器に特徴的な表現であるが、タスマル地区出土土器は刻線文であり、また人物と文字の表現が稚拙である。そして文字は意味を理解することのできない「疑似文字」である。次に、「オレンジ：赤彩・黒彩・ウスルタン文」は、先の円筒形土器の蓋として重ねられていた土器であり、底部を上面にすると赤・黒色の多彩色文様とウスルタン文の組み合わせによってジャガーの顔のようにみえる。これは、「オレンジ：赤彩・黒彩［Gualpopa］」や「オレンジ・クリーム：赤彩・黒彩［Copador］」といった他の多彩色土器にみられるデザインとは全く異なる彩色装飾である。その他の装飾としては、刻線文、刺突文、人物形象などがある（図2-26.5, 9, 20, 21）。

　器形　主たる器形は完全に椀形土器へと移行している。しかし、CB期やTZ-Ib期に特徴的であった、胴部が弓状に強く外反する浅鉢形土器が、再び製作される点は過去の土器伝統の復活という興味深い事例として位置づけられる（図2-25.25〜27）。また、先行期から継承されている器形としては、頸部が外傾し小さな顎状装飾をもつ壺形土器がある（図2-25.2, 11; 図2-26.3, 4, 10, 11, 18, 19）、把手が口縁部と胴部をつなぐように付けられている点が新しい要素である。

　その他、口縁部が外側に肥厚した鉢形土器（図2-25.1; 図2-26.6, 12）、比較的大型の皿形土器（図2-26.1, 16）、頸部断面がS字を呈す壺形土器（図2-26.2, 7）、厚い口縁部を持つ短頸壺（図2-26.17）がある。高台、脚部、テオティワカン系三脚円筒形土器の板状脚部が

確認されているがごくわずかであり（図2-25.3, 12; 図2-26.5, 8, 22〜24）、基本的には平底の椀形土器が目立つ。

　オレンジタイプでは彩色装飾が施された椀形または浅鉢形土器が目立ち、クリームタイプや素地タイプでは大型の壺形土器、鉢形土器が目立つことから、装飾と器形の組み合わせに用途の違いを想起させる。

4. 小結：土器伝統の継承と変化

　以上、カサ・ブランカ地区、ラ・クチージャ地区、タスマル地区の新たな土器資料をもとに各時期の特徴の把握を試み、その通時的変化を明らかにしてきた。ここでは土器の装飾および器形の変化に着目しながら、シャーラー編年（Sharer 1978 vol.III）との比較をおこない小結としたい。

（1）先行研究との比較

　前節までの建造物の変遷史と炭素14年代測定結果、そして上述した土器の特徴をまとめるとシャーラー編年の一部には再構成の必要が生じる。とりわけ、イロパンゴ火山の噴火前後の土器タイプのあり方には注意が必要である。

　シャーラー編年では、後260±114年というイロパンゴ火山の噴火年代がもちいられており、イロパンゴ火山灰が先古典期（カイナック期）と古典期（ベック期）を分ける指標とされている。しかし、既述のとおり噴火年代を後400〜450年とすると、先古典期後期から古典期前期の指標とすることはできない。また、ベック期以降（噴火以降）に製作されると考えられていた土器タイプHuiscoyol、Chilanga、Guazapa、Tapalhuaca、Chiquihuatのうち、前4タイプは火山灰より下層であるCB-IIb期とCB-IIa期にすでに製作されていることが新資料から明らかとなった。

　CB-IIa期は新しい土器タイプが出現する一方で、土器タイプ数自体は激減するという現象が起きている点も無視できない。従来、土器タイプ数の減少は、噴火後のベック期に顕著であるとされ、チャルチュアパの衰退を示す根拠とされてきた（Sharer 1978 vol.III:127）。しかし、新資料の分析に基づけば、少なくとも土器製作という点においては、衰退はむしろ噴火以前に生じていたと解釈することができる。これはカサ・ブランカ地区5号建造物東側でみつかった噴火以前の建造物の倒壊痕跡（Murano 2008）、噴火以前に環境が悪化していたことを示唆する花粉分析結果（Dull 2007）といった先行研究と関連させることでより蓋然性が高まる。

　ただし、ここで注意しなければならないのは、これらの衰退を示唆する証拠がカサ・ブランカ地区やラ・クチージャ地区のみにみられることである。同時期あるいはやや後代に位置するタスマル地区ではその限りではなく、むしろ土器タイプ数は多い。カサ・ブランカ地区で土器タイプ数が減少するかわりに、タスマル地区では土器タイプ数が増加するの

である。この土器タイプ数の様相は、**CB-II**期から**TZ-Ib**期にかけて社会の核となる地区がカサ・ブランカ地区からタスマル地区へと移行することと関係していると考えられる。

　土器タイプ数の減少は、イロパンゴ火山の噴火以後の**TZ-Ib**期後半にもみられる。イロパンゴ火山の噴火がチャルチュアパ社会に何らかの影響を与えたことは間違いない。しかし、後述するように装飾や器形の変化に着目すると必ずしも劇的な変化は生じていないことから、衰退があったとはいえ完全崩壊（Dull et al. 2001; Dull et al. 2010）、人々の移住や異なる言語集団の移入（Sheets 1983b, 1986, 2009）という見解は支持しがたいというのが筆者の立場である。これについては第3章において詳述する。

（2）装飾の変化

　先に述べたように、土器の装飾や器形の変化は、土器製作上の伝統の変遷をみる上で適した属性であると筆者は考えている。また、装飾の変化は当時の土器製作技術の変化だけではなく、文様が示す象徴性や志向、そしてイデオロギーの変化をみる上でも重要であるし、器形の変化は生業の変化にもアプローチができるという点でも有効であると考えている。こうした視点に立てば社会変化の画期も土器分析から観察することができる。ただし、あくまで鍵となる属性を分析者である筆者が着目し、分析を実施している時点で、当時の土器製作集団の意図や志向性を客観的に考察するには限界があることも明記しておく。

　では、装飾からみていこう。注目したい点は、「ウスルタン文」「化粧土削り文」「彩色装飾」は相互に密接に関連しながら、段階的変化をたどるという点である（図2-27）。**CB-I**期（前400-100年）では、ウスルタン文が登場する。しかし、文様というよりも染みのように現れているだけであり施文技術として十分に確立していなかった可能性がある。赤彩装飾もみられるが、口縁部に帯状にうかがえるのみである。いずれの文様も組合わさることがなく、単体で装飾されている点も**CB-I**期の特徴である。

　CB-IIb期（前100-後50/100年）になり、ウスルタン文は施文技術が確立し、製作の最盛期を迎える。カミナルフユ遺跡（直線距離約115km）やチアパ・デ・コルソ遺跡（直線距離約460km）などでもみられることから、流通範囲が広範囲であったことがわかる。並行する直線、曲線、波状線文をもつウスルタン文が様々な器形の内外面に施されるようになる。赤彩装飾は、未だ口縁部を中心に帯状に施されるだけだが、このウスルタン文と組み合わせて施される土器が出現する点が**CB-I**期と異なる。

　CB-IIa期（後50/100-150/200年）になると、ウスルタン文は引き続き多様な器形に施文される。しかし、技術的には二重化粧土をもちいて文様を浮き出させる技法を採用し、土器表面の研磨が粗いといったように、やや精巧さに欠ける。このウスルタン文の精粗の変化は、従来の研究（Demarest 1988：Fig.91）においては、その逆である。つまり、ウスルタン文は、装飾が生み出された初期には精巧さにかけ、次第に洗練されてゆき、化粧土がオレンジ色、表面に光沢がでるほど研磨され、そして文様が鮮明に浮き出る、いわゆ

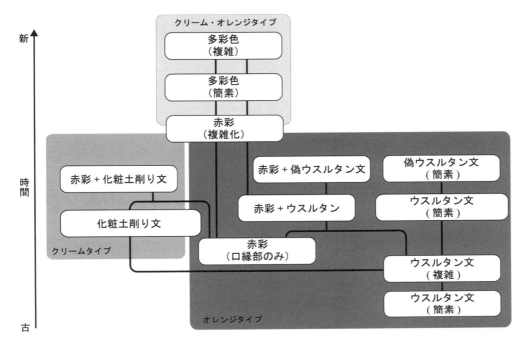

図 2-27　装飾の変遷模式図

る［Izalco］タイプの土器に発展するというものである。これは技術が常に進化し、時期が新しくなるにつれ洗練されるという、言い換えれば進化論的見方である。しかし、年代学的再考をおこなった本研究では従来とは異なるウスルタン文の変遷が示唆されることになった。今後は文様の精粗だけではなく、技術的な観点からも考察される必要がある。この点については、エルサルバドル人陶芸家であり文化財修復家でもあるH・セルメーニョや村野正景がウスルタン文の施された土器の製作技法の復元実験に取り組んでおり（村野 2012）、その成果と本研究の編年を組み合わせることによってさらに明確になってこよう。

　さて、CB-IIa期は赤彩装飾に若干の変化がみられる。口縁部に帯状に施されるだけではなく、胴部にも施されるようになるのである。また、化粧土削り文も登場する。しかし、いずれもウスルタン文が施された土器に比べると出土点数は顕著ではなく、この時期は装飾技術の変化の移行期と位置づけられる。

　CB-III期（後150/200-400年）になると、ウスルタン文はやや形骸化するうえ、土器表面の化粧土の摩滅もあり文様を認識することが困難になる。一方、赤彩装飾は多様化し、口縁部だけではなく、胴部に三角や直線、渦巻き文など幾何学的な文様が施されるようになる点が特徴的である。

　TZ-Ib期（後??-450/500年）では、CB-III期同様に形骸化したウスルタン文が残るが、赤彩装飾と組み合わさる土器に限って精巧さを取り戻す。ただし、文様自体はCB-IIb期

第2章　歴史の連続性　──チャルチュアパ遺跡編年の再考──　　85

と比較すると簡素化している。そして、ウスルタン文から派生したと考えられる化粧土削り文、偽ウスルタン文がやや顕著となる。化粧土削り文をもつ土器は、口縁部の外面のみに文様が施される壺形土器、内外面全体に施される鉢形土器がある。赤彩装飾はCB-IIa期ほどの文様の複雑さはうかがえず、口縁部に施される場合が多い。ただし、ウスルタン文や化粧土削り文と組み合わされて施されるようである。

TZ-Ia期（後450/500-600年）には、ウスルタン文は彩色装飾の最背面に付される、あるいは赤彩との組み合わせで施されるのみで、主たる装飾は赤彩をはじめとする彩色装飾へと変わる。赤彩はほとんどの土器タイプにみられるだけでなく、オレンジタイプにおいては文様が幾何学的であったCB-IIa期からより抽象的なものへと変化がみられる。赤彩だけでなく、紫彩や黒彩もみられる点がTZ-Ia期の特徴のひとつである。いずれも先行期までにはない色彩と文様を有するが、紫彩装飾についてはチャルチュアパから近いサンタ・レティシアで製作されており、両者の地域間交流を通じて導入されたと推察する。化粧土削り文はTZ-Ib期同様に大型の壺形土器、鉢形土器、そして赤彩が口縁部に施された浅鉢形土器にも施されるようになる。

TZ-II期（後600-800年）になると、ウスルタン文はほとんどみられず、彩色装飾が完全に装飾の基本となる。特に、赤・黒または濃いオレンジを組み合わせた多彩色土器の製作が最盛期となる。土器の内外面に幾何学文または抽象的な文様、鳥やサルなどの動物が描かれるが、基本的には外面に施される。口縁部から胴部にかけての約三分の一は、水平に施された赤彩によって区画され、その区画された部分に黒彩で抽象的な文様が施される。その下には水平または縦方向の線が赤彩装飾される場合がある。コパドール多彩色土器と分類される土器も上述した土器と多彩色という点では共通しているが、胎土と化粧土、そして文様が異なる。本研究資料では出土量が少ないが、ボッグスやシャーラーの発掘調査では、完形または文様構成がわかる土器片が出土している（Boggs 1945; Sharer 1978 vol. III）。これによれば、文様は上述した多彩色土器よりも文様構成が定型化しており、疑似文字や様式化された人物が描かれている。また、コパドール多彩色土器は墓から出土することが多く、建造物の充填土からはほとんど出土しない。これは、コパドール多彩色土器が交易品として社会的価値を有していたこととも関係していると推察する。

15号試掘坑から出土したジャガーの顔と思しき装飾が描かれた多彩色椀形土器は、共伴する絵文書様式土器との組み合わせから、在地の土器伝統ではなく外部集団、おそらくマヤ低地からの影響を受けて製作された土器と考えられる。搬入品ということも考えられるが、絵文書様式土器に描かれた刻線文による図像の稚拙さや、疑似文字を使用している点から在地の土器製作工人によって模倣、製作されたものと筆者は推察している。

その他の装飾についてもみてみよう。まず、刻線文については、TZ期全般にもみられるものの、より顕著なのはCB期である。特にCB-IIa期、CB-IIb期にみられる黒褐タイプ［Pino］、赤タイプ［Lolotique］の精巧さが際立つ。しかし、「黒褐：刻線文［Pino

Ceramic Group: Jorgia Coarse-incised]」や「黒褐：細刻線文［Pino Ceramic Group: Canchon Fine-incised]」は、当該期に量的に主体を占める土器タイプではない。本研究では量的分析をおこなっていないため、あくまでシャーラーらの研究に依拠するが、分類された土器85155点中、「黒褐：刻線文」は522点であり、「黒褐：細刻線文」に限っては58点しかない。むしろ、これらの黒褐タイプの土器群は量的にも質的にもカミナルフユに特徴的な土器［Verbena Black Incised］であり、カミナルフユからの搬入土器である可能性が高い。この推察は胎土分析の結果からも補強されるものである（Demarest 2011：368）。カミナルフユが衰退していくCB-III期以降、チャルチュアパ土器群にこれらの特徴を有する黒褐タイプの土器が製作されないこともその傍証といえよう。赤タイプの刻線文については、主に壺形土器に施されていたが、赤タイプの土器自体が減少することによって消滅し、他の土器タイプにも伝播することがなかった。

　人物・動物形象装飾にも通時的変化がうかがえる。CB期は、赤タイプ、オレンジタイプ、素地タイプに人物または動物を表現した装飾が目に付く。赤タイプ［Lolotique］にみられる人物形象壺形土器がその代表といえるだろう。動物では、カエル、アルマジロ、鳥といったものが表現される。CB期にはジャガーの石彫が製作されるが、少なくとも土器にはみられない。この違いが示す意味、動物に関する意味や象徴性については、本研究では深入りすることはしない。しかし、動物が何らかの形で先スペイン時代の人々の生活や宗教観に重要であったことは容易に想像できるだろう。他方、こうした土器に対する人間や動物表象はTZ期以降になると彩色装飾として描かれるようになる。モチーフとしては、様式化された鳥、サル、人間が描かれている。人間は頭飾りや腰飾りを身につけており、往時の支配者層を描いたものと考えられる。こうした支配者層を想起させる図像はCB期の土器群にはみられない特徴であり、TZ期には支配者層のイデオロギー表現の手段のひとつとして土器の彩色装飾がもちいられるようになったとも考えられる。このように考えるならば、多彩色土器は、単に日常的な什器というよりも威信財として位置づけられるような器物であったと考えることもできる。

（3）器形の変化

　先スペイン時代の土器の器形は多種多様である。同じ器形であっても細部の特徴を挙げれば切りがない。問題は器形の違いが何を意味しているかである。器形の変化から推測できるのは、代表的なものとしては「機能」「用途」であり、さらには器形の細部にみられる作り手の技術レベルもしくは志向性なども観察が可能であろう（e.g. 中園1994）。チャルチュアパ遺跡出土土器群は、鉢形、浅鉢形、椀形、壺形、皿形で主に構成されている。ここでは、最も出土量が多く、装飾変化も顕著にみられる浅鉢形土器、そして壺形土器を中心に、その通時的変化を素描してみる。

　浅鉢形土器は、通時的にもっとも顕著にみられる器形であり、ゆえに変化も把握しやす

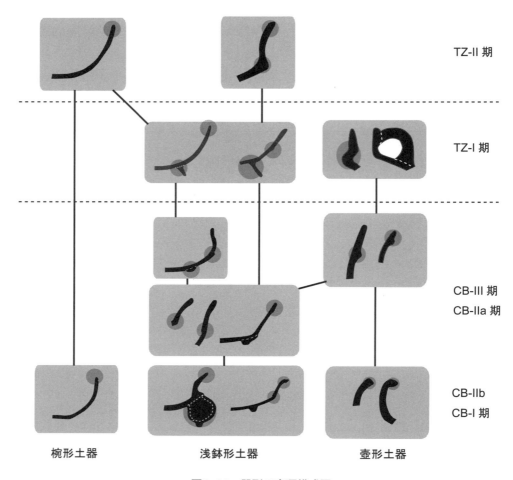

図2-28　器形の変遷模式図

い（図2-28）。CB-I期は、胴部が外傾し口縁部が外反するもの、胴部が内傾するもの、胴部が弓状に外反するものが目立つ。胴部が弓状に外反する浅鉢形土器は、底部と胴部の変曲部分が張り出すのが特徴であり、その張り出し部には鎖状装飾や顎状装飾が施される場合が多い。

　CB-IIb期になると、より胴部が弓状に外反する浅鉢形土器が顕著になる。口縁部の外反度合いも強く、ほとんど平坦になり、そこに凹線文あるいは動物装飾が施される。こうした胴部が外傾もしくは外反する浅鉢形土器以外に、「黒褐：刻線文」タイプにほぼ限定されるような、胴部が垂直に立ち上がる浅鉢形土器もこの時期に出現する。また、胴部と底部に変曲点のない椀形土器もみられるようになる。

　CB-IIa期やCB-III期は上述した浅鉢形土器に球根状、ボタン状、円錐形、あるいは動物形象など多様な脚部がつけられるようになる。極端に胴部が弓状に外反する浅鉢形土器

はみられなくなり、胴部のそり具合が緩くなる。一方で、胴部と底部の接合部分に顎状部分を残し、胴部が内傾しつつ口縁部で立ち上がる浅鉢形土器もみられる。これはオレンジタイプの土器に顕著で、胴部には赤彩装飾が施されている。

TZ-Ib期になると高台付椀形土器が製作され、胴部が弓状に外反する浅鉢形土器は目立たなくなる。ただし、顎状部分だけは浅鉢形土器や壺形土器の頸部に継承されている。

TZ-Ia期、TZ-II期になると、高台がなくなった椀形土器が主体となるが、先行期同様に顎状部分を継承した壺形土器、浅鉢形土器がまだみられる。このように浅鉢形土器は、胴部が外傾するもの、そして胴部が弓状に外反するものから、次第に先行期の特徴を継承しつつ椀形土器へと移行していく過程が復元できる。

次は、壺形土器である。破片資料が多く、完全な器形と大きさを把握できるものはないが、主に頸部・口縁部の変化に着目していく。CB-I期やCB-IIb期の壺形土器の頸部は無頸、短頸、長頸とバリエーションが多い。短頸壺形土器は、頸部が垂直に立ち上がるもの、強く外反するものがある。長頸壺形土器は、胴部と頸部に小さなくびれ部分をもち、頸部はほぼ垂直に立ち上がり、口縁部が若干外反するものである。口径は約15cmと無頸・短頸壺よりも小さい。赤タイプの土器にみられる壺形土器の胴部には刻線文でカエルなどの図像が施される。赤タイプの土器には頸部から胴部にかけて強く外反し、口縁部が肥厚する長頸壺がみられる。これらは人物形象土器である。

CB-IIa期やCB-III期になると、無頸壺形土器がみられなくなり、短頸または長頸壺形土器だけになる。また、短頸壺形土器は胴部に把手がつくようになる。このタイプの壺形土器は完形が出土しており、口径約11cm、高さ約14cmほどである。先行期と同様に人物形象土器がみられるが、その他にカエルやアルマジロといった動物形象壺形土器やミニチュア壺形土器もみられるのが特徴である。

TZ-Ib期に入ると、短頸もしくは長頸壺形土器はほとんどみられなくなり、頸部がやや外傾し、口縁部の形状が丸口の壺形土器が増える。胴部外面には顎状部分が形成され、その上下いずれかに化粧土削り文や赤彩が施される。顎状部分は断面でみると波状にみえるものもある。器壁が厚く、口径からすると大型の壺形土器が想定される。この大型化は鉢形土器にもみられ、CB期には器壁が薄く口径20〜30cm程度のものが目についたが、TZ期には器壁が厚く、口径も40cmを超えるものも出現する。

TZ-II期になるとこれらの大型壺の頸部と胴部を接合するように把手がつけられるようになる。

（4）装飾や器形変化の背景

こうした装飾や器形が変化する背景はどのように考えられるのか。まず指摘できることは、装飾も器形も先行期の土器伝統の一部を継承しながら、あるいは新しい要素を追加しながら段階的に変化しているという点である。つまり、土器製作における知識や技術な

どの実践知や志向性が、連続的かつ段階的に継承されていることを示している。そうした連続的な土器伝統の系譜に属さない、タイプの異なる土器（例えば、テオティワカン系土器や15号試掘坑出土の絵文書様式土器）はあくまで儀礼等にともなって特別に製作された模倣品または搬入品の可能性が高い。したがって、その後継続的に生産されない、もしくは搬入されない点が特徴である。これはチャルチュアパでは外来文化との接触をもちつつも独自の土器伝統に基づき土器製作がおこなわれたことを示唆する。カミナルフユやコパンといった有力都市が約110km圏に存在し、その存在を当然知りながらもチャルチュアパ内部における土器製作は保守的なものであったと考えられる。ウスルタン文はその最たる装飾であり、文様形態の変化や退化はあるものの、チャルチュアパ土器文化の基層をなすものとして長期間にわたり継承されるのである。

　シャーラー編年では、後250～600年、つまりTZ-Ib・Ia・II期の土器資料が少ないがために、あたかも土器タイプに劇的な変化が生じているようにみえた。そして、これがイロパンゴ火山の噴火によるチャルチュアパ壊滅説を支持するひとつの根拠ともなってきた（Dull et al. 2001; Dull et al. 2010; Sheets 1983a, 1986）。しかし、本研究でより精緻になった建造物変遷史に新たな土器資料を加えると、通時的変遷のなかに土器タイプの劇的な変化は看取できない。これは本分析結果における大きな成果のひとつといえる。

　ここまで繰り返し土器伝統の連続性を強調してきたが、より大局的な視点からみてみると変化がないわけではない。例えば、装飾ではウスルタン文や化粧土削り文などから彩色装飾への変化が指摘できる。これは胴部が弓状に外反する浅鉢形土器から椀形土器へという器形の変化とも連動するものであり、どちらが主たる要因となったのかは推測の域をでないものの、興味深い事象として認識してよいだろう。また、動物や人物を表現する方法も変化している。CB期では塑造で形そのものを具現化する方法をとっているが、TZ期の彩色装飾では様式化されたデザインが繰り返し土器に施されるといった違いがある。こうした装飾の変化を、社会統合のためのひとつの手段であるイデオロギーの変化と結びつけることには短絡のそしりを免れ得ないが、少なくともチャルチュアパの長い歴史のなかで人々の志向や観念に変化が生じたことだけは読み取れるだろう。

　TZ期にみられる壺形土器、鉢形土器の大型化については、生業変化、とくに貯蔵形態の変化が関係していると筆者は考えている。CB期に貯蔵用と考えられる大型土器がみられないのは、フラスコ状ピットが貯蔵穴として使用されていたからと推察する。ラ・クチージャ地区で少なくとも6基、カサ・ブランカ遺跡公園南すぐの地点では、CB-I期と同時期あるいはやや古いと思われるフラスコ状ピット5基が確認されている（Ichikawa y Shibata 2008; Shibata 2005a）。一方のTZ期にはフラスコ状ピットは今のところみられない。発掘調査区が基壇や建造物であるため直接生業に関連する遺構や遺物が出土していないということも考えられる。しかし、メソアメリカレベルにおいては先古典期から後古典期までみられるフラスコ状ピットは、多くは先古典期中期から後期に集中していることや（伊

藤 1997:64）、現在進行中のサポティタン盆地に位置するエル・カンビオ遺跡出土土器分析においても同様な傾向がみいだせているとの報告があることから、必ずしも的外れな見解とは筆者は思っていない[9]。これについては、将来的な資料増加、住居址の発掘、土器の様式変化、口径や器高など法量の統計的分析、内容物に関する化学分析などが今後の課題といえる。

第4節　チャルチュアパの変遷過程の特徴

1. 連綿と続く建築活動と土器伝統

　大部の紙幅を費やし基礎データの提示に努めてきた。本章で強調しておきたい点のひとつはチャルチュアパ遺跡にみられる建築活動や土器伝統といった社会活動の連続性である。近年に得られた新資料は、チャルチュアパ社会は先古典期中期から少なくとも古典期後期終末期ごろまで断絶することなく営まれていたことを示唆する。論旨と直接関係がないため多くは触れないが、古典期後期終末期以降、後古典期にも連続的な活動痕跡がみられるので（大井編 2000; 吉留 2013; Sharer 1978 vol. III）、先スペイン時代のほぼ全時期、すなわち約 2500 年にわたりメソアメリカ南東部の周縁地域において人々の営みが連綿と展開されていたことになる。

　もちろん長い歴史展開の中で変化がなかったわけではない。図 2-10 に示したように、各地区内で数回の建造物変遷を経ながらも、エル・トラピチェ地区からカサ・ブランカ地区へ、カサ・ブランカ地区からタスマル地区へ、つまり北から南へと社会の中心的役割を果たすと考えられる神殿ピラミッド群の位置が変遷していく。これは地区から地区への変遷が突如おこるのではなく、一時的に並行期を経て社会の中核を担う神殿ピラミッド群が変遷することを示唆するものである。この地区間の変遷の要因については、社会内部の異なる集団間の権力争いの結果として生じたのではないかと筆者は推察しており、第5章第3節において「戦い」の痕跡に着目しながら詳述する。

　土器についても、各時期に特徴的な属性は変化しつつも、先行期の特徴を一部継承しながら、新たな属性を追加または創造していくことによって変化している。つまり、各期は劇的に変化をするものではなかった。あくまで独自の土器伝統に基づく消長のなかで段階的に変化している。言い換えれば、地理的に周縁に位置するチャルチュアパは独自に土器文化を発展させ、ウスルタン文や多彩色土器など近隣諸都市の土器文化に影響を与えつつも、外来系要素をもつ土器文化の導入に関して言えば、閉鎖的あるいは保守的な社会であったと考えられるのである。

2. 今後の課題

　本章では、現在分析可能な資料をもちいてチャルチュアパ遺跡の変遷過程について論じ

た。しかしながら、十分なデータが得られなかった部分がある。例えば、タスマル地区建造物群の創建期については、建築、炭素14年代、土器いずれのデータも得られておらず、これらの穴を埋める調査研究が緊急の課題といえよう。カサ・ブランカ地区からタスマル地区への変遷過程を理解するにはタスマル地区建造物の最深部の調査が必要になってくる。また、タスマル地区の炭素14年代データを増加させることも急務である。とくに最も長期で使用されたB1-1建造物については、良好な出土状況をもつ炭化物試料は1点しか得られておらず、今後の発掘調査による試料の増加を期待したい。さらには、先古典期中期のエル・トラピチェ地区、古典期後期から後古典期のヌエボ・タスマル地区から出土した土器資料や建造物の分析、そして炭素14年代測定やチャルチュアパ遺跡編年の精緻化も、今後おこなっていかなければならない課題としてあげられる。

　また、本研究で提示した編年観の妥当性の検討や精緻化をはかるためには、チャルチュアパ遺跡以外の近隣遺跡においても編年研究がおこなわれることが期待される。近年は隣国グアテマラ共和国のカミナルフユ編年にメスがいれられているが（Inomata et al. 2014）、エルサルバドル太平洋沿岸部のカラ・スーシア遺跡やサポティタン盆地のサン・アンドレス遺跡は先古典期から古典期にいたる長期の社会活動が報告されており（e.g. Amaroli 1987; Begley et al. 1996, 1997）、両遺跡の編年が早急に構築されることが望まれる。サン・アンドレス遺跡とその周辺では、年代がほぼ明確になっている火山灰層が少なくとも4層確認されており、エルサルバドル考古学における編年研究には欠かせないだろう。

　こうした課題が残っていることも自覚しつつ、以上のチャルチュアパ遺跡の変遷観にしたがって、次章以降、論を進めていくことにしよう。

註
1） 茶褐色細刻線文土器、茶褐色刻線土器、オレンジ色ウスルタン様式土器の組み合わせ。
2） 建造物の各部位名称については下記の通りである（図2-29）。

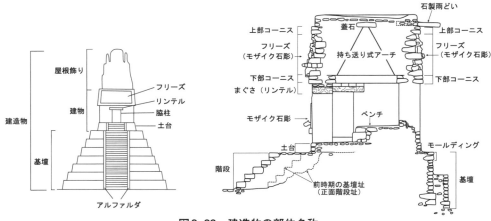

図2-29　建造物の部位名称
（中村2004図1をトレース・作成）

3） PAES仮説とは、エルサルバドル考古学プロジェクト（Proyecto Arqueológico de El Salvador）によって提示されたタスマル地区B1-1建造物の建築史に関する仮説で、2003～2004年にかけておこなわれた測量調査に基づく。測量調査の結果、タスマル地区建造物群の造営当初は東西南北に長さ約30m、幅約10mの規模をもつ基壇が4基存在し、これらの基壇に囲まれた中央部分に、主神殿が配置されているであろうという仮説が提示された（伊藤・柴田2007; Kato et al. 2006）。この仮説検証のための発掘調査において、本文でも言及したとおり、西側を正面とする凸状の基壇が存在する可能性も指摘されている。しかし、これらの建造物はB1-1建造部に覆われているため、その詳細については不明のままである。

4） 火山灰編年学の北村繁氏（弘前学院大学准教授）のご教示による。このイロパンゴ火山灰層は下層が粗く、上層が細かい粒子で構成されていることから、撹乱をうけていない一次堆積層と認定された。

5） 同じ層位から4点測定されているが、試料番号6のみ255-405 cal AD（2σ）という年代が得られている。しかし、その他の炭素14年代測定値や土器型式に基づくとやや新しい年代値を示している。

6） 古典期後期の指標となる土器で、基本的には彩色装飾によって描かれている（e.g. Coe M. 1973; Kerr 1989; Reents-Budet et al. 2011）。しかし、エルサルバドルやホンジュラスなどのマヤ南東地域では、刻線によって支配者層や叙述的表現が描かれている場合も少なくない（e.g. Viel 1993）。

第3章　噴火災害との対峙
──イロパンゴ火山噴火をめぐる諸問題──

　筆者がフィールドとする中米エルサルバドルは火山国である（図1-3）。四国ほどの面積に23の火山がある。『星の王子さま』のモデルにもなったとされるイサルコ火山は、富士山にも似た優美な形が印象的である。しかし、火山の噴火は、時として人々の脅威となる。エルサルバドル中央部に位置するイロパンゴ火山の噴火は、新大陸では完新世最大規模の噴火であり、未曾有の被害をもたらしたと考えられている。

　しかし、第2章で述べた通り、実態は異なるようである。噴火の年代、そのインパクトに関する考古学的記述は曖昧で、「最大規模」という言葉だけが一人歩きしている印象が拭えない。先古典期後期から古典期前期にかけての編年、社会状況を理解するにはこのイロパンゴ火山噴火の問題を避けては通れない。そこで本章では、イロパンゴ火山の噴火に関する議論を総括するとともに、新しい考古学的事実に依拠しながら、往時の人々が火山噴火にどのように対峙したのか、災害考古学的観点から明らかにしていきたい。

第1節　完新世最大規模の噴火「イロパンゴ火山の噴火」

　イロパンゴ火山の噴火とはどのようなものであったのか。考古学的議論にはいる前に、古代メソアメリカ文明史における火山噴火の痕跡、そしてイロパンゴ火山の噴火の概要を述べ、その研究をめぐる問題点を明確にしておきたい。

1.　古代メソアメリカ文明にみられる火山噴火

　新大陸のなかでも、現在のアメリカ合衆国からチリ共和国にかけての太平洋側は環太平洋火山帯上にあり、多くの火山が位置している。こうした火山活動と先スペイン時代社会の関係については、コロラド大学のP・シーツの一連の研究が参考になる（Sheets 1999, 2001, 2008, 2012）。シーツは、メソアメリカおよび中間領域で火山の影響を観察することのできる36の考古遺跡の事例をもとに、社会の複雑さと噴火災害の相関関係について考察している。ここではいくつかの興味深い事例を紹介したい。

（1）火山噴火と社会の複雑さ

　コスタリカのアレナル地域では、前2000年から後1500年にかけて、火山爆発指数

（Volcanic Eruption Index、略してVEI）[1]が4以上の噴火が少なくとも10回記録されている。噴火による噴出物の量から0〜8の9段階に区分される同指数に基づけば、中規模程度の噴火である。このアレナル地域には、小規模かつ比較的平等な社会が展開していた。シーツは、総じてこのような小規模で、かつ平等性の高い社会は、災害に強い社会であるという。すなわち、意思決定の単位が小さく、移動性の高い生活様式であれば、災害前後の環境変化や復興過程への対応がしやすいというのである（Sheets 1999:44）。一方、アレナル地域とは異なり、より定住的で人口密度が高く、首長制段階にあったバリレス地域（現在のパナマ東部）では、小規模な火山噴火でも崩壊したという。定住性が高く、かつ好戦的性格を有した複数の集団で構成された首長制社会は、災害が起きると避難する場所がない。避難したとしてもトウモロコシ農耕に依存した社会では人口を養うための耕地が確保できず、また好戦的性格から集団同士の抗争が絶えないため、社会内部にさまざまなストレスが蓄積され、崩壊に至ると説明する（Sheets 1999:44-45）。

　このような事例研究を通じてシーツが主張したことは、最も噴火災害に対して強い社会は比較的小規模で平等な社会であり、社会が複雑化・階層化していくほど災害に対して脆弱になるということである（Sheets 1999, 2008, 2012）。こうした指摘は、単に高度な発展段階にある社会が優れているという進化論的観点だけでなく、「噴火規模が巨大＝災害規模が大きい」という単純な解釈に陥りやすい研究動向への警鐘ともいえ、傾聴に値する。

（2）火山噴火とテオティワカン国家

　メキシコ中央高原では活発な火山活動がみられる。考古学の世界において最も有名なのは、ポポカテペトル火山とシトレ火山の噴火であろう。ポポカテペトル火山は、メキシコ合衆国プエブラ州に位置し、メキシコ国内2番目の標高5426mを有する。ナワトル語で「煙を出す山」と、その名が示す通り現在も活発な火山活動がみられる。先スペイン時代に相当する噴火は少なくとも3回記録されているが（Siebe et al. 1996）、後50年前後の噴火が重要である。なぜなら、当時タルー・タブレロ様式建築など先進的な文化要素を有したプエブラ・トラスカラ盆地やメキシコ中央高原南部で大規模な人口減少がみられることや、同じ頃メキシコ中央高原北部に位置するテオティワカンが勃興することを、火山爆発指数6のこの噴火に関連づけることができるからである（e.g. Plunket and Uruñuela 1998, 2008）。

　後200年頃におきたとされるシトレ火山の噴火は、火山爆発指数が3と小規模噴火ながら、メキシコ中央高原で威容を誇っていたクイクイルコを厚さ5〜10mにもおよぶ溶岩流で覆った。現在、クイクイルコ遺跡は史跡公園となっており、遺跡を覆い尽くし凝固した溶岩流の痕跡を間近でみることができる。噴火年代については諸説あるようだが（e.g. Cordova et al. 1994; Siebe 2000）、このシトレ火山の噴火を原因とするクイクイルコの衰退が、先のテオティワカン国家の形成過程に深く関わるものとして頻繁に論じられる点が重

要である（e.g. López Austín and López Luján 2001:116-126）。

　しかし、嘉幡らは、こうした火山噴火だけではテオティワカンの興隆は説明できないとする（e.g. Kabata et al. 2015）。なぜなら、噴火の直接的影響がみられないトルーカ盆地からもテオティワカンへの人の移住がみられるからである。詳細は割愛するが、噴火と文明の盛衰過程を単純に結びつけようとする研究への警鐘という意味で重要な見解であると筆者は考えている。

　この他、メキシコ湾岸トゥクストラ火山とマタカパン遺跡に関する調査研究（e.g. Santley 1994, 2003）、そして後述するエルサルバドルにおける複数の火山噴火に関する研究が、古代メソアメリカ文明と火山噴火との関係を指摘した主な先行研究となろう。

2.　イロパンゴ火山

（1）火山国エルサルバドル

　本章冒頭で述べたように、エルサルバドルは火山国であり、イロパンゴ火山の噴火以外にも噴火の痕跡がみられる。考古学的に最も有名なのが後600〜650年ごろに起きたロマ・カルデラ火山の噴火である。サポティタン盆地に位置する同火山の噴火は、火口から数kmの範囲にのみ直接的被害をもたらした小規模な噴火（火山爆発指数3）といわれている。しかし、この噴火によって埋没したホヤ・デ・セレン遺跡は、往時の集落の様子を詳細に復元できる希有な遺跡として、メソアメリカ考古学史上極めて重要であり、1993年には世界遺産に登録されている（e.g. Sheets ed. 2002）。首都サン・サルバドルの北西に位置するエル・ボケロン火山は、後11世紀ごろに噴火した（Ferres et al. 2011）。中規模な噴火（火山爆発指数4）であり、灰白色の固い火山灰は火山周辺地域の農耕に大きな被害をもたらしたと考えられている。

　この他、いずれも火山爆発指数0〜3の小規模噴火であるが、エル・プラヨン火山（1658〜1659年）、サン・マルセリノ火山（1772年）、イサルコ火山（1779-1966年）、サン・サルバドル火山（1917年）の噴火が歴史的記録に残されている。現在も火山活動は活発で、筆者がエルサルバドルに滞在していた2005年にはサンタ・アナ火山が、2013年にはサン・ミゲル火山がそれぞれ噴煙をあげ、周辺住民が避難の対象となった。

（2）火山学的観点からみたイロパンゴ火山

　イロパンゴ火山は、エルサルバドル中央部、首都サン・サルバドル市街の東端に位置している（図1-3）。その噴火の大きさを物語るかのように、現在は総面積約72km^{2}のカルデラ湖ができている。これはサン・サルバドル市街中心部の大きさに匹敵する。湖の標高は約450mであり、湖周辺は700〜1000mの山々に囲まれている。

　イロパンゴ火山は、少なくとも4度の噴火が記録されている。噴出された火山灰が白いことから、イロパンゴ火山の噴火起源の噴出物は、スペイン語で「ティエラ・ブラン

カ（Tierra Blanca= TB）」と呼ばれている。4度の噴火は時期が古い順にそれぞれTB4、TB3、TB2と番号が付されており、最も新しい時期の噴出物は「若い」を意味する「ホーベン（Joven）」が付され、「Tierra Blanca Joven」、通称「TBJ」と呼ばれている。TB4が約3万6千年前、TB3が約1万9千年前、TB2が約9千年前であり、TBJが約1500～1600年前に時期比定されている（e.g. Chávez et al. 2012）。実は、現代にもイロパンゴ火山の噴火の歴史的記録が残っている。1879年から1880年にかけて続いた噴火がそれであり、この噴火によって噴出した溶岩によってケマダス島が湖内に誕生した（Golombek and Carr 1978）。

　以上の噴火のなかで最も規模が大きかったのがTBJテフラを噴出した噴火であり、本書の関心の中心となる噴火である。1991年にフィリピンで起きたピナツボ火山と同程度といえば理解しやすいだろうか。火山爆発指数6というのは先のポポカテペトル火山の噴火も同レベルであるが、イロパンゴ火山の噴火の方が新大陸では完新世最大規模の噴火と評されている（Dull et al. 2001）。

　それでは、火山学的観点からもう少し詳しくみていこう。「TBJテフラ」と呼ばれる堆積層は、ユニットA～Gからなる異なる噴出物の総称である（Hernández 2004）。このような堆積構造は、エルサルバドル各地の露頭断面や遺跡で確認することのできるTBJが一次堆積層であるか否かを確認する際に有効である。TBJテフラはかなり広範囲に分布する広域火山灰であり、その一次堆積層は火口付近では約60m、火口から約15km離れた首都サン・サルバドル市内でも3～10mの堆積が確認できる。これらを含む火口から半径約40kmの範囲には火砕流（ユニットC・F）が堆積し、甚大な被害が生じたことが想定されている（e.g. Hart and Steen-McIntyre 1983; 北村2009）。より遠方では、降下火山灰（ユニットE・G）が確認することができる。本書で頻出する「イロパンゴ火山灰」は、これを指している。イロパンゴ火山灰は、既に見たように西に約80km離れたチャルチュアパ遺跡で約20cm、東に約55km離れたヌエバ・エスペランサ遺跡で20～30cm、約80km離れたウスルタン県の山間部でも数cm程度の堆積が確認されている（北村2009）。マヤ低地にまで火山灰が到達したとの見解もある（Sheets 1983a:5-6）。

　このように広範囲で確認することのできるイロパンゴ火山灰は、とくに時期決定の指標となる点において、考古学者にとって恰好の研究材料である。しかしながら、研究上の問題も少なくない。

3．イロパンゴ火山に関する考古学的研究の諸問題
（1）イロパンゴ火山に関する研究史概説
　広域に分布するイロパンゴ火山灰の存在は、20世紀前半には報告されている（e.g. Boggs 1966; Lardé 1926; Lothrop 1927）。著名なエルサルバドル人地誌学者であったJ・ラルデは、火山灰より下層から出土する遺物の特徴から、それらはマヤ文明が栄えた時期

よりも古いであろうと指摘している（Lardé 1926:154）。また、S・ボッグスは、火山灰前後の遺物の特徴から火山灰より下層の遺物は先古典期に属するものであると同定している（Boggs 1966:184）。このように研究開始当初から、イロパンゴ火山灰は相対編年を構築するための有効な指標とされた。

　イロパンゴ火山灰をめぐる議論が本格化してくるのは1970年代からである（Sharer 1974, 1978; Sheets 1971, 1979, 1981; Sheets ed. 1983）。この頃、後260 ± 114年という炭素14年代測定の結果が報告されたのである（Sheets 1979; Sheets 1983a）。± 114年という誤差がありながら、後260年という年代がそれまで想定されていた考古編年とおおよそ合致することから、これを機に先古典期と古典期を区分する指標として定着するようになった。

　イロパンゴ火山の噴火に関する議論は単に年代学的議論にとどまらなかった。R・シャーラーやJ・ギフォードらが論じたように、イロパンゴ火山の噴火が古典期マヤ文明の発展をうながした要因のひとつであると理解されるようになったのである（Gifford 1976; Sharer 1978; Sharer and Gifford 1970）。カミナルフユやチャルチュアパに代表されるように洗練された石彫文化、文字、精巧な土器製作技術などを先古典期後期（つまり、噴火以前）には有していたマヤ南部地域は他地域と比較して先進地域であると理解され、そうした高度な文化や技術をもった集団がイロパンゴ火山の噴火によってマヤ低地へと移住することで、古典期マヤ文明が開花したと論じた。

　ところが、立論の根拠となったAguacate Orange と呼ばれる土器タイプなどがマヤ低地における在地土器の発展という範疇で理解できることが実証され（Brady et al. 1998; Demarest 1986, 1988）、2000年代になりイロパンゴ火山の噴火年代に新年代が提示されたことで状況は一変した（Dull et al. 2001）。R・ダルらは、新たな採取試料とAMSをもちいた年代測定によって、後408（429）536年（2 σ）という新年代を発表したのである。

　この新年代によって導きだされた解釈は次の通りである。噴火によってエルサルバドル中央部および西部一帯、グアテマラ南東部は荒廃し、地域間交流ネットワークが瓦解した。農耕や経済活動が遮断された結果、エルサルバドル中央部や西部に居住していた人々は、コパンやカミナルフユといったより北側の都市へと避難したとする。これは5世紀後半以降にカミナルフユにおいてテオティワカンの存在感が際立つようになることや、コパンでは王朝成立前後から人口が増加し、政治的優越性を有することがその根拠となっている。さらに、火山噴火の直接的被害を被った地域は、後6世紀後半から7世紀ごろまで復興することはなかったとする（Dull et al. 2001:39-40）。この理解に立脚すると、チャルチュアパを含むエルサルバドル西部および中央部では後5世紀から7世紀にかけては人々の居住がほとんどみられない空白期間（Hiatus）と位置づけられるのである。

　噴火年代を後420年ごろと考える立場は、その他の考古学的なコンテクストと噴火以前の土器タイプの様相からも支持される（Earnest 1999; Shibata et al. 2010）。とりわけチャルチュアパ遺跡カサ・ブランカ地区の調査でイロパンゴ火山灰直下から出土したテオティ

第3章　噴火災害との対峙 ——イロパンゴ火山噴火をめぐる諸問題—— *99*

ワカン系土器はその強い根拠となっていった（大井編 2000; Shibata et al. 2010）。

　そして、2010年には、イロパンゴ火山噴火の研究は新展開を迎える。世界規模の寒冷化が生じた535-536年イベント（キーズ 2000; Gunn ed. 2000）とイロパンゴ火山の噴火を結びつけるセンセーショナルな新説がダルらによって、公表されたのである（Dull et al. 2010）。アメリカ地理学会年次大会のポスター発表という形式ではあったが、瞬く間に関係研究者のあいだで広がった。さらにメディア等で取り上げられたこともあり、新説として流布した。彼らは、エアロゾルの分析結果にみられる寒冷化が起こる時期と、イロパンゴ火山灰に埋没した樹木をもちいた年代測定結果との照合のうえ、イロパンゴ火山の噴火年代を後535年であると断定した。ポスター発表ゆえに詳細は論じられていないが、噴火年代を後535年にすることにより、ティカルをはじめとする古典期マヤ低地では一時的に衰退期間に入ること、チャルチュアパは完全に放棄されることなどをダルらは主張した。

（2）研究上の問題点

　イロパンゴ火山の噴火をめぐる研究の最大の問題点は、自然科学分析を主とする年代学的議論のみが先行している点である。考古学研究にしばしみられることだが、自戒を込めていうならば、自然科学的分析結果を過度に信用しすぎるきらいがある。最新の自然科学的手法で測定された年代を、考古学者は安易に採用するのではなく、まずは今ある考古学的事実に基づき判断する姿勢が常に必要であろう。現在の資料的状況に鑑みるならば、1970年代の資料的制約は明らかであるが、新年代が公表された2001年、2010年段階では考古学的議論は充分であるとはいいがたく、やや日和見主義的な感が否めない。とりわけ535年説に関して言えば、「夏のない年」あるいは「闇の時代」を引き起こした535-536年イベント（キーズ 2000; Gunn ed. 2000）と強く結びつけることによって、それ以外の考古学的議論を展開する気配さえないように筆者には思われるのである。

　こうした課題を乗り越えるためには、いずれの説もひとつの作業仮説として認識し、現在ある資料との照合、火山灰との層位的関係の明瞭な遺跡を調査することが必要不可欠であると筆者は考える。とくに火山噴火以前の状況だけではなく、噴火後のコンテクストにも注意を払い、より長期な視点で噴火前後の物質文化の変化の有無に着目すべきである。

　もう一点あえて指摘するならば、噴火災害に対する先入観を排除することもひとつの課題といえよう。というのも、メソアメリカの他地域の事例で見たように、火山爆発指数から想定される噴火規模とそれがもたらす人間社会への被害は比例するとは限らず、噴火が生じた季節や風向き、噴出物、当時の社会的文化的背景などによって変わるからである。とりわけ近年の人文社会科学分野の災害研究では、災害による被害は単に噴火や台風といった自然現象の大きさの問題もさることながら、そうした自然現象に対する人間社会の経験・認識・対応の差異が強く影響していると理解されるようになってきている（e.g. Cooper and Sheets eds. 2012; Grattan and Torrence eds. 2007; Oliver-Smith and Hoffman eds.

1999）。人間がいかに意識的に自然の脅威と対峙したのか、それを追求していくことが必要である。

　以上の課題と近年の研究潮流に配慮しながら、次節以降はイロパンゴ火山の噴火の年代とそのインパクトについて想定されるシナリオを現状の考古資料をもとに吟味した上で、筆者の年代観とインパクトについての評価を明確にする。さらにイロパンゴ火山噴火からの復興の過程について暫定的ではあるが、現在の見通しを述べておきたい。

第2節　噴火の年代

　既に見たように、イロパンゴ火山の噴火年代は、①後260±114年（Sheets 1979, 1983a）、②後400〜450年（Dull et al. 2001; Earnest 1999; Kitamura 2010a）、③後535年（Dull et al. 2010）という3つの年代が議論の俎上に載っている（図3-1）。本節では、それぞれの年代測定に使われた試料の考古学的コンテクストや出土遺物に着目しながら、いずれの年代が適切であるのか、検討してみたい。

（1）後260±114年
　自然科学的手法をもちいて初めて公表された絶対年代である。1978年段階では「260±85年」とあるが（Sharer 1978 vol. III:210）、のちの論文では260±114年と修正されている（Sheets 1979, 1983a）。年代測定にもちいられた試料は樹木や炭化物であり、火山灰より下層であることは確かなようであるが、それ以外の考古学的コンテクストは不明である。

　この年代は国際的な較正曲線が発表される以前の年代であり、誤差が100年以上と大きすぎる。後述する二つの年代は、較正曲線の使用が一般的になりかつ加速器質量分析（Accelerator Mass Spectrometry＝略称AMS）で測定されているので、はじめに測定技術の精粗の差異が指摘できる。また単に誤差を考慮せず260年という数値だけを切り取り、議論している点も問題点として指摘できよう。

　次に、着目したいのは、チャルチュアパ遺跡カサ・ブランカ地区においてメキシコ中央高原テオティワカン遺跡に特徴的な三脚円筒形土器がイロパンゴ火山灰層より下から出土している点である（大井編2000; Ichikawa 2008）。テオティワカンの影響が本格的にメソアメリカ南東部に現れるのは早くとも後300〜400年以降と考えられている（Braswell 2003:102）。もし噴火年代を後260年前後と仮定すると、少なくともテオティワカンの影響はそれ以前に到達することを示すが、現在一般的に考えられているテオティワカンの拡散時期を考慮するならば、少なくとも後260年という年代での議論はほぼ棄却することができる。

（2）後400〜450年

　2001年、火山灰直下から採取された樹木試料3点を、当時最新の測定技術AMSを駆使して測定した結果、408（429）536 cal AD（2σ）という年代が得られた（Dull et al. 2001）。同様な年代は、エルサルバドル北部メタパン近郊でみつかったイロパンゴ火山灰直下の炭化物からも得られている（Kitamura 2010a）。また、シーツが260±114年という年代を算出した根拠となる炭化物資料も最新の較正プログラムで再計算すると、400〜550 cal ADにピークがみられるものもある。これについては、H・アーネストも同様な指摘をしている（Earnest 1999:285-287）。

　しかし、注意しなければならないのは、考古学者らが主に429年（あるいは420や425年など）という数値だけをもとに議論する風潮である。なぜなら炭素年代（BP）が1550〜1600BPの範囲は較正曲線が平坦に近くなる部分であり、暦年較正（2σ）をおこなったとしても、400〜550 cal ADという年代幅が常にでてしまうからである。図3-1に示した最新版の較正プログラムによって算出される確率分布のピークがそれを示している。後429年という年代は、より古い年代を採用していることになる。他方、後述する後535年案は、上述のデータの範囲であるが、より新しい年代を採用する立場をとる。すなわち、算出される年代幅のどこを選択するかという問題に対峙することになる。こうしたときに重要となるのが考古学的コンテクストである。

　これまで何度か取り上げているようにテオティワカン系の三脚円筒形土器がイロパンゴ火山灰の直下から出土していることは看過できない。上述したようにテオティワカン的要素がメソアメリカ南東部、とりわけカミナルフユで出現するのが後300〜400年である。最新の研究によれば、三脚円筒形土器が多数副葬され、胡座葬がみられるマウンドAの埋葬III・IVの年代が後450年ごろであり、後600年ごろにはテオティワカン的要素は消失する（Braswell 2003:99-103）。とするならば、チャルチュアパ遺跡出土の三脚円筒形土器もおおよそ後450年ごろとするほうが整合的ではないか。さらに第5章で詳述するように火山灰より上層からテオティワカン系遺物の出土量が増加することを考えると、後535年案では説明ができない。なぜならテオティワカンが後550〜600年ごろから衰退し（Manzanilla 2001:226）、メソアメリカへの影響がほとんどみられなくなるからである。

　つぎに火山灰層直下から出土するその他のデータについてみてみよう。H・アーネストは、自身が発掘調査をおこなったパライソ盆地遺跡群出土の土器分析に加えて、チャルチュアパ遺跡カサ・ブランカ地区で火山灰の下から出土した26・27号埋納遺構に着目し、これらから出土する土器がコパン遺跡のアクビ期（後400年〜）の土器と類似することから、噴火の年代を後5世紀ごろと推定している（Earnest 1999:287-292）。また、チャルチュアパ遺跡ではオレンジ地にウスルタン文と赤彩が施されたChilanga Red-painted Usulutanという土器タイプが出土している。この土器タイプは、コパン遺跡出土のChilanga Rojo sobre Usulutanと類似しており、先古典期終末期から古典期前期、すなわち後250〜400

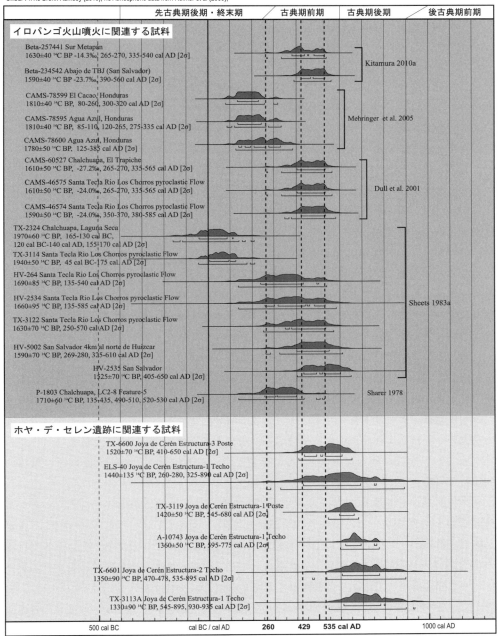

図3-1　イロパンゴ火山の噴火年代に関連する試料の暦年較正確率分布
（ホヤ・デ・セレン遺跡についてはSheets 1983aのデータに基づく）

年と考えられている。

　これらに加えて、後述するようにホヤ・デ・セレン遺跡との関係、チャルチュアパ遺跡

タスマル地区建造物群の増改築過程を考慮するならば、後400〜450年頃という噴火年代が想定できることになる。

(3) 後535年[2]

　この年代は、イロパンゴ火山灰直下で出土した樹木の放射性炭素年代、グリーンランドの氷床コアにみられる二酸化硫黄濃度の減少時期という自然科学データを根拠とする（Dull et al. 2010）。イロパンゴ火山灰直下の樹木試料8点に最新の較正曲線、複数の科学的根拠をもちいていることを考慮するならば、現在のところ最も信頼できる自然科学データであるといえる。

　しかし、全く誤差がないわけではなく、やや恣意的な印象が拭えない。公表形式がポスター形式であったため、測定データの基本情報（炭素年代、δ^{13}C値など）はなく、較正曲線上に測定データがプロットされた図だけが示された。たしかに500〜550 cal ADに集中的にプロットされているが、炭素年代（BP）が1550〜1600BPの範囲は較正曲線が平たくなる部分であり、暦年較正するとおおよそ400〜550 cal ADという年代幅がどうしても算出されてしまうのである。図3-1に示した確率分布のピークがそれを示している。

　次に考古学的データをみてみよう。エルサルバドル中央部サポティタン盆地に位置するホヤ・デ・セレン遺跡では、厚さ約30cmのイロパンゴ火山灰層の上面に集落が形成されている。この集落は、後600〜650年ごろに噴火したロマ・カルデラ火山の噴火により完全に埋没している（Sheets 1983a:5; McKee 2002:8）。後535年にイロパンゴ火山が噴火し、すぐに定住が始まるとしても同集落は約100年の存続期間であったことになる。このようにみるならば、整合的である。しかし、後535年案を提示したダルやシーツら自身は、火山噴火から集落に居住が再開するまでの期間を少なくとも1世紀以上と見積もり（Dull et al. 2001:32）、再開時期を後500年ごろと想定していることから（Sheets 2006:9）、考古学的解釈と自然科学データとの間には矛盾がある。

　タスマル地区建造物群の変遷過程をみてみると、さらに矛盾が指摘できる。タスマル地区南側15号試掘坑では石造建造物を建築する際に埋納されたと考えられる円筒形土器と椀形土器が出土している。第2章で既に述べたように、これらの供物と共伴する炭化物の年代が550〜600 cal ADにピークがみられることから、タスマル地区の石を主たる建築材とする建造物はこの時期に造営されたと考えられる。タスマル地区ではイロパンゴ火山灰が19・25号試掘坑でみつかっているが、いずれも土製建造物の段階であり、石の建造物の段階にいたるまで、アドベを主たる建築材とする建造物があるなど、複雑な増改築があった（図2-10）。仮にイロパンゴ火山の噴火が後535年だとすれば、わずか15〜70年あまりで建造物群の中心軸、建築材の変化をともなう増改築が複数回おこなわれたことになる。しかし、各建造物を増築する期間とその建造物が存続した期間を考慮するならば、各建造物の機能した期間は極めて短く、後535年という年代は整合的とはいえない。

以上の指摘は、噴火のインパクトとも関わる問題でもあり次節でさらに検討したい。

（4）小結

　以上、3つの年代について炭素14年代のデータセットおよび考古資料から検討してきた。筆者が現在最も整合的と考える噴火の年代は後400〜450年である。最新の後535年案は提示されたデータとそのセンセーショナルな解釈が先行し、整合的であるかのようにみえる。しかし、この年代の採用には慎重な立場をとるべきであると考えている。ただし筆者は後535年案を完全に否定するのではなく、現段階ではひとつの有効な作業仮説として、以後の調査研究の判断に委ねていくほうが建設的であると考えている。

　では、今後、噴火の年代を絞っていくにはどうすればよいか。それには、二つの課題があると考えている。ひとつは自然科学的手法に基づき、厚いイロパンゴ火山灰に覆われた樹木について、炭素14年代、年輪年代測定法や安定同位体比の測定など複合的な方法で暦年代を算出することである。すでにこうした試みは始まっている（北村他2007）。問題は、雨期と乾期しかない気候下で、年輪年代測定法に有効な「年輪」が形成されるのか否かという前提をクリアする必要があり、これについては今後の進展を待つほかない。

　もうひとつは、火山灰前後の年代測定データと考古遺物の変化を詳細に分析することである。とくに火山灰よりも上層、すなわち噴火後の考古学的コンテクストを有する資料にこれまで以上に注意を払うべきである。とくに炭素年代1550 BP以降、すなわち後550年以降の暦年較正年代の幅は比較的小さいので、この年代に相当する遺物・遺構の特徴と噴火前のそれと比較することによって、年代もより絞られてくるであろう。しかし依然としてこのような視点での考古学調査は少なく、第一の課題と同様に今後の調査の進展に期待するしかない。

第3節　噴火のインパクト

　これまでの研究の趨勢は、イロパンゴ火山の噴火によって、多くの人々が避難を余儀なくされ、都市や集落は壊滅状態に陥ったと解釈することであった。果たして一元的にこのように解釈することができるのであろうか。前章までに、こうした単純な解釈を志向するのではなく、今一度、現存する資料から慎重に検討すべきであると主張してきた。ここでは、先の年代観をもとに噴火のインパクトについて再検討していきたい。

（1）火山噴出物の分布

　噴火のインパクトの議論をしていくうえでまず基本となるのは、火山噴出物の分布を把握することである。すでに本章第1節で述べたようにイロパンゴ火山の噴火による噴出物は7ユニットに分類されている。そのうち最も広範囲に分布するユニットG、つまりこれ

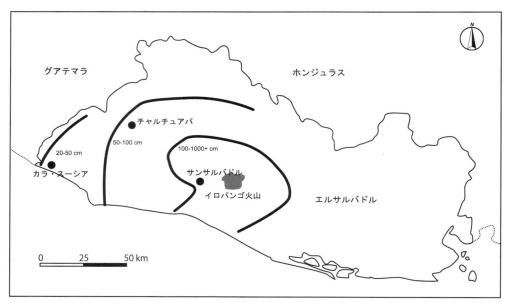

図3-2　イロパンゴ火山灰の分布と厚さ
(Hart and Steen-McIntyre 1983: Fig.2-10; Dull et al. 2001: Fig.1をもとにトレース・加筆)

まで本書で述べてきたイロパンゴ火山灰の分布範囲と火山灰の厚さをおさえることが、インパクトを評価する際の基本作業であろう。

本章第1節でも示したように、すでにそうした作業が火山学者や地質学者によって進められている。本書でもそれらの成果にしたがって火山灰の分布を確認していきたい（Hart and Steen-McIntyre 1983; Kitamura 2010b, 2012, 2013; Kutterolf et al. 2008）。まずイロパンゴ火山の噴火起源の噴出物の分布を調査したのはW・J・ハートら（Hart and Steen-McIntyre 1983）である（図3-2）。全体的には、火口から北西に分布が広がっていることがわかる。サン・サルバドル市内からサポティタン盆地にかけては1〜10m+、火口から約80km離れたチャルチュアパ遺跡でも0.5〜1.0m、約110km離れたカラ・スーシア遺跡で0.2〜0.5mと報告されている。

しかし一方で、近年になり、北村による丹念な踏査によってTBJテフラの分布の改訂作業が進められ、新たな展開をみせている（北村2009; Kitamura 2010b, 2012, 2013）。北村の研究の重要な点は2点ある。第一に、ハートらが示した分布と堆積の厚さの対応関係が想定していたよりも薄いことを指摘した点である。例えば、ハートらはチャルチュアパ遺跡では0.5〜1.0mとしているが、北村によれば0.2〜0.3mとなる。この点についてはカサ・ブランカ地区5号建造物前の発掘調査（Ichikawa 2008）やタスマル地区B1-1-1b建造物の調査（図2-5参照）で実際に筆者自身も確認している。

第二に、火口から東の地域において、想定されていたよりも火山灰が分布していること

を指摘した点である。火口から約50～60 km離れたレンパ川下流域では一次堆積層が0.2
～0.3m、約80km離れたウスルタン県の山間部でも数cmの堆積が確認された。さらに、
レンパ川下流域のヌエバ・エスペランサ遺跡では一次堆積層の上層に最大で2m近い二次
堆積層が確認されており、噴火後の二次災害を示す貴重な事例である（Ichikawa 2011）。

（2）噴火のインパクト

　イロパンゴ火山の噴火のインパクトに関する議論は大きく2つにわけられる。ひとつ
は、人々の移住や民族集団の交替をともなうような大規模被害を想定する立場であり（e.g.
Dull et al. 2010; Sharer and Gifford 1970; Sheets 1986）、他方は一時的な被害はあったもの
の大規模な人々の移動はなく、在地集団が引き続き当該地域で生活するという、被害をよ
り小規模なものとして想定する立場である（e.g. Demarest 1988; Kitamura 2013）。ただし、
後者については考古学的証拠が不十分として学界ではあまり支持されていない（e.g. Dull
et al. 2001）。しかしながら、いずれも1980年代の資料的状況に論拠を求めており、その
後に蓄積されたデータをもとに再検討する余地がある。以下、4つの事例から得られた最
新の考古学データをもとに噴火のインパクトについて考えてみたい。

チャルチュアパ遺跡

　本書の研究対象の中核であるチャルチュアパ遺跡では、エル・トラピチェ地区、カサ・
ブランカ地区、ラグナ・クスカチャパ地区、ラグナ・セカ地区でイロパンゴ火山灰が確認
されている（大井編2000; Ichikawa 2008; Ito ed. 2010［2003］; Murano 2008; Sharer 1978
vol. I）。遺跡は、火口から約80km西に位置している。

　シーツは、チャルチュアパ遺跡における火山灰の堆積が1.0m近くに達していること
から、チャルチュアパは完全に崩壊したものと想定した（Sheets 2009:64）。しかし、こ
の1.0mとする火山灰層は、遺物を包含しており（Sharer 1978 vol. I:48-51）、一次堆積部
分を残すものの、あくまで二次堆積分を含む厚さと考えられる。この堆積層は、クスカ
チャパ湖岸のものであり、撹乱されている可能性も十分に考えられる（Earnest 1999:289-
290）。イロパンゴ火山灰の二次堆積層はカサ・ブランカ地区4Nトレンチでも確認されて
いる（図2-2.2を参照）。4Nトレンチでは、一次堆積層は4d層だけであり、厚さは約0.2m
である。4a層から4c層は、一次堆積層に特徴的な構造を有しておらず、あくまで後世の
二次堆積層である。たしかに、これらをひとつの層とみなせば約0.8mになる。しかし、
上述したように北村の火山灰分布研究に依拠するならば、答えは明白である。タスマル
地区25号試掘坑で検出された一次堆積層も約0.2mであり、エル・トラピチェ地区やカ
サ・ブランカ地区の建造物周辺においても同様な厚さが確認されていることに鑑みれば
（Ichikawa 2008; Sharer 1978）、チャルチュアパ遺跡において1.0m近い火山灰の一次堆積
層はそもそも確認できるはずがない。

このような堆積状況において噴火のインパクトを考える際に重要な資料は、タスマル地区の建造物および土器である。第2章第2節でみたように、タスマル地区B1-1-1b建造物では、イロパンゴ火山の噴火後も、噴火前と同様な建築材をもちいて建築活動を継続している。また同じく第2章第3節で論じたように、火山灰の前後で、土器の器形や装飾に大きな変化は看取できなかった。つまり、噴火によって人々が居住できなくなるほどの壊滅的な影響は想定しがたいのである。さらに、これは第5章第2節で言及するように、人骨のストロンチウム安定同位体分析および歯冠計測分析からも、先古典期と古典期における人の移住は想定しがたいという結果が得られており、補強材料となる。

　ただし、火山噴火による被害がまったくなかったということを筆者は想定しているわけではない。例えば、厚い火山灰の堆積によって現在のエルサルバドル一帯における地域間交流の諸相が変化することが想定できよう（e.g. Dull et al. 2001; Murano 2008）。

サポティタン盆地

　サポティタン盆地はエルサルバドルの中央部から西部にかけて広がる。盆地の東端はサン・サルバドル火山、西端はサンタ・アナ火山の裾野にあり、面積は546 km^{2}である。同盆地では1970年代以降、P. シーツらによって詳細な踏査、火山学的調査、そして複数の遺跡において発掘調査がおこなわれている（Sheets ed. 1983, 2002）。とりわけ、ロマ・カルデラ火山の噴火で完全に覆われたホヤ・デ・セレン遺跡は、往時の人々の日常生活を詳細に復元することができる集落遺跡として世界的に有名である。

　このホヤ・デ・セレン遺跡は、イロパンゴ火山灰の直上に住居群がつくられている。遺跡は、イロパンゴ火山の火口から約38km西に位置し、火山灰の厚さは0.5 m以下と報告されている（Hart and Steen-McIntrye 1983）。しかし、その後のロマ・カルデラ火山の噴火で覆われた住居址の調査に重点がおかれたためか、イロパンゴ火山灰の堆積状況を明瞭に示す図面などが欠けている。しかし、報告書の記述と写真から推測するに、イロパンゴ火山灰とされる層の上層は、撹乱もしくはやや土壌化していると考えられる（cf. Miller 2002:15-17）。これは、イロパンゴ火山の噴火後からホヤ・デ・セレンの集落が形成されるまでにある程度の時間が経過していたことを示唆する。

　では、いつ頃からホヤ・デ・セレンでは居住が開始されるのか。まずは埋没年代から考えてみよう。ホヤ・デ・セレンの埋没年代は、後590±60年（Sheets 1983a:5）または後650年（McKee 2002:7）とされている。今回新たにシーツらのデータをもとに最新段階の暦年較正プログラムを通じて再較正年代を算出してみると、2σで260〜935 cal ADとかなり年代幅が広い。しかし、650 cal AD、またはそれ以降に確率分布のピークがみられることから、ホヤ・デ・セレンは後650年ごろに起きたロマ・カルデラ火山の噴火で埋没した蓋然性が高い。

　一方の居住開始期の年代を知るための炭素14年代データはなく、有効な手がかりは土

器だけとなる。その土器分析によると、化粧土削り文の施されたGuazapa、多彩色が特徴的なGualpopaやCopadorといった土器タイプが多い（Beaudry-Corbett 1983; Beaudry-Corbett and Bishop 2002）。これらの土器は概ね後600年以降に分類されている（Sharer 1978 vol. III）。したがって、居住開始期は後600年以降と想定できる。ただし、グアサパ土器に特徴的な化粧土削り文様の技術は、チャルチュアパ遺跡において少なくとも後200年頃にはすでに存在しており、ホヤ・デ・セレン遺跡におけるイロパンゴ火山の噴火後の居住開始時期はより古くなる可能性もありうる。これについては、さらなる検討が必要であろう。

　とはいえ、ホヤ・デ・セレン集落の再開時期を後600年とする年代推定は大きくずれてはいないと考えている（Ichikawa et al. 2015）。なぜなら同じサポティタン盆地の南東に位置するヌエボ・ロウルデス遺跡において、イロパンゴ火山灰層を掘り込んでつくられた墓の被葬者の人骨の炭素14年代測定を実施したところ、650 cal ADにピークがみられるからである。だとするならば、噴火から居住が再開されるまでの期間は、150～200年の年月が経過していることになるだろう。

　このホヤ・デ・セレン遺跡からわずか約2kmしか離れていないエル・カンビオ遺跡では厚さ1.2mのイロパンゴ火山灰の堆積が報告されている（Hart and Steen-McIntyre 1983:23）。しかし、2006～2007年に実施された調査では平均0.5m（0.25～0.6m）、2009年に実施された調査では、厚さ約0.3mと記録されている（Ferres et al. 2011:841; Yagi et al. 2015）。このほかにもエル・カンビオ遺跡では、先のロマ・カルデラ火山灰、エル・ボケロン火山灰（噴火年代：後1000年）、エル・プラヨン火山灰（噴火年代：1658年）が確認されており、火山噴火と人間社会の関係を明らかにする上で貴重な情報を提供してくれる遺跡でもある。同遺跡では先古典期後期に属するマウンドや畝状遺構がイロパンゴ火山灰より下層から見つかっている。

　八木宏明は、このエル・カンビオ遺跡出土土器を分析した（Yagi et al. 2015）。八木は、イロパンゴ火山灰の前後で土器の装飾や器形に大きな変化がないことを明らかにし、イロパンゴ火山の噴火の影響は想定されているよりも小規模であると主張している。これはすでに第2章でみたように、チャルチュアパ遺跡の土器分析とも整合する。すなわち、従来指摘されていたような火山灰前後で土器タイプが大きく変わるという現象は考えにくいことを示している。

　以上のホヤ・デ・セレン遺跡とエル・カンビオ遺跡の事例からうかがい知れることは、同じ盆地内でも噴火のインパクトが異なるということである。つまり、ホヤ・デ・セレン遺跡の場合だけをみれば、集落が壊滅し、復興までに噴火後150～200年かかったという解釈は正しいように思われる。しかし、エル・カンビオ遺跡の事例に基づけば、噴火前後で同じようなタイプの土器を製作する集団が居住していたことを示唆しているので、さほど噴火の影響はなかったと考えることもできる。

第3章　噴火災害との対峙 ——イロパンゴ火山噴火をめぐる諸問題—— 109

現在、筆者が調査をしているサポティタン盆地の中心的なセンターであったサン・アンドレス遺跡でも興味深いデータが得られている。この遺跡では、厚さ約0.4mの一次堆積層がみつかっており、そのほぼ真上ににに床が張られている。まだ分析途中のため詳細は別の機会に改めて詳述したいが、以上の証拠は従来から考えられているよりも噴火後に比較的短期間のうちに建築活動が開始されたことを示唆している。ただし、ホヤ・デ・セレンのようにイロパンゴ火山灰の上に集落が形成されている場合でも、数世紀の空白期間がある場合もありうる。そのため、150〜200年後につくられたものでもある可能性も完全には棄却できない。この点については今後の調査研究を展開していくうえで、意識的に注視していきたい。

サン・サルバドル

　サン・サルバドルはイロパンゴ火山の火口から約10km西に位置し、少なくとも厚さ3〜10mのイロパンゴ火山灰の堆積がみられる地点である。首都全体がイロパンゴ火山灰の上にあるといっても言い過ぎではない。

　2013年に調査が実施されたイクス・シネ・リベルタ遺跡では、そのイロパンゴ火山灰を使った造成活動の痕跡がみつかっている（Gallardo y Díaz 2014）。その造成後のコンテクストで炭化物層が採取され、その炭素14年代測定が実施された。Oxcalを用いた暦年較正の結果、650 cal ADにピークがみられる（Ichikawa et al. 2015）。このことは、少なくとも後650年ごろには現在のサン・サルバドルには人々の居住があったことを明示している。厚い火山灰の堆積があるため、噴火以前の居住痕跡については明らかとなっていないが、同じくサン・サルバドル市内に位置するディエゴ・デ・オルギン遺跡の幅100m以上もの畝状遺構の存在をてがかりとするならば、噴火以前に集約的な農耕が営まれていたと考えられる。そうした農業活動は噴火によって遮断され、その後200〜250年経過したのち、ようやく居住が再開されたというシナリオが描けるであろう。

ヌエバ・エスペランサの事例

　ヌエバ・エスペランサ遺跡は、エルサルバドル東部レンパ川下流域に位置する沿岸部集落遺跡である。イロパンゴ火山の火口からは約55km東に位置している。この遺跡では噴火による火山灰の一次堆積層が厚さ約0.2〜0.3m、そしてレンパ川上流からの河川氾濫によって堆積した火山灰の二次堆積層が厚さ約1.5〜3.0m確認されている（Ichikawa 2011）。噴火そして河川氾濫を示す堆積層より上層には居住痕跡を示す考古資料が認められない。つまり、噴火とその後の二次災害がヌエバ・エスペランサとその周辺へもたらしたインパクトは甚大であったと推測される。

　これは北村によるレンパ川下流域のボーリング調査からも支持される。北村は、噴火後にレンパ川上流に堆積した土砂が、レンパ川の河口に流出した結果、現在のサン・フア

ン・デル・ゴソ半島、そして
ヒキリスコ湾が形成されたと
し、噴火後に大きな環境の変化
があったことを想定している
（Kitamura 2010b, 2012, 2013）。
　では、ヌエバ・エスペランサ
の人々はどのようにこの災害に
対処したのであろうか。筆者の
調査では、噴火災害から逃れる
だけの時間が人々には確保され
ていたことが明らかとなってい
る。火山灰の一次堆積層直下に

図3-3　ヌエバ・エスペランサ遺跡出土の
火山灰直上に置かれた土器

埋没していた複数の土器の内部に、厚さ約1cmの火山灰層が検出されたことをその論拠とする（図3-3）。つまり、火山灰がレンパ川下流域に降灰している時に、何らかの儀礼をおこなう時間があったのである。土器にともなって30〜40歳代の女性の人骨と生後6ヶ月の幼児の人骨がみつかっていることから、この儀礼は葬送儀礼に関連するものと考えられる。あるいは火山噴火の沈静化を願う儀礼であった可能性も考えられるだろう。
　ここで重要な点は、降灰中に儀礼をおこなう「時間的余裕」が存在したことであり、換言すれば「避難時間」が確保できていた可能性があるということである。風向きの問題なども考えなければいけないが、おそらく火口からの距離が離れれば離れるほど避難のための時間的余裕はより長くなるであろうと推察される。課題としては、こうして避難した人々がどこに避難し、また異なる地で適応できたのか、もしくは受け入れられたのか、という問題である。考古学的な検証は容易ではないが、追求を継続していく必要がある。

（3）小結
　以上、チャルチュアパ遺跡以外にも、火口からの距離や堆積状況の異なる遺跡の考古資料から噴火のインパクトについて検討してきた。ここで強調しておきたいことは、確かに火口付近では壊滅的被害を被ったに違いないが、火口から約40km以上離れた地域は、必ずしも全てが壊滅したわけではないことである。エル・カンビオ遺跡、サン・アンドレス遺跡、そしてチャルチュアパ遺跡にみられる考古遺物・遺構の状況はそれを示している。
　さらにヌエバ・エスペランサ遺跡の事例が示しているように避難時間が存在していることは、火口から約80km離れたチャルチュアパにおいては、火山噴火へ対処する時間的余裕がより長かったと推測され、様々な集団内部の意思決定によって、火山灰による直接的・間接的被害は比較的小規模に押さえられたと想定することができる。もちろん噴火後の環境変化や大気の汚染などによって人々が住みにくい環境になってしまったことは容易

に想定できるだろう。今後の課題としては、噴火の規模や被害を殊更に強調し、人間の対応力を過小評価するのではなく、考古遺物から可能な限り人間の噴火への対応を読み解く姿勢が重要となってこよう。

第4節　噴火災害からの復興

　これまでみてきたように、イロパンゴ火山の噴火のインパクトは、火口からの距離や堆積状況によって異なることが明らかである。最後に、噴火災害からの復興過程や災害の記憶について、より理論的な観点から整理してみたい。この整理に関する研究はまだ緒についたばかりであり、前節までの考古資料に基づく議論からの乖離や飛躍はあるが、今後の調査研究のための暫定的な見通しとして提示し、本章のまとめとしたい。

1.　社会の複雑さと噴火災害からの復興

　本章第1節でも紹介したように、P・シーツは、社会の複雑さと噴火災害の関係について30以上もの事例を参照しながら考察した。ここが議論の出発点となろう。シーツは、社会が複雑であればあるほど、災害への対応は困難になると主張する（Sheets 1999, 2001, 2007, 2008, 2012）。これにもとづけば、噴火以前にマヤ南部地域の中心的な存在として大人口をかかえていたチャルチュアパは、イロパンゴ火山の噴火によって壊滅し、噴火前の栄華を極めた状態に戻ることは無く、他地域からの民族集団によって新たな社会が形成されていくというシナリオになる（e.g. Sheets 2007:77）。

　しかし、何度も述べてきたように、チャルチュアパは壊滅をしておらず、土器の装飾や器形の変化にも他の民族集団を示唆するような点はうかがえない。第4章でみるように噴火以前のチャルチュアパは、石造記念物の存在や墓の精粗の違いから、階層分化の萌芽が見え始め、戦いの痕跡もうかがえるが、共同的性格の強い社会であったと筆者は考えている。つまり、チャルチュアパの事例は、ある程度複雑化した社会であっても災害に対して強いレジリアンスを有している場合があることを示している。バリレス地域のように独占的な中央集権的性格を有する支配者層が社会の頂点であったならば、壊滅的な状況に陥っていたかもしれない。逆説的にいうならば、噴火後も復興したチャルチュアパはそのような社会ではなかったことを間接的に示している。

　ヌエバ・エスペランサでは、シーツが主張しているように、社会がさほど複雑化しておらず、小規模な社会組織であったがために、意思決定をする集団の単位が小さく、容易に避難することができたのかもしれない。しかし、実際のところ、集落自体は噴火とその後の二次災害で壊滅してしまった。現時点では見通しでしかないが、おそらくヌエバ・エスペランサの人々は、より東へと避難したことが想定できる。なぜなら、ヌエバ・エスペランサ遺跡から東に約30kmに位置するプエルト・パラーダ遺跡ではヌエバ・エスペランサ

遺跡出土土器と類似した土器と、それ以降に時期比定される土器が出土しているからである（Ichikawa 2011:117）。とはいうものの、今後は考古学的にこのような移動をどのように立証していくかが課題である。

　ところで、災害というのは、時には社会に変革をおこす契機になるという意見もある（e.g. Cooper and Sheets 2012; Grattan and Torrence 2007）。具体的には、災害によってインフラなどが破壊されると、災害対策としての防災・減災活動を通じて新たな技術や知識、ひいては新たな社会システムをも誕生させる可能性を秘めている。サン・アンドレスは、イロパンゴ火山の噴火以前には、噴火後のような公共建造物はなく、小規模な集落にすぎなかった。しかし、噴火後それほど経過しないうちに、公共建造物を建設していることが推測された。これは、調査範囲が狭く、噴火以前の公共建造物がまだ発見されていないだけとも考えられるが、もし噴火後に公共建造物の建設が開始されたとするならば、災害からの復興の拠り所として、はじめに社会の象徴となるような公共建造物が建設された可能性も考えられなくはないだろう。チャルチュアパにおいて継続的居住がみられることもそうした象徴的な公共建造物の存在が大きかったのではないだろうか。また、チャルチュアパが噴火後も継続できた背景としては、近隣の被害の少なかった集落や都市との友好的なネットワークがすでに存在し、一時的に避難民を受けいれる体制が存在したのかもしれない。現在、筆者はチャルチュアパ遺跡の近隣とはいえないまでも、約37km東に離れたサン・アンドレス遺跡や、南に約45km離れた沿岸部の中心的なセンターであったカラ・スーシア遺跡の調査を通じて、以上の課題の解決に資するデータ獲得を目論んでいる。

2．災害の記憶

　災害の記憶は、往時の人々または集団の災害対応や意志決定、被災後の復興にも大きく作用する（e.g. Jaime-Riveron and Pool 2009; Sheets 1999; Torrence and Grattan 2002）。口頭伝承や災害に関する記録が残されたモニュメントはその代表的なものといえよう。ただし、一般的には「記憶」のように見えないものを考古学的に明らかにしていくことは難しいとされる。とはいうものの、降り積もる数十cmあるいは数mもの火山灰の堆積を目の前にして、人々はそれらを記憶にとどめ、被災後の生活に活かさないことがあろうか。

　ここで噴火後に人々の生活に変化がおきたことを示す興味深いデータがある。チャルチュアパでは、噴火後（TZ-I期）に壺形・鉢形土器の大型化がおこる一方で、フラスコ状ピットが消失するという現象がみられる。これは、噴火後の生業変化、とくに貯蔵形態の変化であると筆者は考えている。CB期に貯蔵用と考えられる大型土器がみられないのは、フラスコ状ピットが貯蔵穴として使用されていたからと推察する。ラ・クチージャ地区で少なくとも6基、CB-I期と同時期あるいはやや古いと思われるフラスコ状ピット5基がカサ・ブランカ遺跡公園南すぐの地点で確認されている（Shibata 2005a）。一方のTZ期にはフラスコ状ピットは今のところ確認されていないのである。

たとえば、こうした事象の背景として災害の記憶というものを考えることはできないだろうか。すなわち、火山灰が集落内に堆積してしまったがために、地下型の貯蔵穴の位置が分かりにくくなった、あるいは貯蔵物に被害がでてしまった。そこで噴火後には、火山灰で埋もれても貯蔵物を発見しやすい、または災害時に貯蔵物とともに避難できることを想定して、貯蔵形態を変化させたという流れである。現在進行中のサポティタン盆地に位置するエル・カンビオ遺跡出土土器分析においても同様な傾向がみいだせているとの報告があり（Yagi et al. 2015）、必ずしも的外れな見解ともいえないであろう。これについては、将来的な資料増加、住居址の発掘、土器の様式変化、口径や器高など法量の統計的分析、何を貯蔵していたのかといった点が課題として挙げられる。また、「記憶」というテーマは近年考古学でもさかんに議論されはじめてきているが、災害の記憶を考古学的にどのように明らかにしていくかという理論・方法のブラッシュアップも課題といえよう。

3. まとめ

　以上、イロパンゴ火山の噴火について現在利用可能なデータをもとに検討してきた。本章における検討作業から導きだされた解釈は、断片的な資料からの類推が多いため暫定的な見通しではある。しかし、それでも上述の考古資料からは、従来考えられていたようなイロパンゴ火山の噴火によるチャルチュアパ壊滅説はもはや成立しないことは明らかである。イロパンゴ火山の噴火によって壊滅的影響をうけ、大規模な人の移動または交替（e.g. Dull et al. 2001; Dull et al. 2010; Sheets 1983a, 2009）をともなうものであれば、土器の器形や装飾はより明確に変化すると仮定されるが、そうした仮定は本研究で得られたデータからは支持されない。こうした人の移動に関しては第5章第2節においてストロンチウム安定同位体や歯冠計測分析を通じて詳述するが、在地集団が外部集団に取って代わるような人の移動や移住はみられないことも補強材料となる。第2章でみたように噴火後（TZ-Ib期後半）に土器タイプ数の減少がみられることから、一時的に衰退したかもしれないが、在地集団によって社会活動は維持・継続されたものと考えるのが妥当であろう。

註

1）　火山爆発指数とは、噴火の爆発の規模を評価するさいの基準として一般的にもちいられている指数である。溶岩や火山灰などの噴出物の量で0～8までの9段階に区分される。VEI 0は噴出物の量が10,000m^{2}未満であり、最大のVEI 8は1,000km^{2}にも及ぶ。現在、スミソニアン研究所の自然史博物館が一般公開している世界中の火山情報に関するウェブサイト（http://www.volcano.si.edu）でデータベースを一覧することができる。VEI8クラスの噴火は約73000年前におきたインドネシアのトバ火山の噴火などがある。

2）　後535年説については、別の火山噴火の可能性もある。オランダ人らを中心とする国際チームの最新研究によれば、メキシコ合衆国チアパス州に所在するエル・チチョン火山の噴火の可能性も浮上している（Nooren et al. 2016）。あるいはイロパンゴ火山の噴火とほぼ同時期にエル・チチョン火山でも大噴火があった可能性も指摘されている。Dull et al. 2010同様に

まだ国際学会で発表したのみで、学術界で完全にオーソライズされているわけではないが、今後注目していく必要がある。

第4章 先古典期から古典期への胎動
——社会変化の画期——

　第2章、第3章を通じて、チャルチュアパにおいて長期の社会活動が展開されていること、またイロパンゴ火山の噴火という大災害にも屈しなかったことを明らかにしてきた。当然ながら、長期の社会活動が継続される間にはさまざまな文化的・社会的・政治的変化があったに違いない。その変化が顕著にあらわれる時期が、メソアメリカ文明の国家形成期とされる先古典期後期から古典期前期である。この時期、メソアメリカ南東部有数の中心センターであったカミナルフユやコパンにおいては、大きな社会変化がみられる（e.g. Bell et al. eds. 2003; Braswell ed. 2003; Kidder et al. 1946）。では、両センターから約110km離れたチャルチュアパではこの時期に画期といえるような変化が生じているのであろうか。

　本章では、第2章で構築した編年を軸とし、より詳細に建造物、石彫、土偶、土器、そして墓からみた階層性の通時的分析を通じて変化の有無を抽出していくことにする。

第1節　物質文化の変化

1．建造物

　あくまで便宜的名称だが、住居、宮殿、球技場、神殿ピラミッドなど「建造物」の機能や用途は様々である。メソアメリカ考古学では主に階段状のピラミッド構造を持ち、規模や壁面装飾などで他の建造物を凌駕する「神殿ピラミッド」が主たる調査対象である。その理由は、神殿に施される装飾、神殿やその他の建造物配置からうかがえる象徴性や世界観、あるいはそこでおこなわれたであろう儀礼や種々の社会活動、神殿内部に構築された王墓に関する研究などが、古代メソアメリカ文明像の核心部分の理解に大きな貢献を果たすからである（e.g. Ashmore and Sabloff 2002; Stone 1992; Stone ed. 2002; Sugiyama 2010）。

　チャルチュアパ遺跡でも同様に主たる調査対象は、往時の社会活動の中心であった神殿ピラミッド群である。したがって、神殿ピラミッドの諸特徴の通時的変化とその画期を捉えることができれば、社会変化の画期を知る手がかりが獲得できると考えられる。そこで、以下では、建築構造、建築様式、建造物配置に着目し、その通時的変化を検討する。

（1）建築構造

　柴田潮音（柴田2007:59）は、土層断面や建築材の観察からチャルチュアパ遺跡におけ

る建造物の建築構造を大きく3つに分類している（表4-1）。

　A類：タルペタテ[1]、茶褐色粘土、黒色砂粒、黒色軽石粒を混ぜた練土で建造物の内部を充填し、泥漆喰で建造物表面を仕上げているもの。部分的に礫をいれる場合があるが、アドベは使用しない。

　B類：タルペタテ、茶褐色粘土、黒色砂粒、黒色軽石粒を混ぜた練土とアドベで建造物の内部を充填し、泥漆喰で建造物表面を仕上げているもの。部分的に礫を入れる場合がある。

　C類：火山性の礫あるいは平石を利用し、タルペタテ、茶褐色粘土、黒色砂粒、黒色軽石粒を混ぜた練土を礫や平石の間に充填するもの。泥漆喰に赤色軽石細粒を混ぜたもので建造物表面を仕上げる場合もある。

表4-1　建築構造からみたチャルチュアパ遺跡の建造物分類

種類	主要建築材	礫	アドベ	表面仕上げ
A類	練土（タルペタテ・茶褐色粘土・黒色砂粒・黒色軽石粒）	部分	無	泥漆喰
B類	練土（タルペタテ・茶褐色粘土・黒色砂粒・黒色軽石粒）	部分	有	泥漆喰
C類	礫または平石*	-	無	泥漆喰＋赤色軽石細粒

＊隙間用充填剤に練土を使用

　この分類を第2章で明らかにしたチャルチュアパの変遷過程にあてはめてみると、A類がエル・トラピチェ地区、カサ・ブランカ地区の先古典期建造物群、タスマル地区のTZ-Ib期建造物群、B類がタスマル地区のTZ-Ia期建造物群とカサ・ブランカ地区古典期建造物群、C類がタスマル地区建造物群のTZ-II・III期に相当する。

　主たる建築材が土と石では材料の獲得や運搬、建築工程、建築技術、さらには建築に関わる工人組織、労働量までさまざまな点で異なることが予想される。アドベの使用は材料という点においては土を主体とし、建築工程としてアドベを積み上げる行為は石を積み上げ建造物を造る工程と類似しているので、土と石の中間的な建造物として位置づけられるだろう。こうした建築材の変化は、上述したように建築活動にかかわる多様な側面に変化を生じさせるということから、①土からアドベに変化する後450年ごろ、②土から石へと建築構造が完全に移行する後600年ごろが建築構造の変化における二つの画期と位置づけられる。

（2）建築様式

　建築様式については全体的に各建造物の発掘面積が小さく、詳細な比較検討は難しいが、現時点で取得することのできる建築様式データからその特徴を捉えてみたい。

　まず、エル・トラピチェ地区やカサ・ブランカ地区建造物群では、E3-1-1st建造物や5c建造物にみられるように、緩やかな傾斜壁をもちいている。例えば、5c建造物東側面は低い垂直壁と緩やかな傾斜壁によって第1基壇がつくられ、同じような構造が第2基壇

へと続く。

　次に、タスマル地区においては、創建期の建造物は不明だが、少なくとも26号試掘坑で確認できる土製建造物は、垂直壁と傾斜壁の組み合わせの比率がカサ・ブランカ地区5c建造物のそれと比較すると高い。さらに、タスマル地区建造物群ではTZ-Ia期後半からアルファルダやコーニス（蛇腹）がつく点も異なる。この建造物はイロパンゴ火山の噴火前後の建造物と位置づけられるので、時期が遡る可能性は残しつつも、後400年ごろにはすでに建築様式に変化があったことが想定される。

　このように「エル・トラピチェ地区およびカサ・ブランカ地区」から「タスマル地区」への移行期であるCB-III期あるいはTZ-Ia期、すなわち後300～400/450年ごろに建築様式の変化の画期が指摘できる。

(3) 建造物配置

　エル・トラピチェ地区およびカサ・ブランカ地区には、三角形配置を構成する建造物群が4つある（図4-1）。この三角形配置は、南北方向を基本軸とし、東偏角度約15°をもち、三角形規模がほぼ共通している。また、この三角形配置の頂点に位置する建造物の中心軸上にはカサ・ブランカ地区6号建造物（C3-7）をのぞいて、無彫刻石碑や石彫が配置されているという共通点もある。E3-4・5・6・7号建造物などこの規則的配置に含まれない建

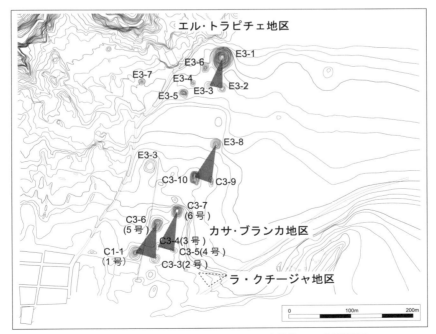

図4-1　チャルチュアパ遺跡における建造物の三角形配置
（Sharer 1978 Mapをトレース・加筆）

造物の位置づけについては課題が残るが、他のメソアメリカ地域の建造物配置同様、チャルチュアパにおいても建造物を規則的に配置していた蓋然性が高い。

　南北軸をもつ建造物群は、メソアメリカ南東部ではカミナルフユ遺跡やイサパ遺跡などの先古典期遺跡でみられる。また、「3」という数字はマヤ社会では「創造」と関連すると考えられており（Freidel et al. 1993:59-75）、エル・ミラドールなどのマヤ低地南部の先古典期遺跡の建造物配置にも頻繁にみられる（Velásquez, L. 2014）。エルサルバドルではサポティタン盆地のエル・カンビオ遺跡、アパネカ山脈のアタコ遺跡（いずれも先古典期後期）において三角形配置と思われる建造物配置がみられる。

　一方、タスマル地区では三角形配置がみられない。建造物は東西軸を基準とし、建造物正面を西側におく。建造物は基本的に先行期の建造物を後代の建造物が覆うというメソアメリカに特徴的な重層建築であり、いくつもの建造物群が複合的に配置されている。そのなかに規則性はみいだしがたい。エル・トラピチェ地区やカサ・ブランカ地区建造物群にみられる三角形配置は南北軸を基本とし、建造物群に囲まれた広場の形成を意識した「内向き配置」とすれば、対照的にタスマル地区建造物配置は建造物正面に遮るものがない「外向き配置」といえる。ただし、エル・トラピチェ地区やカサ・ブランカ地区の建造物群は神殿ピラミッド群に囲まれた広場へのアクセスが容易で開放的である一方で、タスマル地区建造物群は階段を登らなければ部屋状構造物やB1-1a, b, c建造物のある広場（Patio Hundido）にアクセスのできない点で閉鎖的で、限られた人物しかアクセスできなかったと考えられる。

　古代メソアメリカ社会における建造物配置には各集団の世界観やイデオロギーが反映されているとすると（e.g. Freidel et al. 1993; Sugiyama 2010）、建造物の中心軸が南北方向から東西方向に、配置が内向きから外向きに変化し、建造物群へのアクセス方法も変化する「エル・トラピチェ地区およびカサ・ブランカ地区」から「タスマル地区」の移行期に建造物配置の変化がみてとれる。これは時期としてはCB-III期あるいはTZ-Ia期、つまり後300〜400/450年ごろにあたる。

2.　石彫

　石彫は、古代メソアメリカ文明において前1200年ごろから勃興するオルメカ文化以降、スペイン人が侵略してくる後16世紀始めまで、主に往時の権力や精神世界を表現するための道具として製作され続けてきた。「石」という性質上、一度彫り込まれれば改変が難しく、その永続性そして表現される図像の象徴性や芸術性ゆえに、メソアメリカ考古学の黎明期から多くの研究者の注目を浴び、先の神殿ピラミッド研究と同様に厚い研究史がある（e.g. 伊藤 2010a; Guernsey 2006; Guernsey eds. 2010; Parsons 1986; Proskouriakoff 1950）。また、石彫に刻まれた図像や文字資料の研究によって戦争や婚姻関係など歴史的事実などが明らかとなってきている（e.g. Coe, M. 1992; Martin and Grube 2000; Thompson 1950）。すなわち、

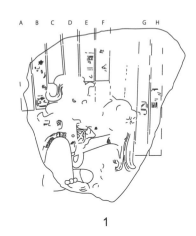  

図4-2 チャルチュアパ遺跡出土の石彫
1. 1号石造記念物、2. 様式化されたジャガーヘッドの石彫、3. 21号石造記念物
（1, 3はAnderson 1978: Fig.2, 12をトレース・縮尺なし）

石彫は往時の社会の権力表象のあり方やイデオロギー的側面、あるいは記録された図像や文字資料からは政治的側面や軍事的側面など、権力関係に関わる情報を獲得できる可能性を有する。

チャルチュアパ遺跡ではこれまで38基の石彫が出土している（大井編2000; 伊藤2016; Ichikawa 2008; Sharer 1978 vol. I）。28基がエル・トラピチェ地区とカサ・ブランカ地区で出土しており、出土位置と石彫様式から先古典期中期から先古典期後期に属する。エル・トラピチェ地区のE3-1建造物前では文字と暦が刻まれた1号石造記念物（図4-2.1）、様式化されたジャガーヘッドの石彫（図4-2.2）、無彫刻石碑がイロパンゴ火山灰層よりも下から出土している（伊藤2016; Sharer 1978 vol. I）。また、カサ・ブランカ地区の5c建造物前でも石碑祭壇複合、様式化されたジャガーヘッドの石彫が出土している（Ichikawa 2008）。オルメカ文化の石彫様式をもつラス・ビクトリアス地区の12号石造記念物などもある（Sharer 1978 vol. I）。

先古典期中期から先古典期後期にかけてのメソアメリカ太平洋沿岸部や高地の広い範囲、例えば、イサパ、タカリク・アバフ、カミナルフユなどで文字や暦、超自然的なモチーフが刻まれた石造記念物を建立する石彫文化が広がっていた。チャルチュアパもまたそうした文化圏内に含まれていたと想定される。F・パレデスは様式化されたジャガーヘッドの石彫がエルサルバドル西部にのみ集中していることに注目し、上述した石彫文化圏内にも地域性が存在することを指摘した（Paredes 2012）。さらにその中でも、様式化されたジャガーヘッドの石彫、石碑祭壇複合、太った神様の石彫などエルサルバドルでは最大の

石彫出土数を誇るチャルチュアパが当該地域の政治的中心として機能していたと推察した（Paredes 2012：203-210）。

　一方、社会の中心がタスマル地区に移る、古典期前期（後300〜600年）に相当する石彫は現在のところみつかっていない。古典期後期（後600〜900年）に属すると思われる石彫は出土地が不明であるがみつかっている。しかし、「タスマルの女神（21号石造記念物）」と呼ばれる石彫や、雨の神とされる「チャク・モール（Chac Mool）」を模した石彫など、先古典期とは明らかに異なる石彫様式を採用している（図4-2.3）。「タスマルの女神」は杖のようなものを持ち、頭飾りや首飾りを身につけた支配者と思われる人物が浅浮き彫りされており、コパン遺跡の石彫様式との類似が指摘されている（Sharer 1978 vol. I：166）。石彫の左右には文字のようなものが刻まれているが解読不能である。

　古典期後期のマヤ地域では、コパンやティカルに代表されるように豪華な装飾品を身に付けた支配者が表象され、戦争などの政治的対外関係を暦とともに記録するという石彫様式が一般的となる。すなわち「タスマルの女神」は、社会統合の一要因となるイデオロギー表象という脈絡において製作されたのかもしれない。

　今後発見される可能性がないわけではないが、タスマル地区I期（TZ-I期）、つまり古典期前期に相当する後300〜600年には石彫が欠落しており、石彫製作とそれにかかわるイデオロギー的側面に変化が生じたものと考えてよいだろう。

3.　土偶

　メソアメリカにおける土偶は、少なくとも前2300年ごろにはメキシコ中央高原で製作が開始されたようである（Niederberger 2000：176）。その後は各地域や各時期に応じた特徴的な土偶が製作される。土偶は大きく人物土偶と動物土偶に分かれるが、人物土偶においては、身体的特徴、髪型、服飾、頭蓋変形などの特殊な習慣の存在、戦士や捕虜といった身分表象まで多様な情報を引き出すことが可能である。近年では儀礼、ジェンダー、エージェンシー、アイデンティティー、社会的実践といったキーワードのもとに土偶がメソアメリカ各地の社会や文化に果たした機能や役割に関する考察がさかんである（e.g. Cyphers 1993; Faust and Halperin 2009; Rosenswig 2011）。また、土偶が権力の正当化や強化のための道具としてもちいられた可能性も指摘されている（e.g. Lesure 2011）。

　さて、チャルチュアパの土偶は、出土量という点において先古典期と古典期・後古典期では全く異なる点がまず指摘できる。先古典期はこれまで分類の対象となった土偶だけでも約2500点ある（大井編2000; Ito ed. 2010［2003］; Sharer 1978 vol.II; Shibata 2005a）[2]。その多くは先古典期後期カサ・ブランカ地区やラ・クチージャ地区で得られた資料である。一方の古典期以降の土偶についてはわずか19点の報告があるにすぎない（大井編2000; Sharer 1978 vol. II）。古典期以降の資料は主にカサ・ブランカ地区出土であり、出土層位にもとづけば、古典期後期から後古典期前期の所産であると考えられる。

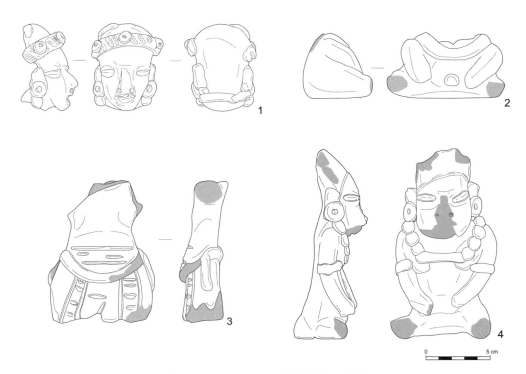

図4-3 チャルチュアパ遺跡出土の土偶
1.頭蓋変形が施されたと考えられる土偶、2.妊婦または太った神様を形象した土偶、3.腰巻きを身につけた立像人物土偶、4.準完形の座像人物土偶（全てラ・クチージャ地区出土土偶：実測・河合亜希子）

　次に、先古典期と古典期では土偶の製作技術という点でも大きく異なることが指摘できる。先古典期土偶が粘土塊を直接成形する「塑造」であるのに対して、古典期・後古典期土偶はあらかじめ「型」をつくりそこに粘土塊を入れることで成形する「型入れ技法」で製作されている。

　先古典期土偶では、まさに多種多様な土偶が製作された（図4-3）。人物土偶については、性別は男性・女性どちらも表現され、頭・胸・腕・腰・脚などに装飾をもつ人物、頭蓋変形が施されたと思われる人物、妊婦または太った神様などを表現したと考えられる極端に肥満した人物などが挙げられる。また、次章で詳述するが戦士や捕虜と思われる人物形象土偶もつくられており、土偶に何らかの社会的または象徴的含意が存在したことが考えられる。さらに、土偶が往時の社会におけるアイデンティティーを表象するのだとすれば（Rosenswig 2011）、チャルチュアパ先古典期社会における多様な土偶表現からは職位、階層などが異なる複数の集団（または個人）の存在を指摘できよう。動物形象土偶では、イヌ、鳥、サルなどを形象したものがあり、人間社会と動物との間に何らかのかかわりがあったことが想起される。一方で古典期・後古典期土偶は破片資料のみで、今のところ人物形象土偶しか確認できていない。

土偶の出土状況については、墓やフラスコ状ピットからの出土もみられるが、ほとんど
が遺物包含層出土である。また、カサ・ブランカ遺跡公園南側のバイパス道路工事にとも
なって検出された5号フラスコ状ピット出土の人物形象土偶などを除けば、基本的には破
片資料である。

　再度強調しておきたい点は、古典期前期以降にほとんど土偶が製作されない点である。
公共性の高い先の石彫と比較して、土という素材がもつ可塑性から成形作業が比較的容易
である土偶は、支配者層以外の人々の祭祀や儀礼、あるいはイデオロギー的側面において
もその役割を果たしたと推測される（e.g. Lohse and Golin eds. 2007; Rosenswig 2011：252）。
古典期前期以降、特にタスマル地区において土偶がほとんどみられないことに鑑みるな
らば、社会の中心がカサ・ブランカ地区からタスマル地区へと移行する時期、後300～
400/450年が土偶製作およびイデオロギー的側面の変化の画期と位置づけられる。

4. 土器

　土器は遺跡で最も多く出土する考古資料である。考えられる用途としては、日常什器か
ら被葬者への副葬品や儀礼にもちいられる祭器まで、実に幅広い。しかし、チャルチュア
パ遺跡では墓に共伴する土器を除いては、その多くが遺物包含層中の破片資料であること
から遺構との関連、すなわち用途という観点からの検討は難しい。そこで第2章第3節で
論じたように装飾や器形という視点から、土器製作における変化の画期をみてみたい。

　まず、装飾ではウスルタン文が形骸化し、彩色が主たる装飾となる時期が画期と指摘
できよう（図4-4）。すでに第2章でも述べたように、チャルチュアパ遺跡の土器は、先行
期の装飾の特徴の一部を保持しながら段階的に変化する。そのため、画期をどの時期に
求めるかが焦点となる。ここでは、ウスルタン文と彩色装飾が中間的な様相を呈してくる
CB-III期からTZ-Ib期、すなわち後300～400/450年ごろを変化の画期と位置づけたい。
TZ-Ib期には、化粧土削り文や偽ウスルタン文といった装飾がウスルタン文に変わって主
たる装飾となるだけでなく、器形が弓状に外反する浅鉢形から高台付椀形へと変化し始め
る点も、土器製作における変化の画期とする理由である。

　彩色装飾は、底部と胴部に変曲点がある浅鉢形や鉢形の土器よりも、底部と胴部の境
がなく器面が広く平滑である椀形である方が施文時に都合が良いと考えられる。また、
胴部が外傾もしくは強く外反する浅鉢形よりも、胴部が緩く立ち上がる椀形土器の方が視
覚的に文様を認識しやすいという点も装飾変化と器形変化が連動する要因でもあろう（図
4-4）。

　また、土器から推察される大都市との地域間交流からもTZ-Ia期に変化の画期がうか
がえる。CB-IIb期からCB-III期、つまり先古典期後期・先古典期終末期にみられる「黒
褐：刻線文または細刻線文［Pino Ceramic Group: Canchon Incised］」は、カミナルフユ
との地域間交流を示唆することは先に指摘したとおりである。同時期のカミナルフユでは

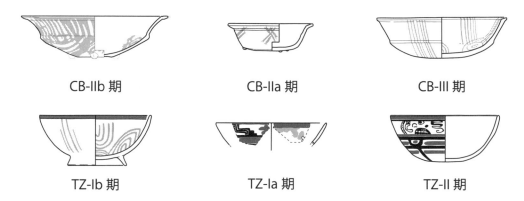

図4-4 土器の装飾と器形の変化

ウスルタン文が施されたオレンジタイプの土器が墓への副葬品としてみつかっていることからも土器に関する知識や技術、あるいは土器そのものの交易など双方向の地域間交流が想定される。しかし、少なくともチャルチュアパでは刻線文が施された黒褐タイプの土器は、先古典期（CB-IIa・III期）には少量で、古典期前期（TZ-Ia期）以降はほとんどみられなくなる。一方、TZ-Ia期以降は「オレンジ：赤彩・ウスルタン文［Chilanga Red-painted Usulutan］」や多彩色土器［Gualpopa］や［Copador］が製作される。これらの土器はコパンの土器において主たる土器タイプとなっていることから（Viel 1993; Willey et al. 1994）、TZ-Ia期、つまり古典期前期以降は、チャルチュアパとコパンの両者により親密な地域間交流関係が示唆されるのである。

5. 小結

　建造物、石彫、土偶、土器の分析から各文化要素の変化の画期を抽出した。その結果、多少の時間幅はあるものの、概ねカサ・ブランカ地区からタスマル地区への移行期、後300〜400/450年ごろ、つまり古典期前期に各文化要素の共時的変化がみられる。ここにチャルチュアパ社会の変化の画期がある。

　とりわけ建造物、石彫、土偶にみられる変化は、社会統合の基礎となるイデオロギー的側面において変化が生じたといえるだろう。前述したイサパ、タカリク・アバフ、カミナルフユなどでも古典期前期以降になると石彫製作活動が衰退するため、先古典期から古典期にかけてメソアメリカ南東部に通底したイデオロギー的側面に何らかの変化が生じたと考えて差し支えないだろう。

　また、土器においても装飾や器形が連動して変化し、チャルチュアパの主な地域間交流の相手がカミナルフユからコパンへと変化している点も興味深い。というのは、ここにチャルチュアパ独自の政治戦略がうかがえるからである。もし先古典期に最も勢力の強かったカミナルフユとその周縁に位置するチャルチュアパの関係が主従関係とするなら

ば、カミナルフユの衰退にともなってチャルチュアパもまた連動的に衰退することが予想される。しかし、そうした状況を回避するかのように後400年以降に次第に勢力をましつつあったコパンとの関係を強化すること、つまり地域間関係を再編することによってチャルチュアパは顕著な衰退や停滞を経験することなく、社会活動を継続していくのである。

第2節　墓からみた社会階層化の過程

　墓は、葬送儀礼という文化的・宗教的側面を明らかにできるだけではなく、被葬者の社会的地位や階層分化の度合いなど社会的・政治的側面の解明にも大きな役割をはたす考古資料である（e.g. Binford 1971; Pearson 2008; Wason 1994）。ここでは、まずチャルチュアパの墓制の通時的変遷を把握したうえで、さらに「墓への労働投下量の差異」というものに着目し、社会階層化の度合いを明らかにする。そこから、どの時期に階層化の画期がみいだせるのか、検討してみたい。

1. 墓制の変遷

　チャルチュアパ遺跡ではこれまで少なくとも128基の墓がみつかっている。先古典期中期1基、先古典期後期61基、先古典期終末期12基、古典期前期5基、古典期後期～後古典期前期22基、後古典期12基、時期未確定15基である。「時期未確定」資料は、古典期前期に属すると思われる墓が2基、古典期後期と思われる墓が6基含まれているが、時期が確定的ではないため、本研究では参考資料として扱う。

　先古典期の墓は主にエル・トラピチェ地区、カサ・ブランカ地区、ラ・クチージャ地区、古典期・後古典期の墓は主にタスマル地区、カサ・ブランカ地区から出土している。出土状況はラ・クチージャ地区の共同墓地、ラグナ・セカ地区の湖を除けば、全て建造物、あるいは建造物周辺から出土した墓である。

　チャルチュアパの墓資料は人骨の保存状況や調査時の調査者の視点によってデータにばらつきがみられる。そこで、比較的情報量が多い埋葬姿勢、そして副葬品組成に着目し、墓制の特徴を把握する。

（1）埋葬姿勢

　まず、先古典期後期・終末期（前600～後300年）ともに俯臥伸展葬が31例（後期29例、終末期2例）と圧倒的に多い。メソアメリカ南東部の先古典期中期から終末期の埋葬姿勢のわかる331例のうち俯臥伸展葬は103例あり、61例がグアテマラ高地やエルサルバドル西部高地でみつかっているので、当該地域に特徴的な埋葬姿勢であるといえるだろう（市川2012c）。一方、チャルチュアパの古典期・後古典期の墓には座葬や屈葬がみられ、俯臥伸展葬は後古典期に1例みられるのみである。この傾向は古典期前期以降のメソアメリカ

南東部全体でも同様にみられる傾向である。このことから俯臥伸展葬から座葬・屈葬へと主たる埋葬姿勢が移行する時期、つまり古典期前期以降、後300〜400年が埋葬姿勢の変化の画期と位置づけられる。また、カミナルフユ遺跡マウンドA・Bの被葬者に特徴的な「胡座葬」と思われる例が古典期前期タスマル地区1号埋葬において1例、時期不明だがタスマル地区B1-1b建造物西側からも1例確認されている。

（2）副葬品

　副葬品については次節でも触れるが、まず全時期を通じて主たる副葬品は土器である。先古典期にはヒスイや黒曜石といった遠隔地から搬入されたと考えられる器物の副葬が認められるが、質量ともに古典期と比較すると劣る。また、先古典期の墓にはエル・トラピチェ地区E3-7号建造物のように赤色顔料が塗布され、布で包まれるなど丁寧に葬られながらも副葬品が共伴しない例もある。

　古典期の墓は、残念ながら出土状況や位置、そして層位といった基本情報が欠けているため、分析に耐えうる資料が少ない。とはいうものの、古典期前期（TZ-Ib期）のタスマル地区0号埋葬と1号埋葬には複雑なモチーフのヒスイ製品、支配者と思われる人物が刻まれた骨製品、鏡の一部と考えられるヒスイや黄鉄鉱のモザイク、円盤形石製品というように先古典期にはなかった洗練された工芸品が副葬される事例が増加する。古典期後期（TZ-II期）のタスマル地区も古典期前期同様に調査データが不足しているため断言することは難しいが、大量の副葬品をともなう墓の存在は、厚葬の習慣が引き続き存在したことを示唆する。それが古典期後期後半から後古典期になると、タスマル地区のような厚葬はみられず、墓制は簡素化する方向にある。

　遠隔地に原産地が求められる工芸品は、原材料の獲得、運搬、加工、所有といった一連の工程に支配者層が関与していると考えられている（e.g. Aoyama 1996, 2001, 2007, 2009; Brumfiel and Earle 1987）。それはヒスイ製品や黄鉄鉱製モザイクで造られる鏡がもつ象徴性や神聖性が往時の支配層の権力表象の道具として極めて重要だったからである（e.g. Taube 1992, 2005）。これらの製品は、メソアメリカ各地で労働投下量の大きい石棺墓や石室墓から出土する例が多いことから、汎メソアメリカ的に共通する上位階層を示す指標であった考えられる。つまり、古典期前期タスマル地区の段階には遠隔地との交流を可能にし、貴重な資源を獲得、加工、所有、そしてそれらをもちいて宗教儀礼などをおこなうことのできるような階層上位者が存在していたと考えられる。

　このように先古典期から古典期への移行期、つまりタスマル地区が社会の中心となる後300〜400年ごろに墓制にも大きな変化がうかがえることが明らかである。また、古典期前期・後期の厚葬習慣が終焉をむかえ、墓制が簡素化する古典期後期後半から後古典期もまた墓制変化の画期といえるだろう。

2. 墓制からみた社会階層化の過程

　以上の墓制の変遷からすると、古典期以降、すなわち後300〜400年以降、チャルチュアパでは突出した権力を有した階層上位者が出現したと思われる。ここで「墓制における労働投下量」という分析概念に着目しながら、階層分化の過程についてより詳細に明らかにしていきたい。

（1）分析の方法：「墓制における労働投下量」

　「墓制における労働投下量」が社会の階層化や複雑化の過程を明らかにする上で重要であるという指摘は、欧米の人類学や考古学においては1970年代ごろからみられる（e.g. Binford 1971; Brown, J. 1981; Carr 1995; Pearson 2008; Tainter 1975, 1978; Wason 1994）。単刀直入にいえば、墓制に費やされる人材、時間、資源などから算出されるあらゆる労働量が多ければ多いほど、被葬者の高い社会的地位を示すとするものである。ここでは、C・カーの研究（Carr 1995）を軸として、いかに考古学的に「墓制における労働投下量」をみいだすことができるのか考えてみたい。

　カーはHRAF（＝Human Relations Area File：地域別人類関係資料）に基づき、被葬者の社会における「垂直位置（Vertical social position）」と「水平位置（Horizontal social position）」が墓制のどの部分において表象されるのか、その傾向について検討している（Carr 1995）。それによると、「垂直位置」は墓制全てにかかる労働投下量の大小に最も反映されるという。しかし、墓制には、埋葬前、埋葬時、埋葬後と様々な段階があり、当然それぞれの段階で人々の労働量が死者に対して累計的に費やされたものと考えられる。すなわち、発掘調査で検出される墓はあくまで埋葬終了時点の様子の一部が看取できるにすぎず、全体の労働投下量を考古学的に算出することは不可能であるといってよい。これは、あらゆる考古資料がもつ資料的限界ともいえるだろう。ただし、こうした制約を理解しつつ、考古学的に検出される墓に関する諸属性に一定のパターンを認識することさえできれば、墓制の一部分から考察を深めること自体は有効である（Wason 1994：30）。

　カーは、考古学的に認識可能であり、かつ被葬者の社会における「垂直位置」を反映する属性として、墓壙構造と副葬品の種類数を代表的な指標として挙げている。墓壙構造は、形態、材質、構造、規模などから墓壙を作る際の工程をある程度復元できるだけでなく、その複雑さの度合いによっておおよその投下された労働量の大小を認識できる。副葬品の種類数は、その多寡を数値で算出することで、複数の財や資源へのアクセスにかかわる差異が抽出可能であろう。そして、これらの属性の差異に一定の相関関係が看取できれば、社会を構成する人々の地位が墓制に反映されていたものと解釈することができるとする。このようにみれば、墓壙構造と副葬品の種類数にみられる差異は、「墓制における労働投下量」の少なくとも一部を反映しているともいえる。

　これに対し、「水平位置」については墓域の有無、墓域内における各墓の位置、区画化

された墓域の有無を上位の属性に挙げている。また、墓壙構造、埋葬姿勢、頭位方向、副葬品の種類などに一定の類似性がみられる場合も、それらは社会内における同じ「水平位置」を反映しているものと解釈できるという。以上の属性は、考古学的に検討することが十分に可能である。しかし、「水平位置」は、「垂直位置」に比べて考古学的認識が難しい面があることを自覚しておく必要はあるだろう（Carr 1995 : 187; O'Shea 1981 : 49-50）。また、序章でも触れたように近年の研究動向に目を配るならば、複数の異なる政治集団あるいは多頭的階層（ヘテラルキー）構造も想定する必要もあろう。

　しかし、上述した民族事例に基づくカーの議論を考古学研究に安直に応用することに問題がないわけではない。時期や地域あるいは各集団の墓制の違いによって、垂直位置や水平位置を示す指標が異なる可能性も十分に考えられるからである。また、本研究は、墓を被葬者の社会的地位を積極的に反映したものと捉える立場だが、墓にはそうした社会的側面が直接反映されておらず、むしろ非現実的世界を象徴的に表現しているものと考える立場があることも留意しておく必要があろう（e.g. Brumfiel and Robin 2012; Hodder 1982）。カーがもちいた分析資料にはマヤ地域を含むメソアメリカの民族事例が取り上げられていない。そこで、本書では上述した属性以外にも着眼し、それらが古代メソアメリカの各地の社会の垂直位置や水平位置を示す指標として妥当か否かという点も視野に入れながら、チャルチュアパ遺跡の墓制分析に適用してみたい。

（2）基本属性

　墓壙構造の分類と規模　チャルチュアパ遺跡出土の墓は、タスマル地区で土器棺墓1基が確認されているが、それ以外は全て土壙墓である。本研究では、墓壙をつくる際の工程に着目し、次の4類型を設定した。

　I類：土を掘り、被葬者と副葬品を配置する土壙墓。また、人骨のみ検出された場合にもI類とした。

　II類：土を掘り、被葬者と副葬品を配置した後、最後に石を配置する土壙墓。

　III類：食物の保存などにもちいられたと考えられるフラスコ状ピットの本来の機能を転用し、死者と副葬品を納め、墓とする場合。

　IV類：建造物の床面を壊し、縦に長い墓壙を掘り、被葬者と副葬品を配置する土壙墓。タスマル地区でアドベまたは筵のようなもので囲まれた1号埋葬が検出されているが、完掘されてないため詳細は不明である（Ito ed. 2009）。

　墓壙規模は、墓壙の長軸、短軸、深さを測定する。これは、報告書や発掘調査から得られたデータのうち墓壙規模が確認できた墓のみを対象としている。IV類については発掘調査時における一次データが欠落しているため規模に関する情報が得られていないが、エルサルバドル国立人類学博物館所蔵写真から判断するに、I・II類よりは少なくとも大きいと考えられる。

副葬品の種類　大分類としては土器、ヒスイ（緑色石）製品、黒曜石製品、土製装飾品、石製品、骨製装飾品、黄鉄鉱製品、貝製品、雲母製品の9種類があり、さらに製品の特徴を分類すると少なくとも22種類ある。墓壙の埋土内から、土器片、黒曜石片、土偶片などが出土しているが、墓壙を埋める途中で偶然に混入した可能性も考えられるため、これらの遺物は副葬品としては扱っていない。ただし、明らかに一箇所に遺物が集中的にみられる場合については特殊な葬送儀礼の一種として副葬品とした。

各期の副葬品の平均種類数、副葬品組成における平均土器数、土器以外の副葬品が含まれる割合の傾向についてはグラフ化した（図4-5, 6）。副葬品の平均種類数については副葬品が0の墓も検討の対象に含めている。

特殊行為　頭蓋変形、歯牙変形、頭蓋骨土器被覆、口内へのヒスイ埋納がある。前者2つは生前に施される行為、後者2つは死後施される行為である。その他、人身犠牲がある。いずれもマヤ地域全般でみられる葬送儀礼に関連する特殊行為である（Ruz 1968; Welsh 1988）。

その他の埋葬属性　その他の埋葬属性には埋葬姿勢、頭位方向、性別や年齢がある。すでに記したように、埋葬姿勢や頭位方向は被葬者の社会における「垂直位置」よりも集団が共通してもつ死生観などが反映される（Carr 1995:182）。性別や年齢は被葬者の社会における垂直・水平位置の考察には重要な要素ではあるが、本研究では人骨の保存状況が悪く基礎的な人骨情報が得られていないため詳細な検討はおこなわず、参考資料して記述す

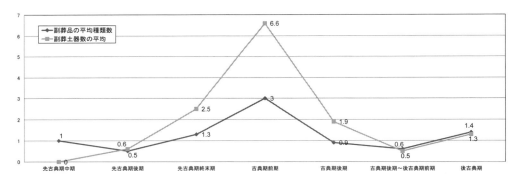

図4-5　チャルチュアパ遺跡における副葬品の平均種類数および副葬土器数の変遷

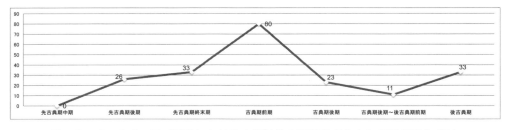

図4-6　チャルチュアパ遺跡における土器以外の副葬品が含まれる墓の割合（％）

る。

　以下、各時期の出土点数、属性の諸特徴について記述していく。

（3）先古典期後期（CB-Ⅱ期：前100〜後150/200年）

　61基の墓が検出されている。エル・トラピチェ地区、ラ・クチージャ地区、ラグナ・セカ地区でみられるが、前2地区において集中的に墓がみつかっている。Ⅰ類が50基と最も多く、次にⅡ類（7基）、Ⅲ類（4基）と続く。

　墓壙構造と規模：ラ・クチージャ地区出土の22基について墓壙規模が測定可能であった。Ⅱ類に若干のばらつきがみられるものの、Ⅰ類からⅢ類にしたがって墓壙規模が大きくなる傾向にある。墓壙規模の平均は、Ⅰ類が0.36㎡、Ⅱ類が0.57㎡、Ⅲ類が3.1㎡である。つまり、墓壙をつくる工程が複雑なほど規模が大きい。

　副葬品の種類数：全体的には平均0.5種類である（図4-5）。墓壙構造別にみてみると、まずⅠ類が平均0.42種類、次にⅡ類が平均1.14種類である。Ⅱ類は土器片以外に黒曜石片や土偶片などが含まれ副葬品か廃棄品なのか判断が難しい。副葬品と認識するならば、最も副葬品の種類が多く、平均2種類以上となる。

　副葬品は、土器が主体を占め（量は0〜13点）、ヒスイ製品、黒曜石製品、土製装飾品（耳飾）、石製品（磨製石斧、メタテ）がある。ヒスイ製品は8基の墓でみられるが、いずれも各1点のみで、小型ビーズなどで精巧さにかける。黒曜石製品は主に未使用の石刃である。

　特殊行為とその他：エル・トラピチェ地区7・12・13号人骨に歯牙変形（黄鉄鉱象嵌による飾歯）、ラ・クチージャ地区5号墓人骨に歯牙変形（削歯）、7号墓人骨には頭蓋・歯牙変形が施されている。また、28号墓人骨では口内にヒスイ製品が埋納されている。

　埋葬姿勢は先に述べたように全て俯臥伸展葬である。頭位方向については、統一性はうかがえない。判別できた性別は全て男性で、年齢は20〜30歳代の成人が多く、エル・トラピチェ地区12・13号、ラ・クチージャ地区7号墓人骨が40〜50歳代と同定された。この老齢の人骨3体は、全て歯牙変形または頭蓋変形が施されており、社会階層を考える上で貴重なデータといえよう。

（4）先古典期終末期（CB-Ⅲ期：後150/200〜400年）

　11基の墓が検出されており、全てラ・クチージャ地区出土である。

　墓壙構造と規模：10基について墓壙規模が測定可能であった。墓壙規模の平均は、Ⅰ類が0.31㎡、Ⅱ類が1.78㎡で、先古典期後期同様に、Ⅰ類よりも墓壙構造のより複雑なⅡ類の墓壙規模の方が大きい。とりわけ、ラ・クチージャ地区9号墓は墓壙のへりで広く焼土痕が検出されていること、墓壙検出面では墓標のような配石をともなっていることから、他の墓よりも複雑な葬送儀礼の工程が存在したと考えられる。

　副葬品の種類数：全体としては平均1.3種類である（図4-5）。Ⅰ類は平均1.2種類、Ⅱ類

は平均1.3種類である。先行期と比較してI類とII類の差が近似する。副葬品は先行期同様に土器が主体を占め（量は0～4点）、その他にヒスイ製品、土製首飾り、メタテがある。ヒスイ製品はわずか1基にしかみられない。

　特殊行為とその他：ラ・クチージャ地区40号墓人骨で歯牙変形（飾歯）が、30号墓では頭蓋骨土器被覆行為がおこなわれているだけである。

　埋葬姿勢と頭位方向は人骨2体について確認でき、いずれも埋葬姿勢は俯臥伸展葬、頭位方向は東側である。性別は人骨1体のみ同定でき、男性である。年齢は人骨2体で同定でき、20～40歳代であった。

（5）古典期前期（TZ-Ib・Ia期：後400～600年）

　タスマル地区で検出された6基の墓が少なくとも古典期前期に該当する。

　墓壙構造と規模：墓壙構造は全てIV類で、縦長の墓壙を掘り、被葬者と副葬品を配置するものである。規模についてはデータが得られておらず、不明である。しかし、縦長に墓壙を掘り、被葬者と副葬品を配置する空間を得るには、I～III類以上に労働量が必要になると考えられる。また、神殿ピラミッド内に造墓している点においても先古典期までの墓制と異なり、かつ複雑化しているものと想定される。

　副葬品の種類数：全体としては平均3種類である（図4-5）。先古典期のどの墓壙構造よりも副葬品の平均種類数が多い。副葬品は先行期同様に土器が主体を占めるが、そのほとんどが10点以上である。また、土器以外の副葬品もヒスイ製品や黄鉄鉱製品などが多く含まれる。ヒスイ製品は先古典期のものよりもモチーフやつくりが精巧で、点数もはるかに多い。タスマル地区0号墓からは支配者と思われる人物が刻まれた骨製品（笏？）が出土している。

　特殊行為とその他：人骨の情報がほとんど得られていないため不明な点が多いが、埋葬姿勢では屈葬や胡座葬がみられる。胡座葬はカミナルフユやテオティワカンとの関連性を示唆するものである。256点のヒスイ製モザイク、赤色顔料といった他の墓にはみられない特徴を有しており、往時のチャルチュアパ社会のなかでも突出した階層上位者であったと考えられる。

（6）古典期後期～後古典期前期（TZ-II・III期：後600～1000年）

　タスマル地区、カサ・ブランカ地区、ラ・クチージャ地区、ヌエボ・タスマル地区で検出された少なくとも22基の墓が古典期後期から後古典期前期に該当する。エルサルバドル国立人類学博物館所蔵写真データベースによれば、古典期後期に属すると思われる墓が6基以上あると思われるが、出土状況や記録が曖昧なため、参考資料として扱う。

　墓壙構造と規模：墓壙構造がわかるものはI類のみである。参考資料にはIV類と思われる縦長の墓壙を掘った墓がある。このIV類はタスマル地区でしかみられない墓壙構造で

ある。墓壙規模についてはラ・クチージャ地区のI類墓で5.46m³である。その他は全て不明である。カサ・ブランカ地区1号建造物前出土の43体分もの人骨がみつかっており、特殊な埋葬事例と考えられている（大井編2000：69-73）。

副葬品の種類数：全体としては平均0.6種類と古典期前期と比較して少ない（図4-5）。タスマル地区の参考資料を加えても1.1種類である。しかし、タスマル地区の参考資料には大量の土器が副葬されている点で、他地区の墓とはやや性格が異なるように思われる。古典期前期同様に、土器以外の副葬品もヒスイ製品や黄鉄鉱製品も豊富である。一方、カサ・ブランカ地区、ラ・クチージャ地区、ヌエボ・タスマル地区では、土器以外の副葬品をもつ墓はわずか4基で、種類数も少量にすぎない。

特殊行為とその他：人骨の情報はわずかであるが、上述した43体分の一部には頭蓋変形、歯牙変形が施された人骨が含まれている。また、人骨の歯冠部に黒い物質が吸着しているものもあり、異なる歯の装飾文化があった可能性もあるが他に類例がなくよくわからない。また、これらの人骨には殺傷痕や病理痕があり出土状況も考慮すると個人を弔うための埋葬ではなく、特殊な埋葬と考えられる。埋葬姿勢は屈葬や座葬がみられる。

（7）後古典期（後1000年〜16世紀初め）

カサ・ブランカ地区、ラ・クチージャ地区で検出された少なくとも12基の墓が後古典期に属する。参考資料としてタスマル地区出土の2-42号墓1基がある。

墓壙構造と規模：墓壙構造がわかるものはI類とII類である。墓壙規模についてはI類が平均0.75m³、II類が1.63m³であり、墓への労働投下量の差異がうかがえる。8基がカサ・ブランカ地区5号建造物周辺でみつかっている。

副葬品の種類数：全体としては平均1.4種類と古典期後期よりは多い（図4-5）。I類が1.3種類、II類が平均1.8種類であり、墓壙構造の複雑さが副葬品の種類数にも相関している。土器以外の副葬品をもつ墓は4基で、黒曜石製石刃、ヒスイ製品、骨製品、貝殻、土製耳飾りがある。特に黒曜石製品は5号建造物周辺で検出された墓から集中的にみつかっている。同時期の所産として5号建造物正面で検出された異常な量の黒曜石集中遺構があり、関連性が示唆される（Ichikawa 2008）。

特殊行為とその他：人骨情報はわずかであるが、カサ・ブランカ地区2号建造物前で出土した4号埋葬人骨に歯牙変形がみられる（大井編2000）。基本的には座葬で、俯臥伸展葬が1例確認されている。

3．墓からみた社会階層化の過程における画期

（1）先古典期後期

墓壙構造の複雑さと副葬品の種類数に相関関係がみられる。カーらの民族学的研究の成果（Carr 1995）に基づけば、I類よりもII類、II類よりもIII類の方が被葬者の社会におけ

る「垂直位置」、つまり社会的地位が高いと判断される。しかし、副葬品組成に注目すると、やや状況は複雑なようである。最も社会的地位が低いと考えられるI類にヒスイ製品が多い。何度も述べてきたようにヒスイ製品は先スペイン時代全般において宗教的または経済的に重要視された工芸品であり、その所有者は比較的高位な人物が想定される。したがって、墓壙構造の複雑さと副葬品の種類数の関係は整合しない。

　ここで、被葬者の社会における「水平位置」に目を向けてみると、墓の類型に関係なく埋葬姿勢が俯臥伸展葬であることから、共通する死生観や規範にしたがって墓制が営まれていたことが想定される。つまり、墓壙構造の違いはあくまで「同列位相内の複数の異なる集団」を示している可能性がある。

　そして、想定される複数の異なる集団内にはリーダー的人物が存在すると筆者は考えている。例えば、I類のラ・クチージャ地区7号墓、II類のラ・クチージャ地区5号墓では、墓壙規模こそ突出しているわけではないが2種類の副葬品を有し、被葬者は頭蓋変形や歯牙変形の特殊行為が施されている。また、エル・トラピチェ地区E3-7号建造物においても12・13号墓が副葬品をもち、被葬者は歯牙変形が施された人物である。したがって、先古典期後期には「同列位相内の複数の異なる集団」が存在し、各集団内には社会的地位を示す秩序が存在するものの、その集団間の社会的地位の差異についてはまだ明瞭ではなかった時期と推察される。

（2）先古典期終末期

　先古典期後期同様に、墓壙構造の複雑さと副葬品の種類数に相関がみられ、さらに墓壙規模、副葬品の種類数ともに微増傾向にある。しかし、先行期同様にヒスイ製品がI類に入り、各類型にみられる埋葬姿勢や頭位方向も共通することから、共通する死生観または規範を共有する「同列位相内の複数の異なる集団」の存在が想定される。この場合、最も副葬土器数が多い、I類のラ・クチージャ地区40号墓、II類の9号墓が各集団のリーダー的人物であったと推測される。ただし、土器以外の副葬品も少なく、ヒスイ製品は1点、極小のビーズ2点のみである。歯牙変形が施されている人物も1例のみである。資料数が先古典期後期と比べ少ないこともあろうが、集団内・集団間の格差は小さくみえる。第2章第4節の土器分析においてもこの時期には土器タイプ数の減少がみられ、またカサ・ブランカ地区5号建造物が倒壊することなどからも、社会内部に形成されつつあった社会的地位を示す秩序に問題が生じた可能性も考えられる。

（3）古典期前期

　古典期前期の墓制は明らかに先古典期のそれとは異なり、先に記したように墓制変遷の画期と位置づけることができる（図4-5, 6）。これは社会の階層性という点からも同様である。まず、副葬品にみられる大量のヒスイ製品や黄鉄鉱製品は、遠距離交易を統御し、原

材料の確保・加工・管理を担った支配者層の存在を想起させ、支配者層と思しき人物を表現した骨製品は権力表現のための道具であったと推測される。また、最も手の込んだ墓壙構造であるIV類の墓を、神殿ピラミッドにもうけるという点も先古典期とは異なる。社会の象徴ともいえる神殿ピラミッドでの葬送儀礼は、限られた人物のみが参加を許された祖先崇拝にともなう儀礼であり、集団統合あるいは権力を正当化するために必要な一種のイデオロギー装置であったと考えられている（e.g. Fitzsimmons 2009; McAnany 1995）。

　このようにして明確に差異化の図られた突出した階層上位者が出現し、権力の掌握、そしてそれらを正当化するための行為が顕著になってくるのが古典期前期である。先古典期終末期まで存在した「同列位相内の複数の異なる集団」の中から、突出した階層上位者あるいは支配者層が出現したのである。したがって、この時期をチャルチュアパにおける社会階層化の画期と位置づけられる。

（4）古典期後期～後古典期

　参考資料に依拠することになるが、タスマル地区の神殿ピラミッドにおいて引き続き厚葬習慣があったと想定され、一般成員とは異なる階層上位者が存在したと考えられる。同時期にカサ・ブランカ地区で建築活動が新たに再開されており、墓もつくられている。それまで社会の中心的な役割を担っていたタスマル地区の支配者集団とは異なる集団が台頭し活動を活発化させた可能性が考えられる。しかし、墓は副葬品をほとんど有しておらず、カサ・ブランカ地区1号建造物前出土の43体もの集合埋葬や5号建造物の3体の頭蓋骨埋葬から判断するに、これらの墓は人身犠牲や戦いといった脈絡で理解する方が適切といえる。この場合、カサ・ブランカ地区の墓から階層性を抽出することは困難である。

（5）後古典期

　後古典期の社会状況としては、メキシコ中央高原もしくは西部地方から文化の異なる集団が到達すると考えられている（大井編2000; 吉留2013）。したがって、混乱期であったと推測する。そして、古典期後期までタスマル地区にみられたような突出した階層上位者を示すような考古学的証拠がみつかっていない。とはいうものの、墓壙構造の複雑さと副葬品の種類数には相関関係がみられることから、なんらかの階層差や階層秩序が存在したのかもしれない。この場合には、先古典期後期や先古典期終末期のような「同列位相内の複数の異なる集団」というものを想起させる状況である。後古典期にはメソアメリカの広い範囲で墓制が簡素化、または火葬の開始が認められる等、墓制変化の画期でもあり、墓に階層性が表象されなくなった可能性も十分に考えられる。少なくとも、古典期を通じた突出した階層上位者の存在は墓からは想定しにくい状態になっていることが重要であろう。

第3節　チャルチュアパにおける社会変化の画期

　以上、チャルチュアパ遺跡出土の遺構と遺物からみた物質文化の変化の画期、そして墓からみた社会階層化の画期について検討してきた。本章の目的は、先古典期から古典期への移行期にみられるメソアメリカレベルでの社会変化が、メソアメリカの周縁地域に位置するチャルチュアパにおいても同様にみいだせるか否かを検討することであった。結論として、後300〜450年ごろ、つまり古典期前期ごろに多くの文化要素に変化の画期をみいだすことができ、また突出した階層上位者が出現することが明らかとなった。つまり、周縁に位置するチャルチュアパにおいても変化の波が押し寄せたことになる。

　建造物、石彫、土偶にみられる大きな変化は、T・アール（Earle 1997）のいう権力資源のうち社会統合の核となるイデオロギー的側面に急激な変化が生じたことを示唆する。古典期前期（TZ-Ib期）以降、建築様式や建造物配置が変更され、石碑祭壇複合や様式化されたジャガーヘッドの石彫が製作されなくなり、同様に日常生活に関連する儀礼習慣を示唆する土偶も製作されなくなる。一方で、洗練されたヒスイ製品、黄鉄鉱製鏡、支配者と思われる人物を刻んだ骨製品といった希少財が獲得され、神殿ピラミッド内に特定の故人を厚葬するようになる。

　現時点では希少財が他地域からもたらされた完成品なのか、在地の専業集団によって製作されたものなのかの判断は難しい。しかし、希少財を所有することができる時点で、希少財をもたない人々とは差別化が図られている。さらに、同様なタイプの墓が複数みつかっていることから厚葬墓の造営が一時的なものではなく、継続的におこなわれていたと考えられ、祖先祭祀が神殿ピラミッドを介しておこなわれていたと筆者は推察する。タスマル地区出土0号埋葬のように建造物正面とは反対側に墓がもうけられる場合や、墓壙を縦長に深く掘り、視覚的には限られた参加者のみがみられるような厚葬は、秘儀的であり、またそうした神秘性が支配者層の権力を増長する、あるいは権力を正当化するためのイデオロギー装置として機能していたものと考えられる。先古典期のチャルチュアパにみられたイデオロギー装置である石彫は一般的には建造物正面などに配置される。これは、アクセスの容易さから、公共性の高いものであり、またそこで執り行われる儀礼も同様に公共性の高いものであったと考えられる。古典期前期における階層上位者は、こうした伝統を刷新し、秘儀的あるいは独占的なイデオロギー獲得戦略を利用することで社会を再編、そして統合に成功していったのかもしれない。

　では、同一位相の複数の異なる集団が存在し、各集団間の階層格差の比較的緩い先古典期社会から、こうした社会の権力基盤を一変させ、突出した階層上位者となった人々が出現した背景とは、どのようなものであったのだろうか。大都市との接触がその鍵を握る。

註

1）「タルペタテ」とは、いわゆる「地山」を意味し、エルサルバドル一帯で採取できる黄色の土をいう。

2）筆者が発掘調査を担当したラ・クチージャ地区の土偶資料は、河合亜希子によって分析がおこなわれ、2011年に名古屋大学文学部に卒業論文として提出されている。

第5章　周縁と中心が接触する時
——周縁の主体性と独自性——

　第4章において、先古典期終末期から古典期前期への移行期、つまり後300～450年は
チャルチュアパにおける社会変化の画期と位置づけられた。その背景として、カミナルフ
ユやコパンにみられるようにテオティワカンなどの外部由来の新しい文化要素の導入が変
化を促す要因のひとつであったことが想定される。そこで、第5章ではチャルチュアパに
おける外来要素の受容過程について、メソアメリカ南東部における外来要素の出現時期と
その背景、ストロンチウム安定同位体と歯冠計測分析をもちいた人の移動、戦いの痕跡の
検討を通じて考察してみたい。

第1節　メソアメリカ南東部における外来要素の出現とその背景

　先古典期終末期から古典期前期への移行期にみられる社会変化は、メソアメリカ南東
部に限らない汎メソアメリカ的現象であるといわれている（e.g. Grube ed. 1995:4; Sharer
1992:131）。例えば、マヤ低地のペテン地域では、エル・ミラドールやナクベなどの大規
模な建造物群を有していた先古典期社会の活動が衰退し、一方でティカルやカラクムルと
いった諸センターに王朝が誕生し、最盛期をむかえる。

　こうした汎メソアメリカ的現象ともいえる先古典期終末期から古典期前期にかけての社
会変化の背景や要因を検討するうえでとくに重要と考えられているのが、メキシコ中央高
原に栄えたメソアメリカ最大の都市国家テオティワカンである。その都市の起源について
はよくわかっていないが、後200年ごろから急速に発展し、後300年ごろにはオアハカ地
域、マヤ地域、そしてメソアメリカ南東部にまで広範囲に影響がみられるようになる（e.g.
Braswell ed. 2003; Ruiz y Pascual eds. 2004）。そこで本節では、はじめにメソアメリカ南東部
においてテオティワカンの影響が最も顕著にみられるカミナルフユとコパンという大都市
を中心にテオティワカン的要素の出現時期、そしてその社会的含意について検討する。次
に、カミナルフユやコパンの周縁に位置するチャルチュアパにおいてテオティワカン系要
素を中心とする外来要素が、いつ出現し、どのように受容されたのか、考察する。

1. カミナルフユとコパンにおける外来要素の出現

(1) カミナルフユ

　カミナルフユは、グアテマラ盆地に位置し、先古典期中期から古典期後期（前1000〜後900年）までメソアメリカ南東部、マヤ南部地域を代表する大都市のひとつとして栄えた（図5-1）。先古典期後期には、200以上の大小さまざまな建造物、300以上の石造記念物、300点以上もの土器やヒスイ製品が副葬された墓がつくられるなど強力な王権に基づいた社会であったとされている（e.g. Braswell 2003; Kidder et al. 1946; Shook and Kidder 1952）。近隣にはメソアメリカ有数の黒曜石の産地であるエル・チャヤルやイシュテペケ、ヒスイの原産地であるモタグア川がある。カカオの産地としても有名であり、自然資源が極めて豊富な位置にカミナルフユは立地している。

　後300〜450年ごろのカミナルフユはエスペランサ期（後350/450〜500/600年）に相当する[1]。この時期は、とくにテオティワカンとの関係が強く示唆されている。建造物にはタルー・タブレロ様式が採用され、土器としては三脚円筒形土器、さらにテオティワカンが流通を統御していたとされるパチューカ産緑色黒曜石製品が出土するからである。こ

図5-1　カミナルフユ遺跡地図
（Valdés and Kaplan 2000 Fig.2をもとにトレース・加筆）

うした遺構遺物の発見をうけて、テオティワカンとカミナルフユの関係については1940年代から議論がなされてきた（e.g. Braswell ed. 2003; Brown, K. 1977; Demarest and Foias 1993; Kidder et al. 1946; Sanders and Michels 1969, 1977; Santley 1983）。現在のところ、議論の焦点は次の3つに大別できる。

1）**貿易拠点説** Port of Trade（Brown, K. 1977）：自然資源の豊富な地域に位置するカミナルフユにテオティワカンが貿易拠点を形成するという説。この場合、テオティワカンによるカミナルフユ支配はない。

2）**商業帝国説** Economic Imperialism（Santley 1983）：テオティワカンの政治経済戦略の一環としてカミナルフユを支配する説。「支配」という意味においては、テオティワカンの軍事的介入にともなってカミナルフユ文化が破壊されたとする考えもある（大井1994：739-741）。

3）**権力強化説** Status Reinforcement（Demarest and Foias 1993）：カミナルフユの支配層が権力を正当化し、さらに強化するために威信財として外部の器物を入手した結果であるとする説。この場合にもテオティワカンによるカミナルフユ支配はない。

こうした先行研究をふまえつつ、G・ブラズェルはカミナルフユにおけるテオティワカン系要素は一般住居址などにはみられず、神殿や墓の副葬品など極めて限定的な分布を示すことに着目する。さらに被葬者が戦士または戦争のシンボルとされる黄鉄鉱製鏡を所有していることから、カミナルフユにおけるテオティワカン的要素には宗教的性格が強く付加されていると主張した（Braswell 2003：139-140）。加えて、酸素安定同位

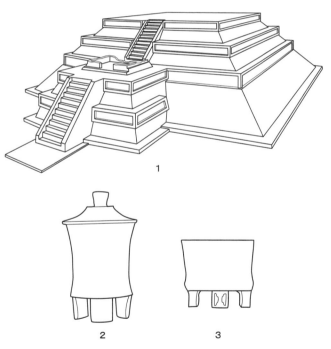

図5-2 カミナルフユ遺跡におけるテオティワカン的要素をもつ遺構と遺物

1. タルー・タブレロ様式のB4建造物、2. カミナルフユ系三脚円筒形土器、3. テオティワカン系三脚円筒形土器（1はKidder et al. 1946 Fig.113、2はKidder et al. 1946 Fig.173、3はRattray 2001: Fig.20をトレース）

体分析から、テオティワカン色の強いマウンドA・Bの墓の被葬者の一部に、カミナルフ
ユ在地または近隣地域出身でありながら、幼年期にテオティワカンで過ごした可能性が高
い人骨が含まれていることを根拠として（White et al. 2000; Wright 1999）、カミナルフユの
支配者層が当時最大の都市国家であったテオティワカンに出向き宗教的洗礼を受けた結
果、テオティワカン的要素がカミナルフユにおいて受容されたと自説を展開した（Braswell
2003：140-141）。換言すれば、カミナルフユがテオティワカン的要素を受動的に受容した
のではなく、最も政治的影響力を有したテオティワカンの威信を利用したカミナルフユ社
会の支配者層が、権力の正当化を図るために能動的に受容した結果であるといえる。少な
くとも商業帝国説のようなテオティワカンによるカミナルフユ支配は現況においては首肯
しがたい。

　この指摘への傍証は、カミナルフユ遺跡でみられるテオティワカン系要素の細部にもう
かがえる（図5-2）。例えば、タルー・タブレロ様式の建造物においては、両者のタルー：
タブレロ比が異なる。テオティワカン遺跡は1：2.5〜6であるのに対して、カミナルフユ
遺跡は1：1である（Braswell 2003：121）。この比率は、むしろメキシコ湾岸やティカル遺
跡建造物群のタルー：タブレロ比と近似している。さらに、マウンドA・B出土の67点の
三脚円筒形土器には、テオティワカン特有の文様をもち、口径：高さの比がほぼ等しいも
のもある。一方で、マヤ的彩色が施され、口径：高さの比における高さが大きいものがあ
る（図5-2.2）[2]。これらの三脚円筒形土器は、テオティワカン独自のものではなく、カミ
ナルフユにおいてその特徴や意味が咀嚼され、製作されたと考えられる。

　なお、ブラズェルはカミナルフユにおけるタルー・タブレロ様式建造物やテオティワカ
ン系要素をもった土器の時期比定を、マヤ低地のティカルやコパンにおいて、年代が判明
している石碑にともなう建造物や土器の分析から試みている。その分析の結果、カミナル
フユではテオティワカン系要素が出現するのは後300年ごろで、胡座葬がみられるマウン
ドAの埋葬III・IVが後450年ごろ、全盛期が後500年ごろで、後600年ごろにはテオティ
ワカンの衰退とともにカミナルフユでもその影響力は衰えていくとしている（Braswell
2003：99-103）。

（2）コパン

　コパン遺跡は、古典期マヤ社会の中心的な政体のひとつで、ホンジュラス西部とグアテ
マラ東部の国境付近に位置する（図5-3）。ヒスイの産地でもあるモタグア川の支流が遺跡
近くを流れている。低地とも高地とも言いがたい自然環境に立地し、浅浮き彫りの石彫様
式、碑文の階段が有名な遺跡である。

　後427年、ヤシュ・クック・モ（Yax K´uk´ Mo）という人物が即位し、コパン王朝が
成立する。それ以前については、まず前1400年ごろから人々の居住がコパンではみられ、
メキシコ湾岸に栄えたオルメカ文化の特徴を有する土器が確認されるなど、かなり早い段

階から遠方の異なる集団との地域間交流を有していたと考えられる（Fash and Fash 2000）。後159年にはすでに王朝らしきものが成立していたと碑文研究から指摘されているが（Stuart 2004）、コパンは周縁の小さな政体のひとつにすぎなかった（Viel 1993, 1999）。そのため、後5世紀初めに突如現れたコパン新王朝の成立背景には、テオティワカンなどの強い外来要素の影響が強く関与していると考えられてきた（e.g. 中村 2007 : 219; Bell et al. 2004; Fash and Fash 2000 : 441 - 449; Sharer 2003, 2004; Stuart 2000 : 490 - 494）。

フナル神殿（Hunal）ではテオティワカン様式と類似したタルー・タブレロ基壇が造られる。さらに、フナル神殿の上に建造物を建造する際、持ち送り式アーチ構造をもつ石室墓がつくられ、その中に初代王ヤシュ・クック・

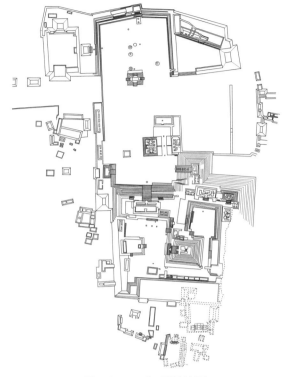

図5-3　コパン遺跡地図
（Fash 1992: Fig.2 をトレース）

モと考えられている人物が埋葬されている。この人物はテオティワカンに特徴的なスパンコール風の貝製頭飾り、マヤ的装飾をもつヒスイが象嵌された貝製首飾りを身につけていた（Bell et al. 2004 : 132 - 134）。

副葬品には、テオティワカン系の三脚円筒形土器や頸部が大きく外反する壺形土器も含まれている。このことからテオティワカン人が直接的にコパン王朝創始に関与したとも想定することもできる。しかし、ストロンチウムおよび酸素安定同位体分析によれば、被葬者はマヤ低地で幼少期を過ごしたと考えられ（Buikstra et al. 2004）、さらに土器型式および胎土分析結果に基づけばマヤ南部高地やメキシコ中央高原との関係があった可能性が高いという（Reents - Budet et al. 2004 : 189）。つまり、王朝創始者であるヤシュ・クック・モ王は、コパン在地出身の人間ではなく、マヤ低地経由でテオティワカンなどの外来要素を積極的に利用しながら権力を獲得し、結果として王朝を創始するに至ったと考えられるのである。

同様に、この後に続くマルガリータ神殿に埋葬された高貴な女性もコパン出身ではなく、青年期以降コパンに居住したことが安定同位体分析から明らかになっている（Buikstra et al. 2004 : 210）。この女性の墓からもテオティワカン的図像（タルー・タブレロ建造物やゴー

グルを身につけた人物）が描かれた三脚円筒形土器が出土している。また、95-1号埋葬からはテオティワカン的図像に特徴的な貝製ゴーグルや複数の黒曜石製投槍器をもった被葬者もみつかっている（Sharer 2003:Fig.5.4）。とはいえ、この被葬者もメキシコ中央高原出身ではなく、ペテン地域またはユカタン半島で幼少期を過ごし、青年期にコパンに移住した可能性が高いことが安定同位体分析から明らかとなっている（Buikstra et al. 2004:210）。

こうしたことから、コパン王朝創始時におけるテオティワカン的要素は、往時の支配者層にとって自らの権力を正当化し、さらに強化するための一部として利用されていたと考えられる。しかし、カミナルフユと異なる点がある。それは、王朝創始に関与した人物（＝ヤシュ・クック・モ）がマヤ低地を起源とする人物であり、その後の建築様式や土器にもマヤ低地の要素（例：絵文書様式土器、マヤ文字碑文など）が多分にみられることである。

繰り返しになるが、安定同位体分析からはテオティワカン人の直接的な移住は現在のところ想定できない。したがって、コパンにおけるテオティワカン的要素は、コパン王朝創始以前の4世紀後半からすでにテオティワカンとの関係を有していたマヤ低地（ティカル、カラクムルなど）やマヤ南部高地（カミナルフユ）から導入されたものと考えられる。王朝創始以降もティカル、カラクムル、パレンケ、キリグアといったマヤ地域を代表する大センターとの政治的関係が碑文から示唆されていることから、コパン王朝の支配者層は多様な地域間交流関係を戦略的に利用し（Sharer 2003, 2004）、外来要素を取り込み継承する、あるいは新たに外部とのつながりを構築することによって、権力を獲得、維持、強化していったものと想定される[3]。

（3）小結

以上の考古学データと解釈に基づけば、カミナルフユやコパンにおいてはテオティワカンの影響が強くうかがえるものの、必ずしもテオティワカンによる直接的支配や統御はメソアメリカ南東部にまでは及んでいなかった可能性が高い（Marcus 2003）。つまり、カミナルフユやコパンにおける支配者層は「テオティワカン」という新たな価値観を自らの権力の獲得・強化・維持のために能動的に受容していったと考えるのが、近年の研究の理解であり、筆者もまたそれを支持する立場をとる。

次に上述の状況をふまえながら、メソアメリカ南東部の周縁に位置づけられるチャルチュアパにおいて、テオティワカン系要素を含む外来要素の受容過程について検討してみたい。

2．チャルチュアパにおける外来要素の出現

カミナルフユから直線距離で約110km、コパンからも直線距離で約110kmのチャルチュアパにおいても、先古典期終末期から古典期前期にかけては、それまでの系譜を辿ることのできない新たな特徴をもつ器物、建築様式、埋葬方法がみられるようになる（表5-1; 図

表5-1　チャルチュアパ遺跡にみられるテオティワカン的要素（先古典期〜古典期）

種類	部位	出土地区	出土位置	時期（推定）	主な共伴物	特徴	図版
三脚円筒形土器	脚部・胴部	カサ・ブランカ	公園正門前・TBJ下	先古典期終末期〜古典期前期	‒	X文付板状脚部を持つ。胴部には幾何学刻線文と赤彩が施されている。	5-4.1
三脚円筒形土器	脚部・胴部	カサ・ブランカ	2号建造物付近・TBJ下	先古典期終末期〜古典期前期	‒	板状脚部を持つ。胴部には縦凹線が施されている。	5-4.2
三脚円筒型土器	脚部	カサ・ブランカ	5号建造物東側・TBJ下	先古典期終末期〜古典期前期	‒	板状脚部。	5-4.3
三脚円筒型土器	脚部	ラ・クチージャ	第IIa層・土壌	古典期前期〜	化粧土削り文土器など	X文付板状脚部。胴部には赤彩が施されている。	5-4.4
三脚円筒形土器	脚部・胴部	タスマル	B1-1建造物北側	‒	‒	板状脚部を持つ。胴部には幾何学刻線文が施されている。	5-4.5
三脚円筒形土器	完形	タスマル	6号埋葬	古典期前期	高台付オレンジ色土器 クリーム地赤彩文付土器	サルが象形されている。口径く高さ（カミナルフユと同じ特徴）。口縁部・胴部に赤彩文が施されている。	5-4.6
三脚円筒形土器	脚部	タスマル	B1-1建造物西	先古典期終末期〜古典期前期	赤彩ウスルタン土器	板状脚部。	5-4.7
三脚円筒形土器	脚部	タスマル	B1-1建造物西・TBJ上	古典期前期前葉	‒	刻文付板状脚部。	5-4.8
三脚円筒形土器	脚部	タスマル	B1-1建造物西・TBJ上	古典期前期後葉	‒	板状脚部を持つ。胴部に赤彩が施されている。	5-4.9
三脚円筒形土器	脚部	タスマル	B1-1建造物北・TBJ下	先古典期終末期〜古典期前期	‒	板状脚部。	5-4.10
三脚円筒形土器	脚部	タスマル	B1-1建造物北・TBJ下	先古典期終末期〜古典期前期	‒	板状脚部。	5-4.11
三脚円筒形土器	脚部	タスマル	B1-1建造物北・TBJ下	先古典期終末期〜古典期前期	‒	板状脚部。	5-4.12
三脚円筒形土器	脚部	タスマル	B1-1建造物北・TBJ上	古典期前期〜	‒	刻文付板状脚部。	5-4.13
三脚円筒形土器	脚部	タスマル	B1-1建造物南	古典期前期〜	‒	板状脚部	5-4.14
水差し形土器	完形	タスマル	8号埋葬	古典期前期〜	高台付オレンジ色土器 四脚赤彩文付土器	「化粧土削り文」（古典期前期〜後期のエルサルバドル西部に特徴的な施文技法）	5-4.15
カンデレーロ	完形	タスマル	14号埋葬	古典期前期	偽ウスルタン土器 高台付オレンジ色土器	上面3箇所に穿孔、側面には渦巻文が施されている。	5-4.16
人物形象香炉	完形	タスマル	‒	古典期	‒	テオティワカン的の頭飾り・耳飾りが装飾された人物が象形されている。耳にはネコ科動物を形象した装飾が施されている	‒
複合型香炉	破片	タスマル	‒	‒	‒	劇場形香炉の一部。テオティワカンに特徴的なT字型の鼻飾りや、耳飾り、頭飾りを有する。	‒
複合型香炉	完形	タスマル	‒	‒	‒	複合型香炉。胴部に貝やヒスイ製品を模した装飾がある。	‒
複合型香炉	完形	タスマル	‒	‒	‒	劇場形香炉。円形の耳飾りを持つ人物が表象されている。	‒
タルー・タブレロ	‒	タスマル	B1-1b建造物	古典期前期	‒	建築材・技法・形ともテオティワカンとは異なる→擬似タルー・タブレロ。	‒
胡座葬	‒	タスマル	B1-1建造物	古典期前期〜後期	‒	胡座をかいた状態で埋葬されている。テオティワカンやカミナルフユに特徴的な埋葬姿勢である。	‒

5-4）。とりわけ、テオティワカン系要素をもつ遺物と遺構が顕著であり、三脚円筒形土器、水差し形土器、カンデレーロ（蝋燭立て）、劇場型香炉、タルー・タブレロ様式の建造物がある。その他、カミナルフユやテオティワカンとの関係を示唆する胡座葬が出現する。以下では、これらの外来要素について、その特徴を詳述し、はたして搬入品であるのか、または在地で製作された模倣品であるのか、考古学的に検討する。

（1）テオティワカン系三脚円筒形土器

　ここでいう三脚円筒形土器は、前節でもとりあげた、テオティワカンに特徴的な円筒形の胴部にいわゆる板状脚部がともなう土器である。チャルチュアパ遺跡では現在までにカサ・ブランカ地区で3点、ラ・クチージャ地区で1点、タスマル地区において7点の計11

点が出土している。

　　カサ・ブランカ地区（図5-4.1〜3）　図5-4.1は、カサ・ブランカ遺跡公園正門建設工事にともなう事前調査で出土した板状脚部と胴部である（Ichikawa 2008:136）。イロパンゴ火山灰層直下から出土し、復元口径は19.4cmである。高さは、脚部と口縁部資料の残存状況から、少なくとも20cm以上と推測される。表面はオレンジ地に白色がかっており、外面には赤彩装飾が施され、内外面とも丁寧な磨き調整が施されている。胎土は、暗褐色土で内側は若干黒く、径1mm程度の茶色粒子と径1mmにも満たない白色粒子を含む。板状三脚は、空洞で外面には「X」字型の深い刻線が施されている。胴部は、底部からやや外側へ向けて立ち上がる円筒形と思われる。口縁部内面1cm程度まで赤彩が施されているが、外面の刻線部分に赤彩が施されていない。胴部には、粗雑な渦巻き文、直線と斜線で構成された幾何学的文様が施されている。

　　図5-4.2は、カサ・ブランカ地区2号建造物北側、イロパンゴ火山灰直下から出土し板状脚部である（大井編 2000:31）。破片のため口径と高さは不明であるが、板状三脚と考えられる。底部は凸型で、若干だが鍔状装飾が施されている。胴部は直線的であり、縦長の凹線が幾条にも施されている。器壁は約8mmと薄い。

　　図5-4.3は、カサ・ブランカ地区5号建造物東側、イロパンゴ火山灰よりも下層から出土している（Murano 2008:104）。破片のため口径と高さは不明である。化粧土は茶褐色で、器面は研磨調整が施されている。胎土は茶色である。胴部との接合部には図9-4.2同様に鍔状装飾が施されている。

　　ラ・クチージャ地区（図5-4.4）　図5-4.4は、ラ・クチージャ地区第IIa層から掘り込まれた火山灰を多く含む土坑から出土した板状脚部である。表面を覆う化粧土は黒色で、胎土に茶褐色で1mm程度の白色細粒子を含む。板状脚部は、他と比較すると薄く平たい。表面には「X」字型の刻線文と刺突文が施されている。胴部内外面には赤彩が施されている。器形は残存状態から浅鉢と考えられるが、この破片からではよくわからない。共伴遺物として、高台付浅鉢形土器、化粧土削り文が施された土器、多彩色土器など、古典期前期から古典期後期に特徴的な土器が多く含まれている。土坑から出土した炭化物の炭素14年代測定では後660〜770年という年代値が得られている。

　　タスマル地区（図5-4.5〜16）　図5-4.5は、タスマル地区B1-1建造物北側基壇の遺物が集中する土坑から出土したと報告されているが、層位学的情報が不足している。高さは推定約10cmである。口径は不明。板状脚部を持ち、胴部がやや外湾する。胴部には、幾何学文様の刻線が施されている。エルサルバドル国立人類学博物館所蔵写真データベースには、多彩色土器と記されている。発掘調査担当者であったボッグスは、テオティワカン

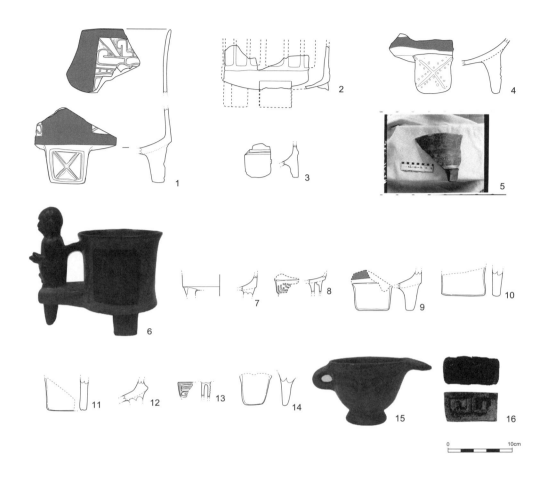

図5-4 チャルチュアパ遺跡出土の外来要素をもつ遺物
1-3. カサ・ブランカ地区出土三脚円筒形土器、4. ラ・クチージャ地区出土三脚円筒形土器、5-14. タスマル地区出土三脚円筒形土器、15. タスマル地区出土水差し形土器、16. タスマル地区出土カンデレーロ（蝋燭立て）（2は大井編2000：図Ⅰ-1-8、3はMurano 2008: Fig.78.14をトレース、5・16はMUNA所蔵データベース）

様式の土器が出土したことを報告しており（Boggs 1943b：128）、同一のものと考えられる。

　図5-4.6は、タスマル地区B1-1号建造物東側の階段北側の古典期前期に属する6号埋葬から出土している。エルサルバドル国立人類学博物館所蔵写真データベースから推測すると、出土位置はイロパンゴ火山灰よりも上層、つまり古典期前期以降と層位的には位置づけられる。高さ約15cm、口径約11.5cmである。サルのモチーフが形象されている。赤色の胎土に黄褐色、赤、緑の彩色が施され、器面は研磨調整が施されている。中身が空洞の板状脚を持ち、胴部は底部から口縁部にかけてやや外反する。口縁内部に赤色帯を持つ。胴部には赤彩が方形に施されている。

第5章　周縁と中心が接触する時　——周縁の主体性と独自性——　*147*

図5-4.7は、タスマル地区B1-1建造物西側に位置する26号試掘坑の第IX層から出土した板状脚部である。化粧土と胎土は茶色であり、粒径1mm以下の白色粒子を含んでいる。器面は研磨調整が施されている。「埋もれた主神殿」から、0号埋葬につづく埋土内から見つかった。0号埋葬脇からみつかった「オレンジ：赤彩・ウスルタン文（Chilanga Red-painted Usulután）」の高台付浅鉢形土器は、先古典期終末期から古典期前期に時期比定されるので、同様な時期に属するものと考えられる。

　図5-4.8は、タスマル地区B1-1建造物西側に位置する26号試掘坑の第IV層から出土した中空の板状脚部である。化粧土はオレンジ色で、胎土はベージュ色である。器面は外側が研磨調整、内側は平滑に仕上がっている。太めの刻線が施されているが、破片のためよくわからない。「埋もれた主神殿」を覆う埋土から出土していること、少なくともイロパンゴ火山灰よりは上層に位置していることを考慮すると、古典期前期以降と位置づけられる。

　図5-4.9は、タスマル地区B1-1建造物西側に位置する26号試掘坑の北側拡張区の第V層から出土した板状脚部である。化粧土は内側にクリーム色が施されている。外側は素地である。胎土は茶色であり、粒径1mm以下の白色粒子を含んでいる。器面は研磨調整が施されている。胴部外側には赤彩が施されている。層位的には「埋もれた主神殿」よりも新しく、アドベ建造物よりも古いことから、古典期前期前半と位置づけられる。

　図5-4.10は、タスマル地区B1-1b建造物北側に位置する25号試掘坑の第IX層から出土した板状脚部である。内外面ともに素地である。胎土は茶色であり、粒径1mm以下の白色粒子や雲母を含んでいる。器面は平滑に仕上げられている。層位的にはイロパンゴ火山灰よりも下層に位置しており、古典期前期前半以前に位置づけられる。

　図5-4.11は、タスマル地区B1-1b建造物北側に位置する25号試掘坑の第VII層から出土した板状脚部である。化粧土はクリーム地にオレンジ色である。胎土は茶色であり、粒径が2〜3mmの茶色粒子、粒径が1mm以下の白色粒子を含んでいる。器面は研磨調整が施されている。層位的にはイロパンゴ火山灰よりも下層に位置しており、古典期前期前半よりも古い時期に位置づけられる。

　図5-4.12は、タスマル地区B1-1b建造物北側に位置している25号試掘坑の第VI層から出土した板状脚部である。化粧土は茶色である。胎土は橙茶色であり、粒径が1mm以下の白色粒子を含んでいる。器面は研磨調整が施されている。層位的にはイロパンゴ火山灰よりも下層に位置していることから、古典期前期前半よりも古くに位置づけられる。

　図5-4.13は、タスマル地区B1-1b建造物北側に位置している25号試掘坑の第I層から出土した中空の板状脚である。素地で、胎土は茶色である。器面調整は粗い。太めの刻線文が施されているが、破片のためよくわからない。表土に近いため撹乱層の可能性もあるが、少なくともイロパンゴ火山灰よりは上層に位置しているため、古典期前期前半以降と位置づけられる。

図5-4.14は、タスマル地区B1-1建造物南側に位置する17号試掘坑から出土した板状脚部である。素地で、胎土は茶色、粒径1mm以下の白色粒子や雲母片を含む。器面には研磨調整が施されている。他の板状脚部とは異なる縦横比をもち、下部にいくにしたがい、やや細くなる形をなす。17号試掘坑の土製建造物の直上、石製建造物内埋土から出土しており、先古典期後期から古典期後期に相当する。

　水差し形土器（図5-4.15）　タスマル地区14号埋葬から1点出土している。器面にはエルサルバドル西部に特徴的な「化粧土削り文」が施されており、在地の装飾技術をもちいて、製作されたものと推測される。

　カンデレーロ（蝋燭入れ）（図5-4.16）　水差し形土器同様に、タスマル地区14号埋葬から1点出土している。テオティワカン由来と考えられる手捏ねの小型土製品で、形状は方形であり、上面には2つないし3つの穿孔が施される。側面には渦巻き状の装飾が施されている。

　人物形象香炉　タスマル地区出土と報告されているが、出土状況などは不明である（Bello-Suazo 2009:41）。堤太鼓状の胴部は、複合型香炉とも類似するため、複合型香炉の下部であった可能性がある。大きさは、27.2×28.3cmである。胴部には漆喰および赤彩が施されている。中央に、ヒトデ状の頭飾りと円形の耳飾り、球状の鼻飾りをつけた人物の頭部が形象されている。耳の部分にはネコ科動物を模した装飾が施されている。残念ながら出土地不明のため時期が比定できない。

　複合型香炉　3点出土している（Fowler 1995:119-120）。ひとつは、劇場形香炉の一部と考えられるテオティワカンに特徴的なT字型鼻飾りと円形耳飾りをもつ人物形象部分であるが、出土地や時期は不明である。

　ふたつめは、麦藁帽子のような最上部、大きな頭飾りを身につけた人物や写実的な貝が装飾されている上部、堤太鼓状の下部からなる複合型香炉である。個人所蔵であるため、出土地や時期は不明である。

　最後は、円形耳飾りをもった人物が表象された上部と堤太鼓状の下部からなる劇場形香炉である。個人所蔵であるため、出土地や時期は不明である。

　タルー・タブレロ様式建造物　タスマル地区のB1-1b建造物であり、テオティワカン建造物に特徴的なタルー・タブレロ様式の建造物と考えられてきた。しかし、タルー：タブレロ比が1：2.5とテオティワカンとは異なること、タブレロの張り出し部分に平石が使われていないことから、テオティワカンのタルー・タブレロ様式とは異なる。そのため、現在では「疑似タルー・タブレロ」と理解されている（Ito y Shibata 2008; Shibata et al. 2010）。イロパンゴ火山灰よりも上層に位置するため、古典期前期前半以降に建造されたと考えられる。

　胡座葬　タスマル地区B1-1建造物西側「埋もれた主神殿」に続く建造物脇（26号試掘抗）の墓壙からみつかった1号埋葬の被葬者の埋葬姿勢は胡座葬であった。この埋葬姿勢は、

古典期前期のテオティワカンやカミナルフユの厚葬墓に主にみられる特徴的な埋葬姿勢でもある[4]（Braswell 2003：125）。第4章第2節で述べたように、それまでのチャルチュアパにおける一般的な埋葬姿勢が「俯臥伸展葬」であったことから、胡座葬の採用は大きな変化の画期と位置づけることができるだろう。

　タスマル地区1号埋葬にともなう副葬土器7点のうち、赤彩装飾が内外面に施された把手付四脚浅鉢形土器2点は、カミナルフユ遺跡マウンドB-I墓出土の多彩色土器（Kidder et al. 1946：Fig.184）やコパン遺跡出土の［Red-On-Brown Scalloped Basal-Molding Bowls］（Longyear 1952：Fig.55）に酷似している。また、粗製椀形土器3点はカミナルフユ遺跡のマウンドA・Bの厚葬墓などから出土する粗製土器［Esperanza Mud：Esperanza Variety］（Wetherignhton 1978：91-93）に酷似している。第2章の土器分析でもちいた土器片の中にはこれらの土器タイプはないので、タスマル地区の限定された人々がこうした外部とのつながりを示唆する器物を所有できたものと考えられる。

3. チャルチュアパにおける外来要素の出現時期と受容背景

　以上、メソアメリカ南東部を代表するカミナルフユ、コパンにおける外来要素の出現と受容背景の検討にくわえ、チャルチュアパにおける外来要素の特徴についてみてきた。最後に、チャルチュアパにおける外来要素の出現時期と受容背景についてまとめておこう。

（1）出現時期

　まず、チャルチュアパにおける外来要素の出現時期は、少なくともイロパンゴ火山の噴火以前であることが、カサ・ブランカ地区出土のテオティワカン系三脚円筒形土器片から明らかである。第3章第2節で述べたように筆者はイロパンゴ火山の噴火年代を後400〜450年ごろに設定しており、それ以前に外来要素であるテオティワカン系要素がチャルチュアパに出現したことになる。それ以外のテオティワカン系要素をもつ遺物と遺構は古典期前期以降（TZ-Ib期以降）に位置づけられる。一方、ブラズェルのカミナルフユ編年に従えば、カミナルフユにおけるテオティワカン系要素は後300年ごろに出現し、後400〜500年にピークを迎え、後600年ごろには消失するとされている（Braswell 2003）。また、コパンでは427年の王朝成立以降に顕著にテオティワカン系要素がみられる。これらの出現年代はチャルチュアパにおける出現時期とも大きく矛盾しないことから、メソアメリカ南東部において多少の時間差はあるだろうが、ほぼ同時期にテオティワカンの影響が各地に拡散したことになる。

（2）受容背景

　次に、外来要素の受容背景である。前述したようにカミナルフユやコパンでは大きな社会変化や新王朝を成立させるほどにテオティワカンの強い影響がうかがえる。一方で、

チャルチュアパでは両者ほどテオティワカン系要素の影響は顕著ではない。量的な問題だけではなく、薄手オレンジ色土器、雨の神トラロックのモチーフ、投槍器も今のところみつかっていない。また、各遺物や遺構はテオティワカンのものと比較すると稚拙であり、また水差し形土器については在地の装飾技術である化粧土削り文をもちいて製作されている点にも注目したい。

　ブラゼルが指摘するように、カミナルフユやコパンにおいては、テオティワカンを含む外来要素をもつ遺構と遺物の限定的な出土状況から、他地域からの支配や管理という強制的あるいは受動的なものではなく、カミナルフユやコパンの支配者層がそれらを能動的に選択し、受容したことが示唆されている。これは、テオティワカンなどの外部との交流もしくは外来要素の受容が支配者層の社会的地位を正当化し、権力を強化するための手段であったとする青山和夫やA・デマレストの主張とも矛盾しない（青山2007：89-92；Demarest and Foias 1993）。一方のチャルチュアパでは、カミナルフユやコパンで想起されるような強い影響を看取することはできないが、外来要素を導入して、それらを手工業生産や墓制に反映させたことは間違いない。

　以上のことから、チャルチュアパは近隣の有力センターであったカミナルフユやコパンの急速な変化を受け、チャルチュアパ支配者層が外来要素を二次的に受容していったと考えられるのではないだろうか。タスマル地区1号埋葬では、テオティワカン以外にもカミナルフユやコパンの厚葬墓にみられるような土器や埋葬姿勢が採用されているところをみると、単にテオティワカン的要素を受容していたわけではなく、カミナルフユやコパン支配者層の影響をも受容していたことを示唆する。換言すれば、先古典期から古典期の移行期にかけてチャルチュアパに突如出現する外来要素は、チャルチュアパの在地集団が他地域の変化に対応するために能動的かつ選択的に受容したものと考えられるのである。

第2節　人の移動：自然科学的アプローチから

　近年、自然科学的方法をもちいた様々な分析技術が発達し、考古学研究に応用されている。例えば、カミナルフユやコパン出土の人骨から被葬者の出自について分析した結果、社会変化をうながした主体者は「在地出身」あるいは「マヤ低地出身」の人物であることが判明している（Buikstra et al. 2004; White 1999; Wright et al. 2010）。前節でチャルチュアパにおける外来要素の出現は、在地集団が能動的かつ選択的に受容した結果であると考察した。では、チャルチュアパの場合も同様に在地集団が変化の主体者だったのか、あるいは外部からの移入者が押し寄せてきたのか。本節では、チャルチュアパ遺跡出土の人骨試料をもちいたストロンチウム安定同位体分析と歯冠計測分析からこの問いについて考えてみたい。

　なお、人骨試料の選定と採取については主に筆者がおこない、ストロンチウム安定同位

体分析は南雅代（名古屋大学宇宙地球環境研究所年代測定研究部）、歯冠計測分析については森田航氏（北海道大学大学院歯学研究科）[5]に分析のご協力、ご教示をいただいた。これらの分析をもとに考古資料とあわせて解釈を筆者がおこなった。

1. ストロンチウム安定同位体分析

（1）分析の原理

　古人骨や歯から人の移動の情報を知る手段のひとつとして、ストロンチウム安定同位体分析があり、考古学分野における有効性が知られている（e.g. Bentley et al. 2002; Ezzo et al. 1997; Knudson and Buikstra 2007; Knudson and Price 2004; Kusaka et al. 2009; Price et al. 2002）。

　ストロンチウムは天然には^{84}Sr、^{86}Sr、^{87}Sr、^{88}Srの4つの同位体が存在する。いずれも安定同位体であり、^{87}Srは^{87}Rbのβ壊変により生じる同位体である。このRb-Sr壊変系（半減期488億年）は地質年代学の分野において、岩石や鉱物の年代決定に広くもちいられている。同時に、岩石鉱物中の^{87}Sr/^{86}Srが岩石生成時のRb、Srの濃度や^{87}Sr/^{86}Sr、ならびに年代の違いによって特有の値をもつことを利用して、物質の起源解明や移動に関する情報を得るための地球化学的トレーサーとしてもちいられている。

　このストロンチウムの性質を利用して、考古学分野では人の移動に関する研究にこれらの分析手法が応用されてきた。人骨試料の場合には、「歯」と「骨」の性質の違いを利用することによって人の移動の有無を検討することが可能となる。まず、「人の永久歯」は個人的な差異はあるものの5歳ごろから13歳ごろまでには歯冠が形成される（White and Folkens 2005）。つまり、歯の分析からは少年期に過ごした土地、またはその土地に生息する動植物を摂取することにより、体内に取り込んだ^{87}Sr/^{86}Sr を反映する。一方、「骨」は、亡くなる直前の十数年間に住んでいた土地、またはその土地に生息する動植物を摂取することにより体内に取り込んだ^{87}Sr/^{86}Srを反映する（Price et al. 2002:118）。したがって、現地性の動植物のみを食していたということを前提にすれば[6]、同一個体の骨と歯の^{87}Sr/^{86}Srを測定することにより、その人の移動の情報を得ることが可能となる。

（2）メソアメリカ考古学研究におけるストロンチウム安定同位体分析

　ストロンチウム安定同位体分析がメソアメリカ考古学研究に本格的に応用されはじめるのは2000年以降である（e.g. Hodell et al. 2004; Price et al. 2000）。テオティワカン、ティカル、コパンなど、大都市における王朝史の起源問題の解決に主に応用され、著しい成果が得られている（e.g. Buikstra et al. 2004; Price et al. 2000; Wright 2005）。

　メソアメリカ全体を包括する^{87}Sr/^{86}Srの基礎的データ整備は、Hodell et al. 2004やPrice et al. 2008によって先鞭がつけられている。D・プライスらはメソアメリカを地質学的に12地域に分類し、それぞれの地域内における人骨・植物・貝の平均的な^{87}Sr/^{86}Sr を提示した（Price et al. 2008:171）。その結果、地域内における差異は0.001未満と小さいが、地

域間における差異はおおよそ0.001〜0.004の差があることがわかり、比較的距離の離れた遺跡間での$^{87}Sr/^{86}Sr$の比較は人の移動を明らかにするために有効であることを示した。

しかし、例えばグアテマラ高地（0.7047）やメキシコ盆地（0.7047）のように約1000kmも離れた地域間でも類似する値を示すことから（Price et al. 2008：171）、データを解釈する際に注意も必要である。とはいうものの、同手法をもちいた研究は世界各国で成果をあげており（e.g. Knudson and Buikstra 2007; Knudson and Price 2004; Kusaka et al. 2009）、その有効性が完全に否定されるものではない。

本研究の対象地域であるエルサルバドルはストロンチウム安定同位体分析に関しては研究空白地帯である。したがって、現況では参考となる基礎データを取得し、将来の研究の可能性を開くということが重要であると考えている。以下、基礎データとなる分析結果を提示したうえで、少ない資料からではあるが、考古資料とあわせて分析結果の解釈をおこなっていくことにする。

（3）分析試料

分析には基礎となる土壌試料と人骨試料が必要である。土壌試料については、エルサルバドル共和国内の異なる9地点で採取し[7]、人骨試料については良好な保存状況と考古学的情報を有する試料4点[8]を分析対象とした。

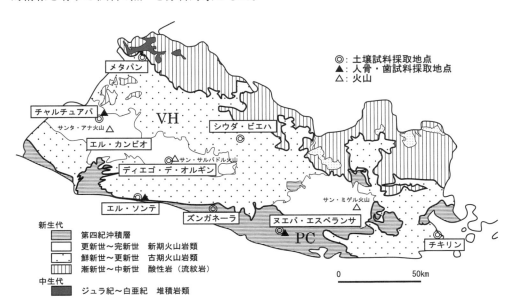

図5-5　エルサルバドルの地質図と土壌・人骨試料の採取地
VH地域：火山堆積層、PC地域：第四紀の沖積層（南他2013 図2より）

土壌試料 土壌試料は、メタパン、チャルチュアパ、エル・カンビオ、ディエゴ・デ・オルギン、ズンガネーラ、エル・ソンテ、シウダ・ビエハ、ヌエバ・エスペランサ、チキリンの9地点で採取されたものである（表5-2、図5-5）。

表5-2 本研究で分析した土壌試料

	試料名	試料の詳細
1	メタパン	イロパンゴ火山灰層より下層の土壌
2	チャルチュアパ	ラ・クチージャ地区5号埋葬に付着した土壌
3	エル・カンビオ	イロパンゴ火山灰層より下層の土壌
4	ディエゴ・デ・オルギン	イロパンゴ火山灰層より下層の土壌
5	ズンガネーラ	表土層（砂層）
6	エル・ソンテ	人骨出土地近辺の土壌および海岸の砂層の2地点で採取
7	シウダ・ビエハ	シウダ・ビエハ遺跡近辺の表層から採取された土壌
8	ヌエバ・エスペランサ	イロパンゴ火山灰より下層の土壌を2地点で採取
9	チキリン	貝塚遺跡の地山層から採取された土壌

人骨試料 人骨試料は、チャルチュアパ遺跡ラ・クチージャ地区から出土した4人骨5試料である（表5-3、図5-6）。

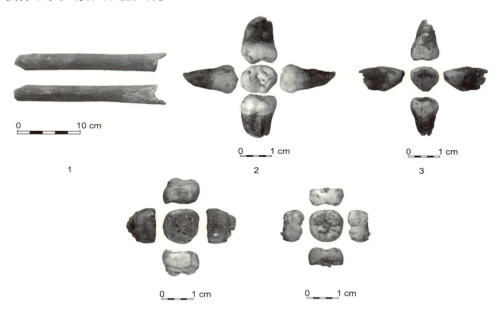

図5-6 本研究で分析したチャルチュアパ遺跡ラ・クチージャ地区出土人骨・歯試料
1. 右大腿骨（36号埋葬）、2. 上顎左第三大臼歯（36号埋葬）、3. 上顎左犬歯（5号埋葬）、4. 下顎右第一大臼歯（6号埋葬）、5. 下顎右第三大臼歯（37号埋葬）

表5-3　ストロンチウム安定同位体分析にもちいた人骨試料

人骨試料	試料の種類	時期	性別	年齢	備考
36号埋葬人骨	右大腿骨（CHA36-B） 上顎左第三大臼歯 （CHA36-T）	先古典期後期	男性	20〜30歳	大量の精製土器が伴うフラスコ状ピットに埋葬された比較的高位の人物であった可能性がある
5号埋葬人骨	上顎左犬歯（CHA5-T）	先古典期後期	男性	25〜40歳	ヒスイ製品を伴った埋葬
6号埋葬人骨	下顎第一大臼歯 （CHA6-T）	先古典期後期	女性	16〜20歳	-
37号埋葬人骨	下顎右第三大臼歯 （CHA37-T）	古典期後期 〜後古典期前期	男性	20〜30歳	-

（4）分析方法

　ストロンチウム安定同位体分析は、名古屋大学年代測定総合研究センターにおいて南雅代の協力のもと実施された。分析方法については以下のとおりである。

　土壌試料は、2.4M HClと1M CH_3COONH_4でリーチングがおこなわれた。それぞれの溶出成分は乾固後、2.4M HClに溶解し、2.4M HClを溶離液として陽イオン交換樹脂カラム（AG50WX8）でSrフラクションが分離された。溶出後の残渣成分に関しては、HF、$HClO_4$により分解され、乾固後、溶出成分と同様の方法でSrフラクションが分離された。$^{87}Sr/^{86}Sr$同位体比測定には名古屋大学年代測定総合研究センターの表面電離型質量分析計（Sector54-30）がもちいられた。^{88}Srのイオン強度は$1.0 \times 10\text{-}11$ A（+/-10%）で、$^{87}Sr/^{86}Sr$比200回測定の平均が採用されている。$^{87}Sr/^{86}Sr$比は$^{86}Sr/^{88}Sr = 0.1194$で規格化された。標準試料はNIST-SRM987がもちいられ、試料測定期間中の繰り返し分析の平均値は0.710242 ± 0.000019（2σ、n = 24）であった。

　人骨試料は、表面の汚れをドリルで除去された後、超純水で繰り返し超音波洗浄され、凍結乾燥された。その後、ステンレス乳鉢をもちいて粉砕された。歯試料は、エナメル質をドリルで削りとる作業がおこなわれた。粉砕した人骨および歯試料に5% CH3COOHを加えリーチングがおこなわれ、続成作用で生じた炭酸塩が除去された。遠心分離後、上澄みは除去され、酢酸不溶成分を超純水で洗浄後、825℃で8時間加熱することによって灰化された。灰化試料は硝酸で溶解され、乾固後2.4M HClに溶解された。その後、2.4M HClを溶離液として陽イオン交換樹脂カラム（AG50WX8）でSrフラクションが分離された。

（5）分析結果

　土壌試料　先に記したように、土壌とそこで育った植物、さらにその植物を食した動物の骨の$^{87}Sr/^{86}Sr$は一致すると想定されており、土壌データの獲得は必要不可欠である。表5-4では$^{87}Sr/^{86}Sr$の測定誤差が2σで示してあり、表中の0.70407（2）は「0.70407 ± 0.00002」を意味している。2.4M HClと1M CH_3COONH_4でリーチングがおこなわれてい

るが、その土地の植物が取り込む土壌の適正な$^{87}Sr/^{86}Sr$としては後者がもちいられている。

　分析の結果、VH地域の$^{87}Sr/^{86}Sr$は、海岸部のチキリンを除くと0.7039〜0.7044であり、Hodell et al. 2004によるVH地域の土壌、植物、水の$^{87}Sr/^{86}Sr$（0.704〜0.705）と一致していることがわかる（表5-4）。VH地域においては、チャルチュアパ遺跡近くからトウモロコシの葉を採取し、$^{87}Sr/^{86}Sr$値を測定している。トウモロコシの葉試料は表面の汚れを落とし、825℃で8時間加熱し灰化された後、硝酸により分解して、前述の骨と土壌と同じ方法で$^{87}Sr/^{86}Sr$が測定された。その結果、トウモロコシの葉の$^{87}Sr/^{86}Sr$は0.70410（2）であり、VH地域の$^{87}Sr/^{86}Sr$の範囲内の値を示した。このことから、VH地域において植物の$^{87}Sr/^{86}Sr$がそこで育った土壌の値を強く反映していることが確認された。

　PC地域においても、Hodell et al. 2004の分析結果と整合する。

表5-4　土壌試料の$^{87}Sr/^{86}Sr$値

採取地点		HCl 溶出成分	CH3COONH4 溶出成分	CH3COONH4 残さ成分
VH地域（古期火山岩類）				
メタパン		0.70372(1)	0.70430(1)	−
シウダ・ビエハ		0.70393(2)	0.70390(1)	0.70380(2)
チキリン		0.70381(1)	0.70670(2)	−
VH地域（新期火山岩類）				
チャルチュアパ	5号埋葬・骨出土	0.70395(2)	0.70390(1)	0.70369(1)
エル・カンビオ		0.70380(2)	0.70391(2)	−
ディエゴ・デ・オルギン		0.70384(2)	0.70437(2)	−
PC地域（第四紀沖積層）				
エル・ソンテ	骨出土	0.70768(1)	0.70813(1)	0.70382(1)
	砂浜	0.70911(1)	0.70914(2)	−
ヌエバ・エスペランサ	1号試掘坑・骨出土	0.70768(1)	0.70771(1)	0.70597(1)
	2号試掘坑	0.70741(1)	0.70808(1)	0.70438(1)
ズンガネーラ	土	0.70713(1)	0.70726(2)	0.70382(2)
	砂	0.70498(1)	0.70508(1)	−

　人骨試料　チャルチュアパ遺跡ラ・クチージャ地区36号埋葬人骨（CHA36-B）の$^{87}Sr/^{86}Sr$値は0.7041（2）であり、採取土壌の$^{87}Sr/^{86}Sr$値である0.7039にほぼ一致している（表5-5）。一方で、歯（CHA36-T）から得られた$^{87}Sr/^{86}Sr$値は0.7047（2）であり、土壌と骨の$^{87}Sr/^{86}Sr$値とは0.0006〜0.0008の差異がみられた。また、5・6・37号埋葬人骨（CHA5・6・37）の歯の$^{87}Sr/^{86}Sr$値（0.7041〜0.7043）は、採取土壌の値に近く、VH地域の$^{87}Sr/^{86}Sr$値（0.7039〜0.7044）の範囲内にある。

表5-5　チャルチュアパ遺跡ラ・クチージャ地区出土人骨・歯試料の^{87}Sr/^{86}Sr値

遺跡	試料	骨（B）	歯（T）
チャルチュアパ遺跡ラ・クチージャ地区	36号埋葬人骨 (CHA36)	0.70407(2)	0.70467(2)
	5号埋葬人骨 (CHA5)	−	0.70423(2)
	6号埋葬人骨 (CHA6)	−	0.70421(1)
	37号埋葬人骨 (CHA37)	−	0.70415(1)

2.　歯冠計測分析

（1）分析の原理

　親族関係や集団関係を明らかにする方法には、ヒトそのもの、つまり人骨を分析することが有効である。頭骨小変異など遺伝性が高い部位をもちいて推測する方法もそのひとつであるが、歯冠計測値を使った分析はより実用性が高いといわれている（e.g. 田中 2008; 長岡・平田 2003; Aubry 2009; Scherer 2004）。というのも、歯はいったん形成されると形やサイズが大きく変わることがなく、子供でも永久歯さえあれば成人とともに分析が可能であるし、人骨の中で最も保存状態の良好な部位でもあるからである。歯冠計測分析は、各個体の必要部位を測定し、最終的にはQモード相関係数といった統計学的手法をもちいて、個体間あるいは集団間の遺伝的近遠関係について検討される。

（2）メソアメリカ考古学研究における歯冠計測分析

　メソアメリカ考古学研究において、人骨の形態的特徴から個体間あるいは集団間の特徴を特定しようとする試みは、1970年代から存在する（e.g. Austin 1978; Saul 1972, 1975; Spence 1974a, 1974b）。歯の形態的特徴に着目した研究は、1990年代以降になって登場する（e.g. Christensen 1998; Haydenblit 1996; Jacobi 1997; Rhoads 2002）。K・P・ヤコビが後古典期から植民地時代の遺跡であるマヤ地域ティプー遺跡（ベリーズ）において、後古典期と植民地時代に異なる形質的特徴が存在することを明らかにした（Jacobi 1997）。また、M・L・ローズはコパン遺跡では少なくとも2つの系譜に基づく集団が存在したことを想定している（Rhoads 2002）。

　しかし、いずれも一遺跡に限定されており、方法論の確立という意味では評価されるものの、地域間比較はWrobel 2003を待たねばならない。続いてScherer 2004では、マヤ地域18遺跡977人骨の歯冠計測分析がおこなわれ、各地域で異なる特徴を示すことからマヤ地域内での人の移動を推定することに有効な手段であることが示された。また、Aubry 2009では、テオティワカン遺跡やチョルーラ遺跡も含めた分析がおこなわれ、メキシコ中央高原とマヤ地域の遺跡との比較を通じて、両者に明瞭な差異があることが示された。

　これらの研究が示すように、歯冠計測分析はメソアメリカレベルでの比較研究にも有効な手段である。エルサルバドルにおける歯冠計測分析については、ストロンチウム安定同

表5-6　歯冠計測分析にもちいた人骨資料

サンプル名	遺跡/地区	時期	性別	推定死亡年齢
LC-25	ラ・クチージャ地区	先古典期後期	−	20 − 30歳
LC-36	ラ・クチージャ地区	先古典期後期	男性	20 − 30歳
LC-5	ラ・クチージャ地区	先古典期後期	男性？	24 − 30歳
LC-6	ラ・クチージャ地区	先古典期後期	女性	16 − 20歳
ET-23	エル・トラピチェ地区	先古典期後期	男性	16 − 20歳
ET-A	エル・トラピチェ地区	先古典期後期	男性	20 − 24歳
ET-C	エル・トラピチェ地区	先古典期後期	−	20 − 30?
SE-1	*サンタ・エミリア*	*先古典期後期*	*女性*	*成人*
SE-2	*サンタ・エミリア*	*先古典期後期*	*男性*	*青年*
TZ-0	タスマル地区	古典期前期	男性？	30 − 40歳
TZ-1	タスマル地区	古典期前期	−	25 − 35歳
LC-37	ラ・クチージャ地区	古典期後期	−	20 − 25歳
NT-1	ヌエボ・タスマル地区	古典期後期	−	−
EZ-1	*エル・ソンテ*	*古典期後期*	*男性*	*30 − 40歳*
CB-3-13	カサ・ブランカ地区	古典期後期	女性	青年
CB-3-14	カサ・ブランカ地区	古典期後期	−	青年
CB-3-15	カサ・ブランカ地区	古典期後期	−	青年
CB-3-19	カサ・ブランカ地区	古典期後期	−	子供
CB-3-25	カサ・ブランカ地区	古典期後期	−	−
CB-3-26	カサ・ブランカ地区	古典期後期	女性	青年
CB-3-27	カサ・ブランカ地区	古典期後期	女性	青年
CB-3-3	カサ・ブランカ地区	古典期後期	男性	35 − 40歳
CB-3-35	カサ・ブランカ地区	古典期後期	−	成人
CB-3-37	カサ・ブランカ地区	古典期後期	−	成人
CB-3-46	カサ・ブランカ地区	古典期後期	−	成人
CB-3-5A	カサ・ブランカ地区	古典期後期	−	青年
CB-3-5B	カサ・ブランカ地区	古典期後期	−	青年
CB-3-63	カサ・ブランカ地区	古典期後期	−	成人
CB-3-6A	カサ・ブランカ地区	古典期後期	−	子供
CB-3-6B	カサ・ブランカ地区	古典期後期	−	子供
CB-3-82	カサ・ブランカ地区	古典期後期	−	成人
CB-3B	カサ・ブランカ地区	古典期後期	女性	成人
CB-4	カサ・ブランカ地区	古典期後期	男性	成人
CB-5	カサ・ブランカ地区	古典期後期	−	−

位体同様に研究空白地帯であり、当該地域では本研究が初めての分析事例となる。

（3）分析試料

　分析試料は、歯の保存状況の良好な34人骨であり、参考資料であるエル・ソンテ遺跡、サンタ・エミリア遺跡の3人骨（斜体字）をのぞき全てチャルチュアパ遺跡出土人骨である（表5-6）。

　チャルチュアパ遺跡ラ・クチージャ地区出土人骨は、第III層から出土した先古典期後期人骨3体と古典期後期人骨1体である。先古典期後期人骨の25号埋葬人骨（LC-25）を除く全ての人骨が先のストロンチウム安定同位体分析の対象となっている。

　チャルチュアパ遺跡エル・トラピチェ地区出土人骨は、E3-7号建造物で出土した33体の人骨のなかで保存状況の良好であった3人骨である。これらは「外部出身の戦争捕虜」と考えられており（Fowler 1984）、もし外部出身者とするならば在地出身者との差異の抽出が期待されるものである。

　チャルチュアパ遺跡タスマル地区出土人骨は、古典期前期に属する0号および1号埋葬人骨である。いずれもヒスイ製品や黄鉄鉱製鏡などが副葬された厚葬墓から出土している。出土土器や大量のヒスイ製品の存在から、他地域との交流関係を有したチャルチュアパ社会の支配者層と考えられている。

　チャルチュアパ遺跡ヌエボ・タスマル地区出土人骨は、8号建造物から検出された1号埋葬人骨である。

　チャルチュアパ遺跡カサ・ブランカ地区出土人骨は、カサ・ブランカ地区1号建造物前から出土した40体を超す人骨の一部である。これらの人骨の中には、頭蓋骨のみの人骨、頭蓋骨に黒曜石片が刺さっている人骨や頸部を切断された人骨が含まれていた（大井編2000:69-71）。大井は「古典期文化の破壊者によっておこなわれた殺戮の跡」としている（大井編 2000:239）。とくにメキシコ中央高原あるいは西部地方からの異なる文化をもった集団であった可能性を指摘している。もしこの仮説が正しいとすれば、被葬者は在地出身者である可能性が考えられる。

（4）分析の方法

　歯冠計測分析は、永久歯の近遠心径と頬舌径の最大径32項目についておこなわれ、基本的に左側の歯が計測にもちいられた。ただし欠損や咬耗がひどい場合は、サンプル数を増やすために右側で代用している。最終的な分析には32項目中、全てのサンプルにみられる12項目を利用している。分析は個体ごとに主成分分析がおこなわれ、個体間変異が明らかにされた。

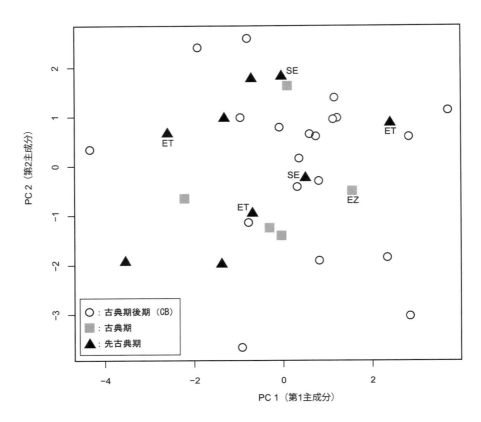

図5-7 チャルチュアパ遺跡出土人骨の歯冠計測値をもちいた主成分分析の結果
ETはエル・トラピチェE3-7号出土人骨、SEはサンタ・エミリア遺跡出土人骨、EZはエル・ソンテ遺跡出土人骨（森田航作成、筆者加筆）

（5）分析の結果

　歯冠計測値をもちいた主成分分析の結果、先古典期・古典期・後古典期にかけて概ね近距離にプロットされることがわかった（図5-7）。ただし、先古典期後期のラ・クチージャ地区出土の6号埋葬人骨や、古典期後期に属するカサ・ブランカ地区3号埋葬出土の20体中8体がやや点群の集中から離れている。しかし、他地域との比較資料を持ち合わせていないため、この距離が有意な差異である否かの判断は難しい。

　さて、前述したように先古典期後期のエル・トラピチェ地区E3-7号人骨は、「外部出身者の戦争捕虜」と考えられていた。しかし、その他の先古典期後期人骨との顕著な差がみいだせないので、在地出身者である可能性が高い。この点については次節においてさらに考古資料を提示し、補強することにする。

　古典期前期・後期出土人骨をみてみると、概ね点群の集中する範囲にプロットされる。

しかし、古典期後期のカサ・ブランカ地区1号建造物前出土人骨にはばらつきが多い。これらの人骨は外部出身者の可能性も少なからず有していることを示している。つまり、1号建造物前の40体を超す人骨は外部出身者と在地出身者が混合したものであった可能性が考えられる。

　他方、チャルチュアパ遺跡から直線距離で約60km離れた沿岸部のエル・ソンテ遺跡（EZ）、東に直線距離で約170km離れたサンタ・エミリア遺跡出土（SE）の人骨がチャルチュアパ遺跡出土人骨と近いところにプロットされている。このデータから、60〜170km圏内では遺伝的な違いがみられないのか、それともいずれも遺伝的に近い集団であったのかについては現在の資料数では判断が難しい。今後の資料増加を待つ他ない。

3.　ストロンチウム安定同位体分析と歯冠計測分析結果の考古学的解釈

　分析資料が少ないため、今後の資料増加が急務ではあるものの、将来的な議論に資するため現段階において可能な限りの考古学的解釈をおこなってみたい。

　まず、唯一人骨と歯のストロンチウム安定同位体分析結果が得られた先古典期後期のチャルチュアパ遺跡ラ・クチージャ地区36号埋葬人骨であるが、人骨と歯から得られた$^{87}Sr/^{86}Sr$値に0.0006の差異がみられた（人骨：0.7041、歯：0.7047）。この差を人の移動によるものと考えれば、先古典期後期ごろには外来者がチャルチュアパに存在していた可能性が示唆される。しかし、先に記したように各地域内では0.001程度の差は看取されることを考慮すると、在地出身であった、あるいはエルサルバドル西部地域内出身者であったのかもしれない。少なくともカミナルフユ（0.7945）やコパン（0.7060）などからチャルチュアパへの移住の可能性は低い。

　次に、外部出身の戦争捕虜と考えられていた先古典期後期エル・トラピチェ地区E3-7号出土の3人骨も歯冠計測分析の結果、在地出身者である可能性が高い。これは次節で後述するように考古学的証拠からも在地出身者である可能性が指摘できる。

　古典期前期・後期の被葬者もまた在地出身者であると筆者は想定している。タスマル地区0号埋葬と1号埋葬の被葬者は埋葬姿勢、ヒスイ製品や副葬品の特徴から外部との関係が示唆されるが、被葬者自体は在地出身者であった可能性がある。ただし、カサ・ブランカ地区1号建造物前出土の多数埋葬については外部出身者と在地出身者の両方が埋葬された可能性がある。

　最後に強調しておきたいことは、分析結果とその解釈に基づけば、チャルチュアパの長い歴史展開のなかで多少の人の移動（遠距離からの移住者）は想定可能だが、少なくとも先古典期と古典期前期のチャルチュアパでは大規模な移住をともなうような人の移動（e.g. Sheets 1983a, 1986, 2009）はなかったと考えられることである。これは本書第2章でも述べたように、建築活動や土器製作の伝統に連続性が認められることとも矛盾しない。

　論旨からやや離れてしまうため詳述は割愛させていただくが、上述したデータに基づけ

第5章　周縁と中心が接触する時　——周縁の主体性と独自性——　*161*

ば、チャルチュアパへの移住あるいは遠距離からの人の移動があったとすれば、それは古典期後期以降であろうと筆者は考えている（市川2014）。

第3節　「戦い」の痕跡

　第1節では、先古典期から古典期への移行期にかけて、メソアメリカ南東部の有力センターであったカミナルフユやコパンに社会変化がみられ、それには外来要素の受容が重要な要因の一つであることを示した。さらにチャルチュアパ社会はそうした近隣の有力センターの変化に呼応するかのように、間接的ではあるが外来要素を能動的かつ選択的に受容していたことを明らかにした。

　そして、続く第2節ではストロンチウム安定同位体分析と歯冠計測分析を通じて、先古典期終末期や古典期前期に、移住をともなうような、あるいは民族集団の交替を示唆するような大規模な人の移動はなかったことを示した。つまり、これらの分析結果は、先古典期終末期から古典期前期への移行期にみられるチャルチュアパ社会の変化の要因を社会内部に求めることができることを示唆している。

　では、社会変化の要因がチャルチュアパ社会内部に求めることができるのだとすれば、そうした変化は平和裡に起きたのであろうか。第4章第2節でみた墓制研究に基づくと、少なくとも先古典期後期から終末期のチャルチュアパには「同列位相の複数の異なる集団」が存在していたことが想定される。これらの集団同士は、共同性の高い性格を有し、相互補完的に存在していたのであろうか、それとも競合・敵対関係にあったのであろうか。

　社会変化を想定させる考古遺物や遺構にみられる大きな変化の要因や背景には、交易や戦いなど、さまざまな社会的要因が複雑に絡み合っているとされる（e.g. 植木編1996）。その中でも「戦い」に関する議論は、後述するようにマヤ地域の歴史や発展過程を再構築する上で重要な視座を提供しつつある（e.g. Aoyama 2005; Inomata 2008; Webster 1993）。そこで、本節では、「戦い」に着目し、チャルチュアパというひとつの社会内部に、利害関係の絡んだ複数の異なる集団が存在し、相互のせめぎ合いが存在したことを示す。

1.「戦い」に関する分析の視点

　考古学における戦争とは「多数の殺傷をともない得る集団間の武力衝突」（佐原1999:59）、「政治集団間の組織的な武力紛争」（関2012:276）といった定義のもと理解、使用される。

　他方、植木武は「闘争」と「戦争」の違いについて、前者が組織内部における争いであるのに対し、後者は組織対組織における争いであるとしている。つまり、闘争とは内部抗争であり、戦争とは外部抗争であると区別している（植木1996:129）。マヤ考古学における戦争研究の第一人者でもあるD・ウェブスターは、マヤ地域の場合には同じ言語

 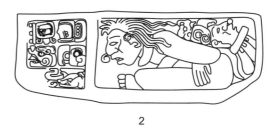

図5-8 マヤ地域における戦いの痕跡を示す考古学的証拠
1. ヤシュチラン遺跡リンテル8号（Schele and Miller 1986: Fig.V.3をトレース）、2. ツィバンチェ遺跡17号石造記念物（Nalda 2004:58をトレース）

集団同士あるいは文化的背景をもつ集団同士の内部抗争であると区別している（Webster 1999:343）。ただし、マヤ地域における言語は少なくとも30にも分類され、互いに意思疎通が難しいともいわれている。また、各地の建築、土器、石彫などの文化要素にも多様性がみられることから、内部か外部かの厳密な判断は難しいという側面もある。さらに、異なる政治集団間の組織的武力衝突を考古資料から見極める作業は容易ではなく、同一集団内あるいは各個人間の衝突も恒常的に存在していたと考えられる。そこで本稿で扱う資料については、より包括的な意味として「戦い」という言葉をもちいてすすめていきたい。

　日本と世界の戦争に関して論じた佐原眞は「戦争」を証拠だてる考古学的資料として次の6つの指標をあげている：①守りの村＝防禦集落、②武器、③殺傷人骨、④戦士・戦争場面の造型、⑤武器の副葬、⑥武器型祭器である（佐原1999:60）。ウェブスターはマヤ考古学における戦争を示す証拠として、①防御遺構、②武器、③殺傷人骨、④文字史料、⑤図像資料、⑥破壊行為、⑦急激な文化変化、を挙げている（Webster 1993:422-423）。前三者は佐原の指標と共通するところがある。文字資料と図像資料はマヤ地域の戦争研究の飛躍的な進展をうながしてきたが（図5-8）、佐原のいう戦士・戦争場面の造型に対応するだろう。破壊行為については、近年、戦争と儀礼との関連が注目される流れにあって重要な証拠である。火災痕跡、生け贄、建造物・石彫・土器など器物の儀礼的破壊、いわゆる終結儀礼（Termination Ritual）もこの範疇に含まれるという（Brown and Garber 2003:2）。急激な変化とは、センターの突然の放棄、セトルメント・パターンの変化、外来の土器、芸術様式の導入などから示されるものである。

　これらの指標をふまえ、実際には、遺跡から検出される複数の指標をもちいて検討することが必要とされる。筆者が着目したい点は、戦争あるいは闘争の痕跡が物質化、そし

て可視化されているという事実である。とりわけ、図や文字に戦争の場面や戦士、捕虜といったモチーフが描かれることは、「戦う」という行為自体の存在を示すだけでなく、戦いにまつわる思考や宗教がすでに社会に定着していた状況の反映とみることも可能となる（松木2001:12）。また、支配者が戦闘自体をコントロールしていることを被支配者に示す手段ともなる点で重要である（関2012:283）。本研究もまた、こうした視座に注目してすすめていくことにする。

　先行研究では、碑文や図像学的証拠のないマヤ低地の周辺地域やさらに地理的周縁地域、そして先古典期全般については、その困難さもあいまってほとんど「戦い」という視点は重要視されてこなかった（Webster 1993:427）[9)]。しかし、少なくとも先古典期中期（前1000～400年）には、農耕が存在し、公共建造物の建設や石造記念物の建立が開始される。そして、その後、個人あるいは集団間にさまざまな格差が生じるようになる。つまり、戦争の規模や意味という点において古典期のそれとは異なる可能性があるものの、個人間あるいは集団間の戦いは先古典期には存在していたと考えるのが妥当であろう（Webster 1999:346）。

　上述した研究背景および問題意識のもとに、チャルチュアパ遺跡における戦いの痕跡と考えられる考古学的証拠を析出し、その社会的含意について考察する。

2. 先古典期後期から古典期前期にかけての「戦い」の痕跡

(1) エル・トラピチェ地区、ラ・クチージャ地区、カサ・ブランカ地区

　エル・トラピチェ地区E3-7号建造物出土の集団埋葬　エル・トラピチェ地区の中心建造物群から東に約250mに位置するE3-7号建造物出土の33体の人骨は、「外部出身の戦争捕虜」と考えられている（Fowler 1984）。共伴する土器から、前100～後100年ごろ、つまり先古典期後期（CB-IIa期）と位置付けられている。「外部出身の戦争捕虜」とする根拠は、①墓への労働投下量が小さいこと、②一部をのぞき副葬品がないため、被葬者は外部出身者と想定できること、③俯臥伸展葬であること、④頭蓋骨のみ出土する人骨、または一部に切断痕が看取できる人骨があること、⑤判別できる被葬者は全て男性であること、である。しかし、次の理由からE3-7号建造物は「社会内部の異なる集団間の戦いで敗れた人々の埋葬地」ではないかと筆者は考えている。

　はじめに、埋葬姿勢が同時期のチャルチュアパにみられる一般的な俯臥伸展葬であることから（市川2012a）、被葬者は在地集団と同じ死生観をもつ人々であると推測できる。また前節で述べたように歯冠計測分析から他の先古典期人骨との間に顕著な形質的差異がみとめられないこともからも補強される（図5-7）。

　つぎに、層位学的にみてみると33体の被葬者は全てが一度に埋葬されたわけではなく、少なくとも3度にわたり継続的に埋葬されている点を考慮する必要がある（Fowler 1984:606）。各々に1体ずつ副葬品をもつ被葬者が含まれ、そのうち2体は歯牙変形が施さ

れている。つまり、33体の被葬者の中では比較的高位の人物と考えられ、集団を率いた
リーダーであった可能性がある。

　最後に、被葬者は戦争捕虜となり人身供犠に供せられたと考えられている点を再考する
必要がある。仮に先の被葬者が外部出身の戦士であり、供犠に供せられるならば、中心
グループを形成する神殿ピラミッド群に捧げられるのではないだろうか。人身供犠は当時
の世界観や宗教観に裏打ちされた儀礼行為であるとすると（Oliver y Lopez Lujan 2010）、
E3-7号建造物は中心グループから隔離された場所に位置しており、当該社会にとって重
要な人身供犠をおこなう適切な場所として疑問が残る。さらに、マヤ南部地域の墓制研究
に基づけば（市川2012c）、人身供犠と考えられる埋葬のほとんどは二次埋葬である。E3-7
号建造物の埋葬は殺傷痕が看取できるとはいえ、27体が一次埋葬であり、俯臥伸展葬で
ある。加えて24体が繊維質の物質によって包まれ、13体には赤色顔料が塗布されるなど、
丁重に埋葬されており、人身供犠に供せられたとは言いがたい。

　こうした証拠から筆者が考える戦いのシナリオは、社会内部の異なる集団同士の戦いで
あり、戦いに敗れた集団が死者を祀るために、中心建造物群よりもやや離れた場所に埋葬
場所を設けたのではないかとするものである。埋葬行為が3度にわたっておこなわれてい
ることを考慮すると、複数回にわたって社会内部で戦いがあったのかもしれない。副葬品
をもち歯牙変形が施された人物は敗者側のリーダーであり、残りの人物は戦いに参加した
その集団構成員という構図が描けるだろうか。

　人物形象土偶　ラ・クチージャ地区では、墓や貯蔵穴と考えられるフラスコ状ピットに
ともない463点の土偶片が出土している。注目したい土偶は1号フラスコ状ピット出土の
後ろ手にされた人物形象土偶と、3号フラスコ状ピット出土の頭飾り・胸飾りが豪華で、
背部に道具のようなものを背負っている人物形象土偶である（図5-9.1, 2）。両方ともラ・
クチージャ地区第III層出土で前50〜後150年ごろ、つまり先古典期後期（CB-IIa期）と
位置付けられる。

　後ろ手にされた人物形象土偶は坐位で、紐状のものが首に巻き付けられているが、衣服
をまとっておらず、頭部は欠損している。後ろ手にされた人物のモチーフは、マヤ地域に
限らずオアハカ地域など広くメソアメリカでみられ、戦いの結果捕われた「捕虜」と解釈
されている。例えば、マヤ低地ツィバンチェ遺跡の古典期前期の石彫には後ろ手にされた
人物表現とあわせて、「○○（「場所」を意味する単語）に入り、○○（人物名）を捕獲した」
「○○（人物名）は○番目の捕虜である」を意味するマヤ文字が刻まれている（図5-8.2;
Velásquez 2004：84-85）。マヤ地域では、後ろ手ではないものの、石彫や壁画に裸で両手、
首、身体を縛られている人物が、王と思しき人物に踏まれている図像が表現されることが
あり（ボナンパック遺跡、ナランホ遺跡、アグアテカ遺跡など）、戦争捕虜と解釈されている
（Miller and Taube 1993）。また、首に巻き付いている紐状のものは捕虜を示唆する特徴と理

図5-9 チャルチュアパ遺跡ラ・クチージャ地区出土土偶と関連表現
1. 後ろ手にされた土偶（ラ・クチージャ地区・先古典期後期）、2. 頭飾り・胸飾りを身につけた土偶（ラ・クチージャ地区・先古典期後期）、3-5. イサパ遺跡出土の先古典期後期の石碑（Norman 1976：Fig.3.4, 3.5, 3.9をトレース）

解されている（Baudez 2004：62）。

　以上のことから、ラ・クチージャ地区出土の後ろ手にされた人物形象土偶もまた戦いの結果「捕虜」になった人物を表現していると解釈することが可能であると考えている。頭部欠損については、意図的か否かの判断が破損部の摩滅のため不明である。もし意図的ならば、「後ろ手」表現と紐状のものとあわせて「捕虜」とする解釈の蓋然性がより高まると思われる。

　一方で、豪華な装飾品に身を包んだ人物形象土偶がある。頭飾りには輪状の装飾品をつけている。首飾りは刻線模様が施された方形の飾り板と複数の円形状装飾品によって構成されている。第4章第1節でも触れたように、チャルチュアパ遺跡出土土偶にみられる胸飾りは、円形または方形装飾品単体という簡素なものが多く、この豪華な装飾品を身につ

けた土偶は通常製作される土偶とは異なる意味を有するものと推察される。その特異性は、背後に身につけたL字状の道具からもうかがえる。この道具は図像学的類似から権力の象徴と考えられている「棍棒」または「笏」を表現している可能性があると筆者は考えている。

このL字状の道具に類似した図像は、メキシコのチアパス州太平洋沿岸部に位置するイサパ遺跡出土石造記念物のうち、3・4・5・9号石造記念物に描かれている（図5-9.3〜5）。チャルチュアパとほぼ同時期に栄えたイサパ遺跡では89基の石碑が報告されている（Lowe et al. 1982）。このイサパ遺跡に特徴的な石碑の様式は、グアテマラ高地のカミナルフユ遺跡や後述するチャルチュアパ遺跡1号石造記念物にうかがえ、現在のメキシコ・チアパス州からエルサルバドル西部にかけて共通の石彫文化圏が形成されていたことを示す。L字状の道具は、いずれも超自然的な神または支配者層と解釈される人物が手にもっている。この道具は「棍棒」または「笏」と考えられ、権力の象徴であると解釈されている（Norman 1976:82）。このことから、頭飾りと胸飾りを身につけた土偶は、チャルチュアパ社会のなかでも比較的高位の人物を表現していると判断できそうである。少なくとも、チャルチュアパ先古典期後期社会には、後ろ手にされてしまう人物と豪華な装飾品を身にまとい権威の象徴である道具を有する人物が存在し、その両者に社会的差異が存在したことが推察される。

石彫の破壊　エル・トラピチェ地区E3-1号建造物前出土の1号石造記念物は、チャルチュアパ遺跡唯一の文字列をもつ石彫である（図5-10.1）。文字列Bの「ウィナル（20日から成る月）」という暦と関連する文字以外は解読不可能である。大部分に敲打・削平した痕跡があり、文字列は意図的に削除されたと考えられる。一般的に文字化される内容は、暦、王朝史や戦争などの重要な出来事である。それらが消去されたという事実は、社会内部あるいは外部集団との衝突を想起させる。頭飾りをつけ、左手に何かを持っている坐位の人物が刻まれているが、詳細は識別できない。

石彫は、イロパンゴ火山灰層に覆われているため、後400〜450年以前に製作されたことは明白である。また、メソアメリカ太平洋岸地域では少なくとも古典期前期の日付をもつ石碑がないことから（伊藤2001:38）、1号石造記念物は後300年以前に製作されたものと考えられる。さらに、1号石造記念物よりも下層から出土した4号埋納遺構の炭素14年代測定の結果が、後145±38年であることを考えると（Sharer 1978 vol.III:116）、石彫は後150〜300年の間に製作され、使用されたのち、破壊されたと考えられる。

また、1号石造記念物と同じ軸線上からは、様式化されたジャガーヘッドの石彫が壊れた状態でみつかっており、同様に破壊を受けたものと考えられる（図5-10.2）。

この破壊の背景には、社会内部の異なる集団同士の戦いがあったと筆者は推察している。まず、エル・トラピチェ地区の建造物群が機能している時期にカサ・ブランカ地区に

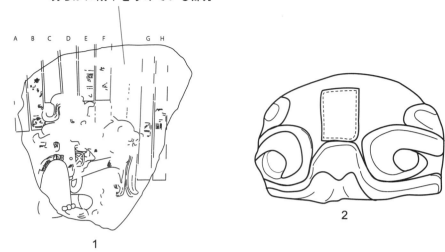

図5-10 チャルチュアパ遺跡エル・トラピチェ地区出土の破壊を受けた石彫
1. 1号石造記念物、2. 3号石造記念物（Anderson 1978: Fig.3, 4をトレース）

おいて建造物群の建設が始まるが、その後、次第にエル・トラピチェ地区における建築活動は衰退していく。カサ・ブランカ地区5c建造物正面では石碑祭壇複合が設けられており（Ichikawa 2008）、カサ・ブランカ地区建造物群が新たに社会の中心的役割を担うようになったと考えられる。こうした社会の中核となる神殿ピラミッド群の変化を考慮するならば、エル・トラピチェ地区出土の1号石造記念物の破壊は、新しく当該社会の中心地をカサ・ブランカ地区に構築した集団によるものではないかと推察される。

　エル・トラピチェ地区とカサ・ブランカ地区の建造物配置パターンや土器型式の連続性を加味すると、石造記念物の破壊と中心地の転換は社会内部の異なる集団間の戦いの結果と考えられる。もし外部集団に起因するとするならば、異なった建造物配置や新しい土器型式などが出現することが予想されるが、そうした痕跡は現在のところみつかっていない。

　建造物の破壊：カサ・ブランカ地区5c建造物では、厚さ約0.2mのイロパンゴ火山灰層の下から土製建造物の壁面や床面が壊れた状況でみつかっている（Murano 2008）。火山噴火による影響とも考えられるが、火山灰層とこれらの痕跡の間には茶褐色層を観察することができるため、直接的な噴火の影響というよりも、噴火以前に倒壊していた可能性が高い。時期については、イロパンゴ火山灰層より古いことは確実であり、5c建造物床面と火山灰層の中間層からは、古典期前期に特徴的な高台付浅鉢形土器片や、メキシコ中央高原テオティワカン遺跡に特徴的な三脚円筒形土器の脚部破片も出土していることから、後300～450年ごろ、つまりCB-III期と考えられる。

以上の痕跡が、時間経過とともに起きた自然倒壊・劣化の痕跡か、人為的な痕跡つまり建造物の破壊とするかの判断は難しい。しかし、メキシコ中央高原テオティワカンに特徴的な三脚円筒形土器が出土し始めるのは示唆的である。前節までに述べたようにチャルチュアパでは、テオティワカンとの直接的な相互関係は想定できないし、テオティワカン人が直接チャルチュアパに到来したことも想定できない。つまり、チャルチュアパ社会内部に「外来要素を積極的に受容しようとする在地集団」が存在していたことを示す。

　第2・4章で明らかにしたように後300〜450年にかけてチャルチュアパ社会の中心地がカサ・ブランカ地区からタスマル地区に移行すると、建築様式・墓制・石彫様式といった文化要素が連動して変化する。さらに、0・1号埋葬にみられるように他地域から獲得できる工芸品や希少財を保持することで権力を表象しようとする個人または集団の存在も明らかになった。そして、これはカミナルフユやコパンにみられるように、外来要素を利用して権力を獲得・維持・強化しようとする支配者層の能動的な適応戦略に基づくものと想定される（市川2012b：132）。つまり、カサ・ブランカ地区5c建造物の破壊は、中心地をタスマル地区に移し、かつ「外来要素を積極的に受容しようとする在地集団」が出現し、台頭したことによって生じた出来事と理解できるであろう。

（2）タスマル地区

　TZ-Ib期以降は、上述したような「戦い」と言えるような痕跡が現在のところみつかっていない。これは、「外来要素を積極的に受容しようとする在地集団」の支配体制が整い、チャルチュアパ社会内部における複数の異なる集団間の緊張関係が比較的緩い社会であったことを示すのであろうか。戦士または戦いのシンボルとされる鏡の一部と考えられる円盤形石製品やヒスイ製モザイクが出土しているので、戦いが存在した可能性がないわけではない。しかし、その証拠は先行期と比較して可視的ではないことから、戦いが存在していたとしても、その意味合いがやや異なっていたものと考えられる。

3. チャルチュアパにおける「戦い」の背景

　以上の「戦い」の痕跡の検討からも、チャルチュアパ社会内部に複数の異なる集団が存在したことが、改めて想定できよう。本章第1節において、近隣地域の研究や考古資料から、チャルチュアパにおける外来要素の受容は在地集団による能動的かつ選択的受容の結果であるとした。しかし，その在地集団は必ずしも利害の一致する社会集団ではなかったのである。

　では、こうした戦いの目的や社会における位置づけについて考えてみたい。マヤ地域の戦争の目的や機能については、①儀礼としての戦争、②資源獲得のための戦争、③権力争いとしての戦争、があるという（Webster 1999：349-350）。いずれも背景にリーダーや支配者層の存在を想起させるものであり、戦争が社会の内部発展や支配者層の権力拡大に際し

て重要な位置を占めるという視点である。

　先古典期後期後半から先古典期終末期にかけてのチャルチュアパでは小規模ではあるものの戦いが存在し、それらが繰り返し生じていたことが想定される。この時期チャルチュアパはマヤ南部地域の中でも著しい発展をとげる（Sharer 1978 vol.III：209）。高さ20mを超すチャルチュアパ最大の土製建造物E3-1-1st建造物をはじめとする建造物群、文字列を持つ石彫、石碑祭壇複合などはその最たる証拠である。こうした証拠からは建造物群の建設や儀礼に必要な労働力を集結し、統御できる支配者層が存在し、イデオロギー的側面を特に強化しようとする意図がうかがえる。しかし、イデオロギーという権力資源が単にそれだけでは脆弱なものであるとすると（Earle 1997：10）、その社会規制は弱く、比較的頻繁に社会内部の異なる集団同士の緊張や小さな戦いが存在していたと考えられる。

　チャルチュアパにおける戦いの痕跡からは、支配者層と一般構成員、あるいは支配者層間、一般構成員間の争いのようなものを想定できるだろうが、現況での判断は困難である。ただし、エル・トラピチェ地区1号石造記念物の破壊については、リーダーまたは支配者集団の交代を促すような③権力争いとしての戦争の痕跡であったと解釈したい。また、カサ・ブランカ地区5c建造物の破壊は、チャルチュアパ社会内部に外部集団とのつながりを強化することによって新たな威信獲得をねらった集団が存在したと考えられ、同様に③のような権力争いという状況が想定される。一方、ラ・クチージャ地区出土の後ろ手にされた人物形象土偶やリーダーまたは支配者と思しき人物形象土偶は、人身供儀のための捕虜を獲得するための戦い、すなわち①のような儀礼の一部としての戦いが存在していたことを示唆する資料と位置づけられよう。

　先古典期に比べて古典期前期以降の戦いについては明確な痕跡が得られなかった。調査区が限られているため資料が獲得できていないということも考えられるが、実際に戦いや争いが顕在化しないほどに支配者層の支配体制が整っていったということも考えられる。ただし、いずれの仮説も今後確実な考古資料に基づき検証される必要があろう。

第4節　周縁社会の主体性と独自性

　第5章では、はじめにカミナルフユやコパンというメソアメリカ南東部を代表する大都市におけるテオティワカン系要素を含む外来要素の受容時期とその背景を検討した。さらに両センターの周縁に位置するチャルチュアパにおける外来要素の出現時期とその背景について検討した。少なくともイロパンゴ火山の噴火直前の後300〜400年ごろにはテオティワカンの影響が見られ、その後はタスマル地区においてのみ外来要素が看取できることが明らかとなった。

　そして、出土点数や各遺構遺物の特徴に基づいて、チャルチュアパ社会における外来要素の出現は、テオティワカンによって直接もたらされたというよりも、近隣の有力都市が

大きく変化する中で、間接的ではあるがチャルチュアパ在地集団によって能動的かつ選択的に受容された結果であると推察した。この推察は、先のストロンチウム安定同位体分析と歯冠計測分析の結果からもうかがわれる。

さらに、「戦い」という視点に着目し、先古典期後期以降のチャルチュアパ社会内部における複数の異なる集団の対立構造の存在を明示した。特にテオティワカン系要素が出現するCB-III期の最後、後300～400年ごろには「外来要素を積極的に受容しようとする在地集団」が台頭し、そうした集団がTZ-Ib期にはチャルチュアパ社会における支配者集団となっていったと考えられる。

同時期に、近隣の有力都市であるカミナルフユやコパンでは、外部出身の支配者層が、新たな権力資源として外来要素、とりわけテオティワカン系の器物を威信財として有し、イデオロギー的側面を強化することによって王朝成立や新たな社会統合のための基盤構築に成功した。もちろん、新たな知識や情報の導入も社会統合を達成するための重要な手段であったに違いない。

こうした有力都市の変化の渦中において、チャルチュアパに存在した複数の異なる在地集団のうち「新たな社会の再編成をもくろむ集団」が主体的に、テオティワカン系の外来要素を受容したと筆者は考えている。ただし、あくまでテオティワカンとの直接的な交流ではなく、カミナルフユやコパンにおける社会状況をうけて間接的・二次的に導入され、利用されたものであり、その影響力は周縁であるがゆえに、カミナルフユやコパンと比してやや薄らいでいた、あるいは異なる意味や価値が存在した。

ここで最後に強調したい点は、チャルチュアパという周縁地域に位置する集団が、他地域からの強制あるいは影響に対して単に受動的または静的な存在であったのではなく、主体ある動的な存在として独自の適応戦略をもって外来要素を受容し、社会を再編しようとした姿が垣間みることができる点にある。

註

1）カミナルフユ遺跡のエスペランサ期の年代観については研究者間で異なる。例えば、Shook and Kidder 1952では後300～500年であり、Wetherington 1978では後400～600年となっている。また、大井1994では「エスペランサ期」という名称はもちいていないが、テオティワカン的要素が存在する時期を後200～500年とし「カミナルフユIV期」と区分する場合がある。

2）ラットレイのテオティワカン出土土器の基本分類（Rattray 2001: Fig.20）では、三脚円筒形土器は、9つに分類されている（図5-11）。

Rattray 2001のa～dは、小さな脚部を持ち、口縁付近が大きく外反する。時期的にはトラミミロルパ期前期（後200～250年）に位置づけられている。

続くトラミミロルパ期後期（250～350年）には、円錐形、円筒形、板状の脚がつく三脚円筒形土器が出現する。表面は茶色、黒褐色、黒色に、赤彩が施されているものがある。中空の板状三脚は非常に少ないが、副葬用として生産されていたようである（ibid:194）。底部付近には"カカオ豆状装飾（Coffee Bean）"が付くものがある（図5-11. g-h）。特に、胴

部に幾何学文様を施され、円錐形三脚を持つ小型円筒形土器が、この時期の特徴である（ibid：194）。

　ショラルパン期前期（後350〜450年）は、テオティワカン社会が最も発展すると同時に、外来との接触機会が増加する時期である。この時期の最も特徴的な土器として、中空の板状三脚が付く円筒形土器が挙げられている（ibid：204）。器形は、平底の底部を持ち、胴部下に鍔状部分が形成されるか、または、粘土装飾が付いている。胴部は真っ直ぐである。胎土は細かな粒子を含む。焼成度合いはあまりよくない。表面は暗赤褐色、暗灰色、茶色などがある。胴部表面には、研磨のみの無装飾もあるが、幾何学文、動物、人物文様が彫られている場合がある。これは、普通の刻文と一部分の削り取りによる技法で、浮彫りの文様を施す技術であり、カミナルフユ遺跡やティカル遺跡出土の三脚円筒形土器にみられる特徴的な施文技術である。浮彫り部分には漆喰も塗られている。中空の板状三脚が増加する。蓋が付くようになる。口径平均は22〜26cmであり、蓋の口径は22〜28cmである。浮彫りが付く型

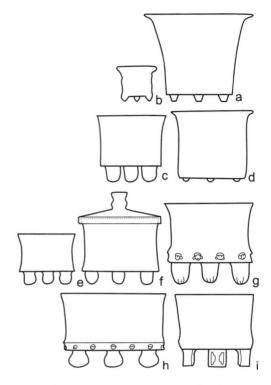

図5-11　テオティワカン遺跡出土
三脚円筒形土器の基本器形
（Rattray 2001：Fig.20をトレース）

式は、口径平均12〜14cmであり、高さは15〜17cmである。

　一方、カミナルフユ遺跡出土三脚円筒形土器は、エスペランサ期に相当するマウンドA・Bから、67点出土している。キダー（Kidder et al. 1946）は、脚部で分類している。板状（さらに中空・非中空に二分）、円錐形、円筒型に分類している。器形については、口径と高さの相関関係から、高さが口径より小さいもの、高さと口径が同じもの、高さが口径よりも大きいもの、の3分類している。高さが口径よりも大きいものに、漆喰や彩色が施される例が多い。表面は黒褐色、暗赤色などが多い。

　テオティワカン遺跡出土の三脚円筒形土器との明確な違いは、カミナルフユ遺跡出土の方が、器高が高く、口径が小さい、細身の形を有することである（図5-2）。脚部は比較的大きく、脚部装飾は、テオティワカン遺跡に特有なT字型装飾がない。胴部の浮き彫りの図像も異なり、カミナルフユ遺跡ではマヤ的要素の濃い図像が彫られる点もその特徴といえよう。

3）なお、古典期コパン王朝前後、すなわち先古典期と後古典期の建築様式・配置、土器などの文化要素は類似しているとの指摘がある（Manahan and Canuto 2009）。古典期コパン王朝の文化要素や政治構造がいかに特殊であったかを考える上で示唆的である。本研究で筆者が強調しているように長期の歴史展開を眺望した研究が重要であることもこの論考からわかるだろう。

4）しかし、胡座葬は先古典期終末期のチアパス高地ミラドール遺跡（Agrinier 1975）、仰臥だ

が胡坐姿勢の埋葬がラ・ラグニータ遺跡（Ichon and Arnauld 1985）などで確認されている。また、地域は異なるが、ベリーズ北部クエージョ遺跡でも先古典期の事例1例を確認している（Hammond 1991）。

5）分析当時の所属は、前者が名古屋大学年代測定総合研究センター、後者が京都大学大学院理学研究科である。

6）先スペイン時代において他地域から食物資源が搬入されることもあったであろうが、荷車などの交通手段が発達しなかったメソアメリカにおいて、それらが搬入先の食生活に大きな影響を与えるほどに搬入されたとは考えられない。本研究ではこれを前提としている。

7）土壌試料は、発掘調査区の断面または露頭断面を精査し新鮮な面を露出させた上で、あらかじめ洗浄しておいたステンレス製移植ごてをもちいて採取されたものである。メタパン、エル・カンビオ、ディエゴ・デ・オルギン、チキリン試料については伊藤伸幸氏（名古屋大学大学院文学研究科）より提供をうけ、それ以外の試料については筆者が採取をおこなった。採取された試料は、全て植物防疫法に基づき農林水産大臣の許可を受けて輸入され、輸入時に植物防疫所の指示のもとオートクレーブ滅菌処理をうけている。

8）人骨および歯の試料のほとんどは保存状態が悪く、良好な試料はエルサルバドルにとって貴重な資料である。エルサルバドルにおける古人骨研究および安定同位体分析においてはこれまで蓄積がないこと、分析用試料は破壊を余儀なくされることから、本研究はエルサルバドル文化庁文化遺産局と協議し、同意のうえ、以下の手順にしたがって試料選定をおこなった。

　はじめに、分析に耐えうる保存状態の良好な試料を選定した。次に、保存状態の良好な試料の形質学的分析を森田航氏に依頼し、最後に将来的な形質学的分析の可能性にも配慮し、骨試料に関しては情報量が比較的少ない大腿骨中間部位、歯試料に関しては左右両方が残る歯種のうち片方を選定することとした。

　ストロンチウム安定同位体分析には第一大臼歯が適しているとする研究者もいる（Price et al. 2008：169）。しかし、人の永久歯は個体差にもよるが5歳ごろから13歳ごろまでには歯冠が形成されるので、その年齢以降の人の移動を想定するのであれば歯種の問題は大きく関与してこないものと考える。

9）石造記念物などの図像学的研究以外のマヤ南部地域における戦いに関連する研究については、カミナルフユ遺跡やチャルチュアパ遺跡の研究がある（伊藤 2001; 大井 1994; 柴田 2001）。また、先古典期マヤ地域の戦いに関連する痕跡はブラックマン・エディ遺跡やセイバル遺跡などでみつかっている（青山2013; Brown and Garber 2003）。

終　章　メソアメリカ周縁社会の特質

　本書では、これまでメソアメリカ考古学において周縁的な存在として扱われてきたチャルチュアパ遺跡の考古学調査とさまざまな考古遺物の分析を中心として、とりわけ先古典期から古典期にかけての社会動態について明らかにしてきた。これらのデータから、終章では、メソアメリカ周縁社会がもつ特質とは何であるのか、メソアメリカ南東部のチャルチュアパ遺跡という限られたデータと解釈からの考察ではあるが、現時点における筆者の考えを、終章にて明示しておきたい。

第1節　連綿とつづく長期の社会活動

　チャルチュアパの最大の特徴は、神殿ピラミッド群を中心とする社会活動が連綿と続いてきたことである。神殿ピラミッド群を中心とする社会活動以外の小規模居住の痕跡も含めれば先古典期前期から後古典期後期、すなわち約2500年もの長期の居住の痕跡がみとめられる。その後の植民地時代、そして現代まで連綿と社会活動が展開されてきたことを考慮すれば、チャルチュアパは3000年以上ものあいだ、幾世代もの人々が住み続けた地でもある。現在も先スペイン時代や植民地時代の遺産と現代の人々が共存するチャルチュアパは、筆者の知る限り、メソアメリカ全体を見渡しても稀有な場所であるといえる。

　こうしたチャルチュアパの特徴については従来から指摘されてきたことではあるものの（Sharer 1978）、ここで改めて強調しておく必要がある。さまざまな研究テーマを扱う時、メソアメリカ考古学では看過されがちな「通時的研究」を可能にすること、そしてメソアメリカ文明史というより大きな枠組みにおいて他地域との比較研究を可能にするための基軸を有していることになる。

　ここでは、チャルチュアパにおける文化要素の変遷をまとめたうえで、より理論的な側面からチャルチュアパの歴史について素描してみたい。

1.　文化要素の変遷

　チャルチュアパにみられる文化要素の変遷をまとめると図6-1のようになる。

　まず、建造物の変遷過程、建造物配置である。チャルチュアパでは通時的に神殿ピラミッド群を中心とした社会活動が展開されてきたが、少なくとも2つの建造物変遷のあり

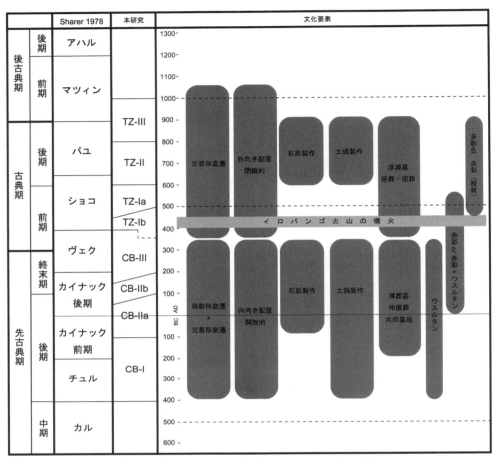

図6-1　チャルチュアパ遺跡における文化要素の変化

方が存在した。ひとつは、複数の神殿ピラミッド群が集まる「地区」が北から南へと移動する「移動型建造物変遷」と呼べるものである。もうひとつはメソアメリカに一般的にみられる重層的な建造物を建設する「定着型建造物変遷」である。社会の核となる神殿ピラミッド群がタスマル地区に移動した先古典期終末期以降は定着形建造物変遷しかみられない。また、古典期のタスマル地区に限っては建造物配置も先古典期のそれとは異なる。移動型建造物変遷は、一時的に併存関係が存在しながら、場所を移して段階的に変遷する。これに対して、定着型建造物変遷は、既存の建造物を不可視化しながら変遷する。したがって、二つの建造物変遷過程の背景には異なる社会的含意が存在することが想定できる。

次に土器に関しては、第2章第3節で詳述したように、チャルチュアパの土器伝統は先行期の特徴を継承しながら段階的に変化することにその特徴がある。通時的にみて、土器における外来要素の受容の度合いは低く、むしろ土器生産という点においては、ウスルタン文のようにメソアメリカ南東部では先進的な技法を有していた。また、コパンで特徴的

であったコパドール多彩色土器をはじめとする複数の精製土器タイプも、チャルチュアパを起源として周辺地域に広がっていった可能性があることからも、土器製作における先進性が認められる。土器製作に関する技術や知識が、通常、先代から後代へと受け継がれていくものであるとすると、チャルチュアパにおける土器伝統は趣向の変化はあったものの、基本的には在地集団の技術や知識が漸次的に変化しながら世代をこえて継承されていったと考えられる。

このように共通する知識や趣向を有しながら段階的に変化する側面がある一方で、先古典期終末期から古典期前期への移行期にかけて急激な変化をしめす側面があった。土偶と石彫、そして墓制の変化である。土偶と石彫の製作活動は、チャルチュアパ社会の中心がカサ・ブランカ地区からタスマル地区に完全に移行した古典期前期にはみられない。墓制については、古典期前期になるとヒスイ製品や黄鉄鉱製品など質量ともに副葬品が豊富で、かつ労働投下量の大きい厚葬墓が、神殿ピラミッド内部に営まれるようになる。この古典期前期における厚葬墓に比類する墓の存在は、現在のところ先古典期にはない。

2. 権力資源論とDual Processual Theoryの観点からみたチャルチュアパ

こうした考古資料にうかがえる先古典期から古典期への通時的変化について、権力資源論（Earle 1997）とDual Processual Theory（Blanton et al. 1996）を緩やかな解釈の枠組みとしてもちいて、より理論的な側面から考察してみよう。

（1）権力資源論からみたチャルチュアパ

T・アールは、人間社会に存在する権力資源として、経済・軍事・イデオロギー的側面に焦点をあてている。彼は、これらの権力資源の操作の組み合わせが時代や地域によって異なることを指摘し、そこに多様な社会の発展過程が存在することを理論的に提示している。この見方を考察に介在させる利点は、単に階層性の有無やその度合いを明らかにするだけではなく、その背景についての深い洞察が可能になる点にある。具体例としては、古代アンデス地域の形成期から地方発展期（前1500〜後700年）にかけての権力の生成過程について明快に論じている関雄二の一連の研究が参考になる（e.g.関2006）。以下、三つの権力資源について、アールと関の見方を参照しながら要約する。

① **経済力**　生活に必要な物資である主要生産物財政（staple finance）の生産や流通、希少な奢侈品など富の財政（wealth finance）を統制することのできる力をさす。他の権力資源を維持し、強化するための基礎となる点で、他の2つの権力資源よりも安定的である。手工業生産、生業などに関連する考古資料に基づき検出が可能である。

② **軍事力**　他者を従わせるための強制力を有した権力資源である。戦士としての首

長の存在は政治的優位性を主張するための効果的な権力資源である。同時に、そうした強制力に対する叛乱の危険性を孕んでいるという点で、必ずしも安定的ではないという側面もあわせもつ。防禦遺構、殺傷人骨、戦闘場面を描いた図像、武器などが軍事力を示す考古資料である。

③ **イデオロギー**　イデオロギーとは、社会や政治組織がどのような構造を有しているのか、なぜ特定の権利や義務が存在するのか、といった社会秩序のあり方を示すものであり、自らの存在意義や支配の正当性を示すための実践を要する。主に、宗教や儀礼といった祭祀と結びついている場合が多い。こうした点において、他者を納得、あるいは魅了させることができなければ、有効な権力資源とはならず、安定的とはいえない。そのため、社会を統治しようとする個人または集団は、物質文化の一部を視覚的に訴えることによって効果的にイデオロギー操作をおこなおうとする（DeMarrais et al. 1996）。イデオロギーの可視化を示す考古資料としては、儀礼や饗宴の痕跡、象徴的器物や図像、公共建造物や景観、文字システムなどが挙げられる。

　では、チャルチュアパではどのような変遷を辿ることができるだろうか。まず、イデオロギー的側面に関しては、先古典期終末期ごろまでは、開放的でアクセスの容易な神殿ピラミッド群の建造物配置や石彫製作と配置にみられるように、公共性の高いイデオロギー統御が、社会秩序を維持すること、あるいはリーダーの権力を強化することにつながったと考えられる。また、神殿ピラミッド群の外域に形成された共同墓地やフラスコ状ピットなどにともなう大量の土偶片の存在は、日常生活レベルにも広く儀礼行為が存在したことを示すものと考えられる。そして、このような公共性の高いイデオロギーの存在は、たしかにリーダーが存在し、社会集団間に地位の差異が生じてはきているが、社会内部に突出した社会的格差を生み出しにくい状況を創出したのかもしれない。

　一方の古典期にはいると、土偶や石彫が製作されなくなり、タスマル地区建造物にみられるように建造物の中心部へのアクセスが限定的となり、葬送儀礼も一部の限られた人々のみが参加できるような状況となることから、イデオロギー的側面に変化があったことがうかがえる。同時に、ヒスイや黄鉄鉱、多彩色土器などを大量に含む厚葬墓の存在は、集団内部の社会格差が拡大し、階層分化、そして突出した階層上位者が出現したことを想起させる。こうしたアクセスの限られた空間の創出や、その空間でおこなわれる儀礼、豊富な副葬品をもつ厚葬墓の存在は、チャルチュアパ古典期社会が、先古典期よりも独占的性格を志向する政治戦略に基づく社会に変化したことを意味する。

　経済的側面については、主要生産物財政と富の財政と2つがあるとされるが（Earle 1997:70-75）、本研究で得られたデータにしたがえば、先のイデオロギー的側面の変化がとくに富の財政に影響を与えていたと考えられる。つまり、先古典期から古典期にかけて

生じた社会内部におけるイデオロギーの変化が、希少財獲得のための交易や地域間交流を活発化させたと想定する。そのなかでもとくにテオティワカンを含めた外来要素の受容が変化を促す要因のひとつとなったと推察している。ただし、この外来要素は、カミナルフユや太平洋岸の諸社会で受容そして改変され、最終的にチャルチュアパの人々、その中でも支配者集団が選択的に受容したものであった。したがって、カミナルフユなどと比較して、その浸透度合いも異なっているし、その社会的含意も異なっていたことが想定される。

　もうひとつの主要生産物財政については、資料が少なく検討が難しいが、少なくとも先古典期後期には畝状遺構がみつかっていることは重要である（伊藤2004）。なぜなら、それは集約度合いの高い農耕の存在を示唆するからである。また、古人骨の炭素窒素安定同位体分析からはC4植物の摂取量が高かったことも判明している（南他2013:12）。メソアメリカで想定されるC4植物はトウモロコシである。また、製粉にもちいられたと考えられる磨石や石皿といった石製品が大量にみつかっており、比較的安定した生業基盤が整っていたことを示している。近隣のパンペ川やクスカチャパ湖などでは、淡水魚を獲得することも比較的容易であったと想像され、チャルチュアパの人々は豊かな食資源を獲得できた環境に居住していたと想定される。一方の古典期の主要生産物については、直接的な資料は得られていないため詳細は不明である。ただし他の遺跡の事例となるが、古典期後期の集落遺跡であるホヤ・デ・セレンにおいては、キャッサバの生産が盛んであったことが明らかとなっている（e.g. Sheets ed. 2002）。

　最後に、軍事的側面については、第5章第3節で説明したように、先古典期には社会内部で異なる集団間のせめぎ合いが起きていたことが想定される。しかし、先古典期終末期のカサ・ブランカ地区5号建造物の破壊を最後に、少なくとも古典期前期には現在までに戦いの存在を示すような痕跡がみつかっていない。この状況を積極的に評価するとすれば、古典期前期のチャルチュアパ社会は集団内部あるいは外部との戦いがなかった、あるいは少なかったと推測することができる。もし戦いが存在したとしても顕在化するほどのものではなく、また物質文化に反映させ可視化することもなかったと考えられる。すなわち、古典期前期以降の支配者集団が新たなイデオロギー戦略や経済戦略に基づいて、チャルチュアパ社会を再編、統合することに成功したことを示しているといえよう。

（2）Dual Processual Theory からみたチャルチュアパ

　上述した権力資源論からみたチャルチュアパ社会像を、さらにDual Processual Theory（e.g. Blanton et al. 1996; Feinman 2001）の観点からも鳥瞰してみよう。

　R・ブラントンらは社会変化における政治戦略の二重性に着目した。彼によれば、政治戦略には独占的性格と共同的性格とがあり、前者がネットワーク戦略（Network Strategy：政治的結婚や威信財交易）、後者が共同戦略（Corporate Strategy：建造物や儀礼などの公共的事業の共有）をもちいることに特徴があると説明する。

終章　メソアメリカ周縁社会の特質　179

表6-1　ネットワーク戦略と共同戦略にみられる傾向（Feinman 2001: Table 2を参照）

ネットワーク戦略（独占的性格が強い）	共同戦略（共同的性格が強い）
中央集権的な富 Concentrated wealth	富の等価分配 More Even Wealth Distribution
個人権力 Individual Power	権力の共有 Shared Power Arrangements
贅沢消費 Ostentatious Consumption	バランス重視の蓄積 More Balanced Accumulation
威信財 Prestige goods	知識管理や規範 Control of Knowledge, Cognitive Codes
主従関係 Patron-client factions	共同作業システム Corporate Labor Systems
専業化・専業集団 Attached Specialization	食糧生産を強調 Emphasis on Food Production
富の財政 Wealth Finance	主要生産物財政 Staple Finance
豪華な墓 Princely Burials	公共祭祀空間 Monumental Public Space
単系血縁システム Lineal Kinship Systems	分節組織 Segmental Organizations
個人的成功によって継承される権力 Power Inherited through Personal Glorification	集団関係や同盟関係に組み込まれる権力 Power Embedded in Group Association/ affiliation
豪華なエリート装飾 Ostentatious Elite Adornment	役割・職能の象徴性 Symbols of Office
個人的成功重視 Personal Glorification	豊穣や雨に関する問題への対処 Broad Concerns with Fertility, Rain

　G・フェインマンは、これらの二つの戦略がどのような側面に反映されているのかという傾向を示し（Feinman 2001:160）、比較の準拠枠を明示した（表6-1）。あくまで傾向であるので、それぞれの程度の違いや組み合わせによって、異なる社会像を描くことができる点が特徴である。大まかに要約するとすれば、ネットワーク戦略を指向する社会では、個人の威信や富、支配者としての強大さを強調するような、ある特定個人や集団が存在し、それらがもつ権力は単系・直系的に継承される。そして、個人的ネットワークを通じて威信財が獲得され、主に社会的地位と関連するような精製品とともに豪華な墓に埋葬されるような個人または集団が存在する社会像が想定される。一方の共同戦略を指向する社会では、共同儀礼、公共建造物、食糧生産を重視し、そのために労働の提供や共有がなされ、支配権は共有される。そして、その継承は単系・直線的ではない。性差を問わず様々な職

掌に従事し、社会的差異化を抑制する傾向にある。大規模な建造物などがあるにもかかわらず、王のような「個人」が特定できない、といった状況が想定される。

　もちろんこの理論的枠組みを安易に適用するには否定的な意見もあるだろう。とはいえ、個人や集団など社会における行為主体者に着目している点、ある発展段階の社会を固定的に捉えるのではなく、様々な時空間に存在した社会集団が有した権力獲得の手段や性格を柔軟に捉えようとする点にDual Processual Theoryの有用性がある（Prufer et al. 2011:201）。同じく周縁地域と位置づけられるような、ホンジュラスのナコ盆地（Urban and Schortman 2004）やマヤ低地の中規模都市における社会変化の過程（Prufer et al. 2011）を論じる際にも有効に援用されており、ここでは、あえて今後の議論の呼び水として以下に簡潔に述べておきたい。

　まず、チャルチュアパ先古典期社会では、集約的労働が必要な神殿ピラミッド、公共性の高い建造物配置、様式化されたジャガーヘッドなどの石彫、無彫刻の石碑祭壇複合、共同墓地、土偶などにみられるように、社会内部の集団間に差異が存在し、リーダー的人物が存在したと思われる。しかし、共同的性格を有した労働提供や公共的な儀礼を通じて社会が統合されていったと考えられ、突出した権力を有した人物は存在しなかったと思われる。一方の古典期社会では、希少財や工芸品の生産と流通を掌握し、また外部要素を選択的に受容し、豪華な墓に埋葬される人々が出現する。また、公共的性格を有すると思われる神殿ピラミッドはあるが、閉鎖的空間の創出、秘儀的な葬送儀礼といったアクセスの限定された場所や祭事の存在が想定される。つまり、先古典期よりも独占的性格が強く、突出した権力を有する個人または集団、すなわち支配者層があらわれ、社会統合がおこなわれていったといえるだろう。ただし、マヤ低地の支配者のように、積極的に石碑などに個人表象をするほど独占的性格を有した支配者層ではなかったと考えられるところに、周縁なるものの性格が垣間みえるのである。

3．長期の社会活動が示す周縁社会の特質

　チャルチュアパの最大の特徴は、先古典期前期から後古典期後期、すなわち約2500年もの間、連綿と続く居住痕跡がみとめられる点にあることは幾度も述べてきた。先古典期中期以降にエル・トラピチェ地区に神殿ピラミッドが建設されて以降は、神殿ピラミッド群を中心とする社会活動が展開された。もちろん、その間にさまざまな側面に変化があった。そのなかでも、とりわけ先古典期から古典期への移行期に、画期となる変化があることを指摘した。そして、この変化は在地集団の能動的かつ選択的な戦略によって生じたものであると結論づけた。

　チャルチュアパは、オルメカ、テオティワカン、マヤといった汎メソアメリカ的に影響をおよぼした、いわゆる中心的な文化や社会を形成した諸集団の直接的または間接的影響を受けながら発展してきたと考えられてきた（Sharer 1978 vol.III:214）。とりわけ、先古

典期から古典期への移行期にみられる社会変化については、テオティワカンによってチャルチュアパが軍事的支配をうけたとする考え（大井編2000）、イロパンゴ火山の噴火によってチャルチュアパ在地集団がマヤ低地へと移住し、その結果一時的に衰退するという考え（Gifford 1976; Sharer 1978; Sheets 1983a）、というようにつねに負のイメージがともなっていた。しかし、同一社会内部の異なる集団同士でのせめぎ合いがあったとはいえ、外部集団による軍事的支配を示す根拠はなく、また火山噴火による壊滅的影響も今日の考古学的証拠からは想定することはできないのである。つまり、社会変化をうながした主役はチャルチュアパ在地集団そのものであったということである。

　また、チャルチュアパ遺跡のデータが示唆する興味深い点は、必ずしもカミナルフユやコパンのように特別な政治的優越性を有していなくとも、政治的に自律した集団として、能動性が担保され、近隣地域と緩やかなつながりをもちながら、常に主体ある動的な存在であったという点である。石彫や土器にみられるように共通する文化要素をもちつつも、採用するモチーフや技術は、チャルチュアパ在地の特徴が強く、独自の戦略によって社会活動が維持されていたのである。したがって、周辺の中心的な社会や都市から強い支配や干渉を受けるわけではなく、またその盛衰に大きく左右されることもなく、極めて長期の社会活動が継続された点にチャルチュアパ社会を構成した集団のしたたかさがうかがえる。

　メソアメリカ南東部では、先古典期後期から古典期前期にかけてはカミナルフユ、古典期前期から古典期後期にかけてはコパンが大センターとして政治的優越を誇る。とりわけ、テオティワカンの影響が拡散する古典期前期のカミナルフユとコパンにおける社会変化は急激であった（e.g. Braswell 2003; Manahan and Canuto 2009）。そして、こうした急激な変化がおきた大センターの周縁に位置するチャルチュアパにおいても、古典期前期に社会変化の画期といえるような変化が認められた。しかし、その変化の振れ幅が小さいという点がチャルチュアパにおける社会変化の特質であり、ここに「周縁なるものの戦略」をみることができると筆者は考えている。

第2節　周縁なるものの戦略

　本書の最後に述べておきたいことは、「周縁なるものの戦略」についてである。メソアメリカ考古学史を紐解けば、大遺跡の調査研究を主体として、「中心から周縁へ」という暗黙の構図のもとに、多くの考古学的解釈がなされてきた経緯がある。筆者は大遺跡や「中心」的な遺跡を調査すること自体を完全に否定するわけではない。なぜなら、本書でも示したように、いわゆる周縁と位置づけられるような地域や都市にも、社会を統括する「中心」となる個人や集団が存在していたからである。どこに「中心」を置き、何を「周縁」とするかは各地域の状況や各研究者によって異なるであろうし、そうした定義付け自体が無意味であるとする立場もあろう。だがしかし、本研究の示唆するところは、これまでど

ちらかといえば負のイメージが付与されがちであった周縁社会とて、意志のある個人または集団が存在し、それらは静的ではなく常に動的な存在として、社会活動の維持や強化のために独自の適応戦略を採用していたということである。

　いわゆる地域の中心となるような都市との政治的社会的距離を保ちながら、自文化や社会を維持あるいは変化させ、政治的戦略の一環として「周縁であること」を積極的に利用した社会も存在したというのが筆者の主張するところである。

　一般的な傾向として、我々は右肩上がりの成長曲線や発展過程を想定しがちであり、またそうした発展過程を是とする傾向にある。しかし、大人口をかかえ、都市的機能を有するような、いわゆる国家段階の社会（例えば、テオティワカンやマヤ低地の大規模都市）は相対的には、常に不安定な状況にあったといわれている（e.g. Flannery 1995:18; Marcus 1998; Parkinson and Galaty 2007:124-125）。つまり、社会が量的にも質的にも肥大化、複雑化すればするほど、その統治には困難が予想され、支配者層の管理や思惑が行き届かなくなる場合が容易に想定できよう。それならば、不安定を助長する社会の肥大化を避け、支配者層の統御が行き届く適度な範囲や状態を持続するという戦略を指向する社会があってもよいのではないだろうか。

　先古典期から古典期への移行期である大変動期、古典期後期のマヤ文明の衰退期という、古代メソアメリカ文明の転換期にあっても、チャルチュアパ社会が持続できたのは、上述したような能動的かつ選択的な適応戦略を有し、社会活動を営んでいたからであると筆者は考えている。カミナルフユやコパンでは、急激な社会発展を遂げた後、人々の居住は継続されるものの様々な社会活動が大きく衰退あるいは停滞する。一方のチャルチュアパでは、発展や衰退といった波が小さく、周辺の動向をうかがいながら、臨機応変に変化に対応する、したたかな人々の姿が描き出されるのである。そして、未曾有の大噴火であったイロパンゴ火山の噴火災害にも屈せず、対応・克服できたのは、社会が柔軟性や高いレジリアンスをもっていたからに他ならない。

　近年のグアテマラ高地や太平洋沿岸部の新たな調査研究の成果においても、カミナルフユの周縁に位置した先スペイン時代の社会の再評価がおこなわれており、本書の主張の傍証となるような見解が得られている。例えば、現在のグアテマラ、エスクィントラ州やサンタ・ロサ・フティアパ州が位置する太平洋沿岸部の諸センターでは、カミナルフユと建造物配置も石彫様式も異なることが指摘され（Bove 2005）、またカミナルフユが太平洋沿岸部を支配していたというような論拠は支持しがたいと考えられている（Bove 2011:112）。さらに、グアテマラ高地の東部でも想定されていたよりもカミナルフユの政治経済的支配が小さかったことが指摘されている（Braswell and Robinson 2011）。つまり、カミナルフユを中心とする政治的経済的支配は過大評価されていたにすぎず、実際には予想されていたよりも周縁社会は能動的かつ選択的に社会活動を営むことができたものと筆者は想定する。もしカミナルフユと連動するように盛衰する中小規模センターがあるとす

れば、それらの中小規模センターを構成していた集団はカミナルフユとの密接な関係を構築していたものと想定される。

　また、時期は古典期後期とやや異なるもののコパンとその周縁地域の研究事例においても興味深いデータと解釈が提示されている（e.g. 中村 2007:109-123; Canuto and Bell 2013; Schortman and Urban 1994, 1995, 1999）。例えば、中村 2007 ではコパンの周縁に位置する各センターの分布やセンター間の距離、建造物の配置や建築様式、そして黒曜石の流通網の観点から、4つの地域的類型化がおこなわれ、「周縁は複数の中心に対応する」と指摘された。さらにそれらの違いは各地の支配者層が作り出した競合するネットワークに基づいていたとする。ここで重要なことは「各地域の支配者層が、共時的にみた場合、それぞれの固有の脈絡に応じて、どのネットワークに参加するか独自の意思決定をしていた可能性があった点を示唆しているからである」（中村 2007:121）というように、周縁社会における人々の能動的かつ選択的な社会活動の存在を指摘していることである。同様に、M・カヌートらは、コパン谷に近いパライソ盆地の比較的近距離に位置する2遺跡の考古学調査を実施し、先の中村らによる4類型化された地域内部にも異なる支配者層の独自戦略がうかがえることを明らかにしている（Canuto and Bell 2013）。

　先にも触れたように、周縁地域における社会変化の過程と背景は、社会構成員とりわけリーダーや支配者層が志向する政治戦略が、共同的性格から独占的性格に変化するというマヤ低地の諸都市と同じ現象であるようにみえる。しかし、大都市の場合には、大都市内部、その他の周辺都市、あるいは資源獲得のための地域間で競合関係が生じた結果として政治的優越性が成立し、大都市が形成される過程が復元できる。一方、チャルチュアパのような周縁社会では、そうした外部との競合関係とは別の原理で緩い変化が生じたものと考えられる。それは、常に地域間交流を通じて外部との接触を保ちながらも、積極的に周縁であることを選択しようとする周縁社会の戦略に起因するものと考えられる。チャルチュアパにおいて先古典期前期から後古典期後期まで連綿と人々の居住が継続されたことは、周縁なるものの戦略が、世代を超えて継承されていった結果であるといえよう。

第3節　今後の課題と展望

　では、こうした周縁社会において能動的かつ選択的な社会活動を可能にする条件とは何だったのか。この問いに答えるための課題は山積みである。喫緊の課題としてはチャルチュアパ自体のさらなる発掘調査にくわえ、チャルチュアパとの地域間交流が示唆される遺跡の考古学調査（例えば、サン・アンドレス遺跡やカラ・スーシア遺跡など）の充実である。E・ショートマンらが指摘しているように、本論で示したようなテーマを扱うには依然としてデータが少ない（Schortman and Urban 1995:439）。近年では、F・パレデスが、エルサルバドル西部に位置する遺跡間の政治的優劣関係を考察している程度である

（Paredes 2012）。パレデスは、複数種類の石造記念物の有無を基本とし、チャルチュアパを頂点する複数の政体がエルサルバドル西部に存在していたと主張している。しかし、チャルチュアパ以外の発掘調査データが十分ではなく、未だ検証の余地が多分に残されているといってよい。

　ここでは、チャルチュアパ遺跡の事例から若干の見通しをたてて、今後の課題と展望を示しておきたい。筆者がチャルチュアパ遺跡を重要であると考えているのは、遺跡の立地、豊かな生業基盤、そして手工業生産の三点によるところが大きい。第一に、遺跡の立地であるが、チャルチュアパ遺跡は南北を1500m級の山脈に囲まれた盆地に位置し、東西に抜ける際の交通の要所であったと考えられている（Sharer 1978 vol. III:210）。より詳細な空間分析や自然環境に関する研究が必要なことはいうまでもないが、とくにチャルチュアパ遺跡よりも東に位置するサン・アンドレス遺跡やケレパ遺跡にとっては、チャルチュアパ遺跡は外部の新しい文化要素、知識や情報を入手することのできる玄関口として存在しており、地政学的戦略をうかがうことができる。また、先スペイン時代社会の日常生活の必需品であり、遠距離交易品でもあった黒曜石の産地イシュテペケに、チャルチュアパが直線距離で約50kmのところに位置している点も大きいと筆者は考えている。これは当該地域の黒曜石流通を統御していたとされるカミナルフユ（約90km）やコパン（約80km）よりも近い。チャルチュアパ遺跡から直線距離で約18km南に位置するサンタ・レティシア遺跡を調査したA・デマレストによれば、チャルチュアパ遺跡では黒曜石製作を示唆するあらゆる黒曜石片が出土するのに対して、サンタ・レティシア遺跡では石核、石刃、スクレイパーといった完成品が出土しており、原石面をもつ黒曜石片が少ないという。このことから、サンタ・レティシア遺跡出土の黒曜石は、チャルチュアパ遺跡ですでに加工された半製品もしくは完成品として流通した可能性があることを指摘している（Demarest 1986:48）。

　第二に、生業基盤に関しては、上述したように集約的な農耕の存在を示す畝が先古典期後期にはつくられていることが明らかになっている（伊藤2004）。つまり、比較的大きな人口を長期的に支える基盤が先古典期後期にはすでに存在したことが示唆される。これは人骨の炭素窒素安定同位体分析からC4植物（おそらくトウモロコシ）を多く摂取していた可能性が指摘されていることからも補強される（南他2013:12）。さらに、食料加工や調理のための磨石や石皿が大量に出土していることからも生業基盤は比較的安定していたと推測する。近くを流れるパンペ川やクスカチャパ湖は貴重な水源としてだけではなく、淡水産の魚介類を獲得できる場所として重要であったであろう。こうした生業基盤を整え、その余剰生産物をコントロールすることは、アールがいうところの主要生産物財政に直結するものであり、権力資源のなかでも経済的基盤を支える上で重要であったに違いない。経済基盤の安定、余剰生産物のコントロールなどが複雑社会を形成する主たる原動力とする考えは、もはや古いと思われがちだが、メソアメリカにおける生業研究は、一部の遺跡

を除いて著しく遅れている分野で、取り組むべき課題として列記しておきたい。

　第三に、手工業生産についてである。チャルチュアパは、先古典期後期から古典期前期のはじめにかけては、ウスルタン文を施した土器の中心的な生産地であった。カミナルフユやコパンだけではなく、メキシコのチアパス高地やマヤ低地、そして現在のコスタリカあたりまで、極めて広範囲に流通した。チャルチュアパ産の土器が交易などによって遠隔地に搬出された可能性もあるであろうし、また各地でウスルタン文の施文パターンや器形がやや異なることに鑑みれば、各地で独自に生産された可能性もあるだろう。いずれにせよ、第2章第3節でみたように、チャルチュアパにおいてウスルタン文が多種多様な土器に施され、かつ長期間にわたりもちいられていたことから、チャルチュアパがウスルタン文土器の生産と流通の中心であった可能性は極めて高い。さらに、古典期前期以降のコパンにおける土器には、器形や装飾の系譜をチャルチュアパにたどれるものが多く、土器生産という観点においては周辺の大都市にも影響をあたえるほどの知識と技術を有していたといえる。こうした手工業生産品を通じた地域間交流によって、他地域からチャルチュアパへと搬入される器物や知識・技術もあったことだろう。

　このような基盤を有していたことが、チャルチュアパが他地域の動向や盛衰に大きく左右されることなく、継続的に社会活動を展開できた要因であったと筆者は推測している。今後は、よりミクロな食糧獲得戦略、土器や黒曜石をはじめとする手工業生産品の生産と流通、そして近隣遺跡との諸関係に関する調査研究をすすめ、上述した予察を検証していく次第である。とくに、現時点でチャルチュアパ以外のエルサルバドル西部に位置する遺跡の調査データの不足は、治安上の問題も関係しているが、深刻である。解決策としては、先にも挙げたサン・アンドレス遺跡やカラ・スーシア遺跡といった、国立遺跡公園内に存在し、かつ機能の異なる複数の建造物群を有し、先古典期から古典期という通時的研究が可能な遺跡の調査研究とデータの充実が必要である。

おわりに

　2005年7月から2007年8月までの約2年間にわたるチャルチュアパ市での生活は考古学に携わる人間としてまさに至福の時であった。筆者がメソアメリカ考古学を現在まで続けられているのは、この2年間で蓄積したデータによるところが大きい。先スペイン時代の遺跡群、植民地時代の雰囲気を残す街並、そしてこの21世紀の時代に住む人々。なぜこの地に人々は住み続けるのだろうか。グアテマラ北部のペテン地域のように現在では密林に覆われてしまった大都市では、なぜ人々は住み続けることができなかったのか。まだ初学者だった筆者が抱いた素朴な疑問である。このような初学者が抱いた疑問をより学術的な目的意識にもとづいて解き明かそうと試みたのが本書である。

　本書で主張したいことは、いわゆる社会的文化的周縁とイメージされる社会であっても、社会を構成する集団は常に主体あるものであり、必ずしも自律性や独自性が失われるものではない。むしろ戦略的に自らの立ち位置を変え、時代の変化や潮流に柔軟に対応する能動的かつ動的な存在であったと考えられることである。

　筆者は、それを「周縁なるものの戦略」と表した。周縁社会は、中心と単純な主従関係にあったわけではない。むしろ周縁社会は、各地域で展開される社会活動に対して戦略的に対峙していた。先古典期から古典期にかけての移行期にいわゆる社会的文化的中心で生じている大小の変化に対応しながらも、全てが中心と同様に変化しないのはそのためである。もちろん、強制的に主従関係を結ばれるような周縁社会もあったであろう。しかし、終章でもみたようにメキシコ中央高原、マヤ低地、マヤ南部地域の近年の調査成果をみても、大都市とのアプリオリな対比関係として、常に受け身の周縁社会像を想定するのではなく、能動的かつ戦略的に社会のさまざまな変化に対応している、むしろ、積極的に変化を促す主体者としての周縁社会像を想定する方が適切といえよう（e.g. Beekman et al. 2008; Kabata 2010; Prufer et al. 2011; Urban and Schortman 2004）。こうしたメソアメリカ各地域のいわゆる中心/周縁関係を想定することができるならば、各地域の中心的存在となり地域を統合しようとする支配者層たちは、逆に周縁の動きに準じて対応せねばならない状況にあったと推測される。そして、中心となる大都市の支配者層が周縁なるものにどのように対峙していくのかという戦略、すなわち「中心なるものの戦略」の相違が、メソアメリカに統一的な国家が生じ得なかったひとつの背景として考えることはできないだろうか。

　最後に、独自性や主体性に着目する近年の理論的動向に従えば、どのような社会にも他人より常に上を狙う個人や集団が存在するものと想定される（e.g. Clark and Blake 1994; Hayden 1995; Price and Feinman 2010）。しかし、本研究の成果において重要な点は、必ず

しもそうではない個人や集団の存在を指摘した点に意味がある。もちろん小地域内では他者あるいは他集団よりも優位であるための戦略や活動を展開する支配者層は存在しただろう。しかし、その支配者は、それよりも大きな地域的枠組みで肥大化・複雑化しようとはせず、周縁なるものの特性を活かした戦略を駆使してコントロールした。これこそが長期の社会活動を展開させたひとつの要因であろうと私考するのである。チャルチュアパでは、社会変化の波が質的にも量的にも小さかったゆえに、約2500年もの間、連綿と社会活動が展開されて、さらに今もその歴史が紡がれている。持続可能な社会の構築をめざす今日の我々にとって非常に示唆的ではないだろうか。

参考文献

【邦文】
青山和夫
  2007 『古代メソアメリカ　マヤ・テオティワカン・アステカ』　講談社：東京。
  2013 『古代マヤ　石器の都市文明（増補版）』　京都大学学術出版会：京都。
市川　彰
  2011 「エルサルバドル共和国チャルチュアパ遺跡」『考古学研究』58（2）：125-127。
  2012a「土壙墓からみた先スペイン期の墓制と社会に関する一考察」『古代学研究』195: 31-41。
  2012b「メソアメリカ南東部における先古典期から古典期への社会変化とその背景」『古代文化』
        64（2）：117-136。
  2012c「マヤ南部地域における先古典期から古典期の墓制と社会」『古代アメリカ』15: 1-33。
  2014 「マヤ南部周縁地域における「戦い」の痕跡——チャルチュアパ遺跡を中心に——」『考
        古学研究』60（4）：85-96。
伊藤伸幸
  1997 「メソアメリカにおけるフラスコ状ピット」『名古屋大学文学部研究論集』43: 43-68。
  2001 「カミナルフユにおける権力と抗争」『古代文化』53（7）：33-45。
  2004 「チャルチュアパ遺跡における畝状遺構からの一考察」『金沢大学文学部研究論集』27:
        138-146。
  2009 「中米のタスマル遺跡発掘調査」『金大考古』65: 1-4。
  2010a『メソアメリカ先古典期文化の研究』　溪水社：広島。
  2010b「チャルチュアパ遺跡発掘調査について」『金大考古』67: 1-4。
  2011 『中米の初期文明オルメカ』　同成社：東京。
  2016 「"様式化したジャガー頭部"石彫について（1）：チャルチュアパ遺跡群エル・トラピ
        チェ地区出土石彫を中心に」『名古屋大学文学部研究論集』62: 101-123。
伊藤伸幸（編）
  2007 『メソアメリカに於ける古代都市の発展に関する研究』平成16〜18年度科学研究費補助
        金（基盤研究B）研究成果報告書、名古屋大学大学院文学研究科：愛知。
伊藤伸幸・柴田潮音
  2007 「チャルチュアパ遺跡タスマル地区B1－1建造物南側より出土した供物に関する一考察」
        『名古屋大学文学部研究論集』53: 13-28。
伊藤伸幸・柴田潮音・南　博史
  2002 「エル・サルバドル共和国チャルチュアパ遺跡カサ・ブランカ地区考古学調査とその年
        代」『名古屋大学加速器質量分析計業績報告書』XIII: 8-20。
植木　武（編）
  1996 『国家の形成——人類学・考古学からのアプローチ——』　三一書房：東京。
植木　武
  1996 「闘争・戦争モデル」『国家の形成——人類学・考古学からのアプローチ——』pp.129-
        168，三一書房：東京。
大井邦明
  1994 「第II部　カミナルフユの歴史と文化」『カミナルフユ』pp. 725-741, たばこと塩の博物

館：東京。

大井邦明（編）

1994 『カミナルフユ』第1・2巻、たばこと塩の博物館：東京。

2000 『チャルチュアパ——エル・サルバドル総合学術調査報告書——』 京都外国語大学：京都。

嘉幡　茂

2008 「トルーカ盆地のダイナミズム——メキシコ州、サンタ・クルス・アティサパン遺跡のデータを基に——」『古代アメリカ』11: 1-26。

2013 「古代交易システムの復元に向けて：周辺から周辺へ、そして周辺から中央へ」『アイデンティティーの構築、脱構築、そして再構築——メキシコ、テオティワカンとチョルーラのモニュメント2千年史——』杉山三郎・嘉幡　茂・谷口智子・丹羽悦子編, pp. 139-154, 愛知県立大学：愛知。

キーズ、デイヴィッド

2000 『西暦535の大噴火——人類滅亡の危機をどう切り抜けたか——』畔上司訳, 文藝春秋：東京。（原著は Keys, D. 1999 *Catastrophe: An Investigation into the Origins of Modern Civilization*）

北村　繁

2009 「イロパンゴ火山4世紀巨大噴火がメソアメリカ先古典期文明に与えた影響の再評価」科学研究費補助金研究成果報告書。

北村　繁・小田寛貴・山本直人

2007 「中米・エルサルバドル共和国サンサルバドル県北部で発見された3〜5世紀の巨大噴火で埋もれた森」『植生史研究』15（1）: 55-57。

小林正史

2006 「土器文様はなぜかわるのか」『心と形の考古学　認知考古学の冒険』小杉康編, pp. 161-190, 同成社：東京。

小林致広（編）

1995 『メソアメリカ世界』 世界思想社：京都。

佐原　真

1999 「日本・世界の戦争の起源」『人類にとって戦いとは1　戦いの進化と国家の生成』福井勝義・春成秀爾, pp. 58-100, 東洋書林：東京。

柴田潮音

2001 「カミナルフユ遺跡D-III-1マウンドに見る抗争の痕跡」『古代文化』53（7）: 46-52。

2007 「チャルチュアパ遺跡における先スペイン時代都市建造物群の構造と変遷」『メソアメリカに於ける古代都市の発展に関する研究』伊藤伸幸編, 平成16〜18年度科学研究費補助金（基盤研究B）研究成果報告書, pp. 45-100, 名古屋大学文学研究科：愛知。

杉山三郎・嘉幡　茂・渡部森哉

2011 『古代メソアメリカ・アンデス文明への誘い』 風媒社：愛知。

関　雄二

2006 『古代アンデス　権力の考古学』 京都大学学術出版会：京都。

2012 「戦うことの意味——アンデス文明初期における戦争と世界観——」『アンデス世界　交渉と創造の力学』染田秀藤・関雄二・網野徹哉編, pp. 275-299, 世界思想社：京都。

田中良之

2008 『骨が語る古代の家族——親族と社会——』 吉川弘文館：東京。

寺崎秀一郎

2002 「コパドール多彩色土器の再検討」『史觀』146: 66-86。

長岡朋人・平田和明
2003 「江戸時代人の歯冠サイズの地理的変異」『Anthropological Science（Japanese Series）』
111（2）: 143-154。

中園　聡
1994 「弥生時代開始期の壺形土器――土器作りのモーターハビットと認知構造――」『日本考
古学』1: 87-101。

中村誠一
2004 「ジャングルのなかの神殿ピラミッド――古代マヤ建築――」『マヤ学を学ぶ人のために』
八杉佳穂編, pp. 69-96, 世界思想社：京都。
2007 『マヤ文明を掘る コパン王国の物語』　NHKブックス：東京。

松木武彦
2001 『人はなぜ戦うのか 考古学からみた戦争』　講談社選書メチエ：東京。

松本直子
2000 『認知考古学の理論と実践的研究』　九州大学出版会：福岡。

南　雅代・市川　彰・坂田　健・森田　航・伊藤伸幸
2013 「エル・サルバドル共和国から出土した先スペイン期埋葬人骨の同位体分析――人の移
動と食性復元にむけて――」『考古学と自然科学』64: 1-25。

村野正景
2012 「先スペイン時代の土器製作技法の再生にむけて――メソアメリカのウスルタン様式土
器を中心に――」『古代アメリカ』13: 63-72。

吉留正樹
2013 「チャルチュアパ遺跡における後古典期前期文化――土器と建造物の分析結果から――」
『古代アメリカ』16: 59-72。

【欧文】
　以下に記載されている略称については次の通りである。

CEMCA ＝ Centro de Estudios Mexicanos y Centroamericanos （México）.
CONACULTA ＝ Consejo Nacional para la Cultura y el Arte （México）.
CONCULTURA ＝ Consejo Nacional para la Cultura y el Arte （El Salvador）.
FAMSI ＝ Foundation for the Advancement of Mesoamerican Studies, Inc.
INAH ＝ Instituto Nacional de Antropología e Historia （México）.
MNAE ＝ Museo Nacional de Arqueología y Etnología （Guatemala）.
PNWAF ＝ Papers of New World Archaeological Foundation （U.S.A.）.
UNAM ＝ Universidad Nacional Autónoma de México （México）

Adams, R.E.W.
1977 *Prehistoric Mesoamerica* (1st edition). Little Brown and Company, Boston, Toronto.
2005 *Prehistoric Mesoamerica* (3rd edition). University of Oklahoma Press, Norman.

Adams, R.E.W. (ed.)
1977 *The Origins of Maya Civilization*. University of New Mexico Press, New Mexico.

Agrinier, P.
1975 *Mounds 9 and 10 at Mirador, Chiapas, Mexico*. PNWAF, No.39. Bringham Young
University, Provo, Utah.

Amaroli, P.

1987 *Informe Preliminar de las Excavaciones Arqueológicas en Cara Sucia, Departamento de Ahuachapan, El Salvador.* Informe guardado en el Departamento de Arqueología, San Salnvador.

Anderson, B.A.

1978 Monuments. In *The Prehistory of Chalchuapa, El Salvador vol. I*, edited by Sharer, R.J., pp. 155-180. University of Pennsylvania Press, Philadelphia.

Aoyama, K.

1996 *Exchange, Craft Specialization, and Ancient Maya State Formation: A Study of Chipped Stone Artifacts from the Southeast Maya Lowlands.* Ph.D Dissertation for the University of Pittsburgh.

2001 Classic Maya State, Urbanism, and Exchange: Chipped Stones Evidence of the Copan Valley and its Hinterland. *American Anthropologist* 103(2): 346-360.

2005 Classic Maya Warfare and Weapon: Spear, Dart and Arrow Points of Aguateca and Copan. *Ancient Mesoamerica* 16: 91-304.

2007 Elite Artists and Craft Producers in Classic Maya Society: Lithic Evidence from Aguateca, Guatemala. *Latin American Antiquity* 18: 3-26.

2009 *Elite Craft Producers, Artists, and Warriors at Aguateca: Lithic Analysis. Monographs of the Aguateca Archaeological Project First Phase Vol.2.* The University Press of Utah, Salt Lake City.

Arroyo, B.

1995 Early Ceramics from El Salvador: El Carmen Site. In *The Emergence of Pottery Technology and Innovation in Ancient Societies*, edited by Barnett, W.K. and J.H. Hoopes, pp. 199-208. Smithsonian Institution Press, Washington, D.C.

Arroyo, B. (ed.)

2010 *Entre Cerros, Cafetales y Urbanismo en el Valle de Guatemala: Proyecto de Rescate Naranjo.* Academia de Geográfica e Historia de Guatemala, Guatemala.

Ashmore, W. (ed.)

1981 *Lowland Maya Settlement Pattern.* University of New Mexico Press, Albuquerque.

Ashmore, W. and J.A. Sabloff

2002 Spatial Orders in Maya Civic Plans. *Latin American Antiquity* 13(2): 201-215.

Aubry, B.S.

2009 *Population Structure and Interregional Interaction in Prehispanic Mesoamerica: A Biodistance Study.* Ph.D Dissertation, Ohio State University, Ohio.

Austin, D.M.

1978 The Biological Affinities of the Ancient Populations of Altar de Sacrificios and Seibal. *Estudios de Cultura Maya* 11: 57-73.

Baudez, C.F.

2004 *Una Historia de la Religión de los Antiguos Mayas.* UNAM y CEMCA, México.

Beaudry-Corbett, M.P.

1983 The Ceramic of the Zapotitan Valley. In *Archaeology and Volcanism in Central America*, edited by Sheets, P., pp. 161-190. University of Texas Press, Austin.

Beaudry-Corbett, M.P. and R.L. Bishop

2002 Ceramics and Their Use at Cerén. In *Before the Volcano Erupted: The Ancient Cerén*

Village in Central America, edited by Sheets, P., pp. 117-138. University of Texas Press, Austin.

Beekman, C.S.

2008 Corporate Power Strategies in the Late Formative to Early Classic Tequila Valleys of Central Jalisco. *Latin American Antiquity* 19: 414-434.

Begley, C., T. Sullivan, L. Brown, A. Wilson y K. Sampeck

1996 *Proyecto Arqueológico San Andrés: Informe 1996, tomo I*. Informe preparado para el Patronato Pro-Patrimonio Cultural, El Salvador.

Begley, C., R. Gallardo, J. Card, A. Wilson, L. Brown y N. Herrmann

1997 *Proyecto Arqueológico San Andrés: Informe 1997*. Informe preparado para el Patronato Pro-Patrimonio Cultural, El Salvador.

Bell, E.E., M.A.Canuto, and R.J.Sharer (eds.)

2003 *Understanding Early Classic Coran*. University of Pennsylvania Museum of Archaeology and Anthropology, Philadelphia.

Bell, E.E., R.J. Sharer, L.P. Traxler, D.W. Sedat, C.W. Carrilli, and L.A. Grant

2004 Tomb and Burial in the Early Classic Acropolis at Copan. In *Understanding Early Classic Copan*, edited by Bell, E.E, M.A. Canuto and R.J. Sharer, pp. 131-158. University of Pennsylvania Museum of Archaeology and Anthropology, Philadelphia.

Bello-Suazo, G.

2009 *Museo Nacional de Antropología, "David J. Guzmán", El Salvador, Colección Arqueológica*, FUNDEMAS Fundación empresarial para la acción social, El Salvador.

Bentley, R.A, T.D. Price, J. Lűning, D. Gronenborn, J. Wahl, and P.D. Fullagar

2002 Prehistoric Migration in Europe: Strontium Isotope Analysis of Early Neolithic Skeletons. *Current Anthropology* 43: 799-804.

Binford, L.R.

1971 Mortuary Practices: Their Study and Their Potential. In *Approaches to the Social Dimensions of Mortuary Practices*. Memoirs of the Society for American Archaeology 140, pp. 6-29.

Bishop, R.L, A.A. Demarest, and R.J. Sharer

1989 Chemical Analysis and the Interpretation of Late Preclassic Intersite Ceramic Patterns in the Southeast Highlands of Mesoamerica. In *New Frontiers in the Archaeology of the Pacific Coast of Southern Mesoamerica*, edited by Bove, F.J. and L. Heller, pp.135-145. Anthropological Research Papers 39, Arizona State University, Tempe.

Blake, M.

1991 An Emerging Early Formative Chiefdom at Paso de la Amada, Chiapas, Mexico. In *The Formation of Complex Society in Southeastern Mesoamerica*, edited by Fowler Jr., W.R., pp. 27-46. Academic Press, New York.

Blanton, R.E. and G.M. Feinman

1984 The Mesoamerican World System. *American Anthropologist* 86: 673-682.

Blanton, R.E. and L. Farger (eds.)

2008 *Collective Action in the Formation of Pre-Modern States*. Springer, New York.

Blanton, R.E., G.M. Feinman, S.A. Kowalewski, and P.N. Peregrine

1996 A Dual-Processual Theory for the Evolution of Mesoamerican Civilization. *Current Anthropology* 37(1): 1-14.

Blanton, R.E., S.A. Kowalewski, G.M. Feinamn, and L.M. Finsten (eds.)

1993   *Ancient Mesoamerica: A Comparison of Change in Three Regions* (2nd edition). Cambridge University Press, Cambridge.

Boggs, S.H

1943a Notas sobre las excavaciones en la Hacienda "San Andrés", Departamento de La Libertad, *Tzumpame* 3(1): 104-126.

1943b Observaciones respecto a la importancia de Tazumal en la prehistoria salvadoreña, *Tzumpame* 3(1): 127-133.

1944   Excavations in Central and Western El Salvador. In *Archaeological Investigations in El Salvador*, edited by Longyear, J., pp.53-72. Harvard University, Cambridge.

1945   Informe sobre la tercera temporada de excavaciones en las ruinas de "Tazumal", *Tumpame* 5(4): 33-45.

1950   Archaeological Excavations in El Salvador. *For the Dean: Essays in Anthropology in Honor of Byon S. Cummings on his 89th Birthday*, edited by Reed, E. and D. King, pp.259-276, Hohokam Museums Association and Southwestern Monuments Association, Tuscon and Santa Fe.

1966   Pottery jars from the Loma del Tacuazin, El Salvador. *Middle American Research Records* III(5): 177-185.

Bove, F.J.

2005   The Dichotomy of Formative Complex Societies in Pacific Guatemala: Local Developments vs. External Relationships. In *New Perspectives on Formative Mesoamerican Cultures*, edited by Powis, T.G., pp.95-110. BAR International, Oxford.

2011   The People with No Name: Some Observations about the Plain Stelae of Pacific Guatemala, El Salvador, and Chiapas with Respect to Issues of Ethnicity and Rulership. In *The Southern Maya in the Late Preclassic: The Rise and Fall of an Early Mesoamerican Civilization*, pp.77-114. University of Colorado Press, Colorado.

Bove, F.J. and S. Medrano

2003   Teotihuacan, Militarism, and Pacific Guatemala. In *The Maya and Teotihuacan: Reinterpreting Early Classic Interaction*, edited by Braswell, G.E, pp. 81-104. University of Texas Press, Austin.

Brady, J.E., J.W. Ball, R.K. Bishop, D.C. Pring, R.A. Housley and N.D. Hammond

1998   The Lowland Maya "Protoclassic": a Reconsideration of its Nature and Significance. *Ancient Mesoamerica* 9(1): 17-38.

Braswell, G.E (ed.)

2003   *The Maya and Teotihuacan: Reinterpreting Early Classic Interaction*. University of Texas Press, Austin.

2012   *The Ancient Maya of Mexico: Reinterpreting the Past of the Northern Maya Lowlands*. Equinox, Bristol.

Braswell, G.E.

2003   Understanding Early Classic Interaction between Kaminaljuyu and Central Mexico. In *The Maya and Teotihuacan: Reinterpreting Early Classic Interaction*, edited by Braswell, G.E, pp. 105-142. University of Texas Press, Austin.

Braswell, G.E. and E.J. Robinson

2011   The Eastern Caqchiquel Highlands during the Preclassic Period: Interaction, Growth, and

Depopulation. In *The Southern Maya in the Late Preclassic: The Rise and Fall of an Early Mesoamerican Civilization*, edited by Love, M. and J. Kaplan, pp. 287-316. University Press of Colorado, Colorado.

Brown, J.A.

1981　The Search for Rank in Prehispanic Burials. In *The Archaeology of Death*, edited by Chapman, R., I. Kinnes and L. Randsborg, pp. 25-39. Cambridge University Press, Cambridge.

Brown, K.L.

1977　The Valley of Guatemala: A Highland Port of Trade. In *Teotihuacan and Kaminaljuyu*, edited by Sanders, W.T. and J.W. Michels, pp. 205-395. Pennsylvania Univresity Press, Philadelphia.

Brown, M.K. and J.F. Garber

2003　Evidence of Conflict during the Middle Formative in the Maya Lowlands: A View from Blackman Eddy, Belize. In *Ancient Mesoamerian Warfare*, edited by Brown, M. K. and T.W. Stanton, pp. 91-108. Altamira Press, New York.

Brumfiel, E.M.

1994　Factional Competition and Political Development in New World: An introduction. In *Factional Competition and Political Development in New World*, edited by Brumfiel, E.M. and J.W. Fox, pp. 3-13. Cambridge University Press, Cambridge.

Brumfiel, E.M. and T.K. Earle

1987　Specialization, Exchange and Complex Societies: An Introduction. In *Specialization, Exchange and Complex Societies*, edited by Brumfiel, E.M. and T.K. Earle, pp. 1-9. Cambridge University Press, Cambridge.

Brumfiel, E.M. and C. Robin

2012　Class and Ethnicity in Ancient Mesoamerica. In *Oxford Handbook of Mesoamerican Archaeology*, edited by Nichols, D.L. and C.A. Pool, pp. 673-683. Oxford University Press, Oxford.

Buikstra, J. E., T.D. Price, L.E. Wright, and J.H. Burto

2004　Tombs from the Copan Acropolis: A Life History Approach. In *Understanding Early Classic Copan*, edited by Bell, E.E., M.A. Canuto and R.J. Sharer, pp. 191-212. University of Pennsylvania Museum of Archaeology and Anthropology, Philadelphia.

Canuto, M.A and J. Yager (eds.)

2000　*The Archaeology of Communities: A New World Perspective*. Rutledge, London, New York.

Canuto, M.A. and E.E. Bell

2013　Archaeological Investigations in the El Paraiso Valley: The Role of Secondary Centers in the Multiethnic Landscape of Classic Period Copan. *Ancient Mesoamerica* 24(1): 1-24.

Carr, C.

1995　Mortuary Practices: Their Social, Philosophical-religious, Circumstantial, and Physical Determinants. *Journal of Archaeological Method and Theory* 2: 105-200.

Caso, A.

1932　*Las Exploraciones en Monte Albán Temporada 1931-1932*. Instituto Panamericano de Geografía e Historia, México.

1935　*Las Exploraciones en Monte Albán Temporada 1934-1935*. Instituto Panamericano de

Geografía e Historia, México.

Ceja Tenorio, J.F.

1985   *Paso de la Amada: An Early Preclassic Site in the Soconusco, Chiapas.* PNWAF, No.49, Brigham Young University, Provo, Utah.

Chase, A.F., D.Z. Chase and M.E. Smith

2009   States and Empires in Ancient Mesoamerica. *Ancient Mesomarica* 20(2): 175-182.

Chávez, J.A., W. Hernández y L. Kopecky

2012   Problemátic y conocimiento actual de las tefras tierra blanca joven en el área metropolitiana de San Salvador, El Salvador. *Revista Geológica de América Central* 47: 117-132.

Christensen, A. F.

1998   Odontometric Microevolution in the Valley of Oaxaca, Mexico. *Journal of Human Evolution* 34: 333-360.

Clark, J. E.

1991   The Beginnings of Mesoamerica: Apologia for the Soconusco Early Formative. In *The Formation of Complex Society in Southeastern Mesoamerica*, edited by Fowler Jr., W.R., pp. 13-26. Academic Press, New York.

Clark, J.E. and M. Blake

1994   The Power of Prestige: Competitive Generosity and the Emergence of Rank Societies in Lowland Mesoamerica. In *Factional Competition and Political Development in the New World*, edited by Brumfiel, E. M. and J.W. Fox, pp.17-30. Cambridge University Press, Cambridge.

Coe, M.D.

1966   *The Maya* (1st Edition). Thames and Hudson, London.

1973   *The Maya Scribe and His World.* Grolier Club, New York.

1978   *Lords of the Underworld: Masterpieces of Classic Maya Ceramics.* Princeton University Press, Princeton.

1992   *Breaking the Maya Code.* Thames and Hudson, London.

Coe, M.D. and K.V. Flannery

1964   Microenviroments and Mesoamerican Prehistory. *Science* 143: 650-654.

1967   *Early Cultures and Ecology in South Coastal Guatemala.* Smithsonian Contributions to Anthropology 3, Washington D.C.

Coe, M.D. and R. Koontz

2008   *Mexico: From the Olmecs to the Aztecs* (6th edition). Thames and Hudson, London.

Coe, M.D. and R.A. Diehl

1980   *In the Land of the Olmec: Archaeology of San Lorenzo Tenochitlán.* University of Texas Press, Austin.

Coe, W.R.

1955   Excavations in El Salvador. *Bulletin of the University of the University of Pennsylvania Museum* 19(2): 15-21.

Cooper, J. and P. Sheets (eds.)

2012   *Surviving Sudden Environmental Change: Understanding Hazards, Mitigation, Impacts, Avoiding Disasters.* University Press of Colorado, Boulder.

Cordova, C.A., A. Martin del Pozzo, and J. Lopez Camacho

1994   Palaeolandform and Volcanic Impact on the Enviroment of Prehistoric Cuicuilco, Soutern

Mexico City. *Journal of Archaeological Science* 21: 585-596.

Cowgill, G.

1997 State and Society at Teotihuacan, Mexico. *Annual Review of Anthropology* 26: 129-161.

Creamer, W.

1987 Mesoamerica as a Concept: An Archaeological View from Central America. *Latin American Research Review* 22(1): 35-62.

Culbert, T.P. (ed.)

1973 *The Classic Maya Collapse.* University of New Mexico Press, Albuquerque.

Cyphers, A.

1993 Women, Rituals, and Social Dynamics at Ancient Chalcatzingo. *Latin American Antiquity* 4(3): 209-224.

2004 *Escultura Olmeca de San Lorenzo Tenochtitlán.* UNAM, México.

2011 *Bellas Teorías y los Terribles Hechos; las Controversias sobre los Olmecas.* UNAM, México.

Demarest, A.A.

1986 *The Archaeology of Santa Leticia and the Rise of Maya Civilization.* Middle American Research Institute No.52, Tulane University, New Orleans.

1988 Political Evolution in the Maya Borderlands: The Salvadoran Frontier. In *The Southeast Classic Maya Zone*, edited by Boone, E.H. and G.R. Willey, pp. 335-394. Dumbarton Oaks, Washington D.C.

2011 Political, Economic, and Cultural Correlates of Late Preclassic Southern Highland Material Culture. In *The Southern Maya in the Late Preclassic: The Rise and Fall of an Early Mesoamerican Civilization*, edited by Love, M. and J. Kaplan, pp. 345-386. University Press of Colorado, Colorado.

Demarest, A.A (ed.)

2005 *The Terminal Classic in the Maya Lowlands: Collapse, Transition, and Transformation.* University of Colorado Press, Colorado.

Demarest, A.A. and A.E. Foias

1993 Mesoamerican Horizons and the Central Transformations of Maya Civilization. In *Latin American Horizons*, edited by Rice, D.S., pp.147-191. Dumbarton Oaks, Washington D.C.

Demarest, A.A. and R.J. Sharer

1982 The Origins and Evolution of Usulután Ceramics. *American Antiquity* 47(4): 810-822.

1986 Late Preclassic Ceramic Spheres, Culture Areas and Cultural Evolution in the Southeastern Highlands of Mesoamerica. In *The Southeast Maya Periphery*, edited by pp.194-223. University of Texas Press, Austin.

DeMarrais, E., L.J. Castillo, and T.K. Earle

1996 Ideology, Materialization, and Power Strategies. *Current Anthropology* 37(1): 15-31.

Dull, R.

2007 Evidence for Forest Clearance, Agriculture, and Human-Induced Erosion in Precolumbian El Salvador. *Annals of the Association of American Geographers* 97(1): 127-141.

Dull, R., J. Southon, and P. Sheet

2001 Volcanism, Ecology and Culture: A Reassessment of the Volcan Ilopango TBJ Eruption in the Southern Maya Realm. *Latin American Antiquity* 12: 25-44.

Dull, R., J. Southon, S. Kutterolf, A. Freundt, D. Wahland, and P. Sheets

2010 Did the TBJ Ilopango eruption cause the AD536 event? *American Geophysical Union Fall*

参考文献 *197*

Meeting abstract 2010.

Drucker, P.

1952   *La Venta, Tabasco: A Study of Olmec Ceramics and Art*. Smithsonian Institution Bureau of American Ethnology, Washington D.C.

Drucker, P., R.F. Heizer, and R.J. Squier

1959   *Excavations at La Venta, Tabasco, 1955*. Bureau of American Ethnology, Washington D.C.

Earle, T.

1997   *How Chiefs Come to Power: The Political Economy in Prehistory*. Stanford University Press, Stanford.

Earnest, H.H.

1999   *A Reappraisal of the Ilopango Volcanic Eruption in Central El Salvador*. Ph.D Dissertation, Harvard University, Cambridge.

Elson, C.M. and R.A. Covey (eds.)

2006   *Intermediate Elites in Pre-Columbian States and Empires*. The University of Arizona Press, Tucson.

Estrada-Belli, F.

2011   T*he First Maya Civilization -Ritual and Power before the Classic Period*. Rutledge, London.

Ezzo, J.A, C.M. Johnson, and T.D. Price

1997   Analytical Perspectives on Prehistoric Migration: A Case Study from East-Central Arizona. *Journal of Archaeological Science* 24: 447-466.

Evans, S.T

2008   *Ancient Mexico and Central America: Archaeology and Culture History* (2nd Edition). Thames and Hudson, London.

Fash, W.L.

2001   *Scribes, Warriors and Kings: The City of Copán and the Ancient Maya (Revised Edition)*. Thames and Hudson, London.

Fash, W.L. and B.W. Fash

2000   Teotihuacan and the Maya: A Classic Heritage. In *Mesoamerica's Classic Heritage: From Teotihuacan to the Aztec*, edited by Carrasco, D., L. Jones, and S. Sessions, pp. 433-464. University Press of Colorado, Boulder.

Faust, K.A and C.T. Halperin

2009   Approaching Mesoamerican Figurines. In *Mesoamerican Figurines: Small-Scale Indices of Large-Scale Social Phenomena*, edited by Halperin, C.T., K.A. Faust, R. Taube and A. Giguet, pp.1-24. University Press of Florida, Florida.

Feinman, G.

2001   Mesoamerican Political Complexity: The Corporate-Network Dimension. In *Leaders to Rulers: The Development of Political Centralization*, edited by Hass, J., pp.151-175. Kluwer Academic/Plenum Publishers, New York.

Feinman, G.M. and J. Marcus (eds.)

1998   *Archaic States*. School of American Research Advanced Seminar Series, New Mexico.

Ferres, D., H. Delgado Granados, W. Hernández, C. Pullinger, H. Chávez, R. Castillo Taracena and C. Cañas-Dinarte

2011   Three Thousand Years of Flank and Central Vent Eruptions of the San Salvador Volcanic Complex (El Salvador) and Their Effects on El Cambio Archeological Site: a Review Based on Tephrostratigraphy. *Bulletin of Volcanology* 73(7): 833-850.

Fitzsimmons, J.E.

2009　*Death and the Classic Maya Kings*. University of Texas Press, Austin.

Flannery, K.V.

1995　Prehistoric Social Evolution. In *Research Frontiers in Anthropology*, edited by Ember, C.R. and M. Ember, pp.1-26. Prentice Hall, New Jersey.

Flannery, K.V. and J. Marcus

2005　*Excavations at San Jose Mogote 1: The Househould Archaeology*. Memoris of the Museum of Anthropology University of Michigan Number 40, Ann Arbor.

Fowler, W.R.

1984　Late Preclassic Mortuary Patterns and Evidence for Human Sacrifice at Chalchuapa, El Salvador. *American Antiquity* 49(3): 603-618.

1995　*El Salvador: Antiguas Civilizaciones*. Banco Agrícola, El Salvador.

Freidel, D., L. Schele and J. Parker

1993　*Maya Cosmos: Three Thousand Years on the Shaman's Path*. W. Morrow, New York.

Gallardo, R. y H. Díaz Chávez

2014　*Informe sobre Excavaciones Arqueológicas realizadas en el Predio del Ex Cine Libertad, Centro Histórico de San Salvador, El Salvador*. Secretaría de Cultura de la Presidencia, El Salvador.

Gamio, M.

1913　Arqueología de Atzcapotzalco, D.F., México. In *Proceedings, Eighteenth International Congress of Americanists*, pp.180-187.

1922　*La Población del Valle de Teotihuacán*, 3 vols. Secretaría de Agricultura y Fomento, México.

Garcia Cook, A.

1981　The Historical Importance of Tlaxcala in the Cultural Development of the Central Highlands. In *Archaeology*, edited by Sabloff, J., pp. 244-276. University of Texas Press, Austin.

Gifford, J.C

1976　*Prehistoric Pottery Analysis and the Ceramics of Barton Ramie in the Belize Valley*. Peabody Museum Memoirs Vol.18. Harvard University, Cambridge.

Golombek, M.P. and M.J. Carr

1978　Tidal Triggering of Seismic and Volcanic Phenomena during the 1879-1880 Eruption of Islas Quemadas Volcano in El Salvador, Central America. *Journal of Volcanology and Geothermal Research* 3: 299-307.

Graham, J.

1992　Escultura en bulto olmeca y maya en Tak'alik ab'aj: Su desarrollo y portento. En *IV Simposio de Investigaciones Arqueológicas en Guatemala 1990*, editado por Laporte, J.P., H. Escobedo y S. Brady, pp.325-334. MNAE, Guatemala.

Grattan, J. and R. Torrence (eds.)

2007　*Living under the Shadow: The Cultural Impacts of Volcanic Eruptions*. Left Coast Press, California.

Grube, N. (ed.)

1995　*The Emergence of Lowland Maya Civilization -Transition from the Preclassic to the Early*

Classic. Acta Mesoamericana No.8. Verlag Anton Sauwein, Germany.

Guerseny, J.

2006   *Ritual & Power in Stone: The Performance of Rulership in Mesoamerica Izapan Style Art*. University of Texas Press, Austin.

Guerseny, J., J.E. Clark, and B. Arroyo (eds.)

2010   *The Place of Stone Monuments: Context, Use, and Meaning in Mesoamerica's Preclassic Transition*. Dumbarton Oaks Research Library and Collection, Washington, D.C.

Gunn, J. (ed.)

2000   *The Years without Summer: Tracing AD536 and its Aftermath*. BAR International Series 872. Archaeopress, Oxford.

Hall, J. and R. Viel

2004   The Early Classic Copan Landscape a View from the Preclassic. In *Understanding Early Classic Copan*, edited by Bell, E.E., M.A. Canuto, and R.J. Sharer, pp.17-28. University of Pennsylvania Museum of Archaeology and Anthropology, Philadelphia.

Hammond, N.

1991   *Cuello: An Early Maya Community in Belize*. Cambridge University Press, Cambridge.

Hansen, R.D.

1990   *Excavations in the Tigre Complex, El Mirador, Peten, Guatemala*. PNWAF No.62. Bringham University, Provo, Utah.

1993   Investigaciones arqueológicas en el sitio Nakbe, Petén: Los estudios recientes. En *VI Simposio de Investigaciones Arqueológicas en Guatemala, 1992*, editado por Laporte, J.P., H. Escobedo y S. Villagrán de Brady, pp.100-107. MNAE, Guatemala.

1994   Las dinámicas culturas y ambientales de los orígenes mayas: Estudios recientes del sitio arqueológico Nakbé. En *VII Simposio de Investigaciones Arqueológicas en Guatemala 1993*, editado por Laporte, J.P. y E. Escobedo, pp. 369-387. MNAE, Guatemala.

Hart, W.J. and V. Steen-McIntyre

1983   Tierra Blanca Joven Tephra from the AD 260 Eruption of Ilopango Caldera. In *Archaeology and Volcanism in Central America*, pp. 14-34. University of Texas Press, Austin.

Hay, C.L., R.L. Linton, S.K. Lothrop, H.L. Shapiro and G.C. Vaillant

1940   *The Maya and Their Neighbors: Essays on Middle American Anthropology and Archaeology*. Dover Publications, New York.

Hayden, B.

1995   Pathways to Power: Principales for Creating Socioeconomic Inequalities. In *Foundations of Social Inequality*, edited by Price, T.D. and G.M. Feinman, pp. 15-86. Plenum Press, New York and London.

Haydenblit, R.

1996   Dental Variation among Four Prehispanic Mexican Populations. *American Journal of Physical Anthropology* 100: 225-246.

Hernández, W.

2004   *Características Geomecánicas y Vulcanológicas de las Tefras Tierra Blanca Joven, Caldera de Ilopango, El Salvador*. Tesis de maestría presentado a la Universidad Politécnica de Madrid, Madrid.

Hirth, K. and J. Pillsbury (eds.)

2013   *Merchants, Markets, and Exchange in the Pre-Columbian World*. Dumbarton Oaks,

Washington D.C.

Hodell, D.A., R.L. Quinn, M. Brenner, and G. Kamenov

2004 Spatial Variation of Strontium Isotopes (87Sr/86Sr) in the Maya Region: A Tool for Tracking Ancient Human Migration. *Journal of Archaeological Science* 31: 585-601.

Hodder, I.

1982 *Symbols in Action: Ethnoarchaeological Studies of Material Culture.* Cambridge University Press, Cambridge.

1986 *Reading the Past: Current Approaches to Interpretation in Archaeology.* Cambridge University Press, Cambdrige.

Houston, S.D. and T. Inomata

2009 *The Classic Maya.* Cambridge University Press, Cambridge.

Iannone, G. and S.V. Connell (eds.)

2003 *Perspectives on Ancient Maya Rural Complexity.* Costen Institute of Archaeology, UCLA, Los Angeles.

Ichikawa, A.

2008 *Informe Final -Proyecto de Reparación de Drenaje alrededor de la Estructura-5".* Departamento de Arqueología de CONCULTURA y JICA/JOCV, El Salvador.

2011 *Estudio Arqueológico de Nueva Esperanza, Bajo Lempa, Usulután.* Dirección de publicaciones e impresos, Secretaria de Cultura de la Presidencia, El Salvador.

Ichikawa, A. y S. Shibata

2007 Primera temporada del rescate arqueológico en el sitio "La Cuchilla", al sur del área de Casa Blanca, Chalchuapa, El Salvador. En *XX Simposio de Investigaciones Arqueológicas en Guatemala, 2006*, editado por Laporte, J.P., B. Arroyo y H. Mejía, pp.514-525. MNAE, Guatemala.

2008 Rescate arqueológico en el sitio "La Cuchilla", al sur del área de Casa Blanca, Chalchuapa, El Salvador. En *XXI Simposio de Investigaciones Arqueológicas en Guatemala, 2007*, editado por Laporte, J.P., B. Arroyo y H. Mejía, pp.1031-1045. MNAE, Guatemala.

Ichikawa A., S. Shibata y M. Murano

2009 Preclásico tardío en Chalchuapa: resultados de las investigaciones de la Estructura-5 en el parque arqueológico Casa Blanca. En *XXII Simposio de Investigaciones Arqueológicas en Guatemala*, 2008, editado por Laporte, J.P., B. Arroyo y H. Mejía, pp.450-463. MNAE, Guatemala.

Ichikawa A., R. Gallardo, H. Díaz y J. Alvarado

2015 Nuevos datos de radiocarbono relacionados con la Erupción del Volcán Ilopangp. *Anales del Museo Nacional de Antropología Dr. David J. Guzmán* 53(4): 160-175.

Ichon, A. and M.C. Arnauld

1985 *Le Protoclassique á La Lagunita El Quiché, Guatemala.* Centre National de la Recherche Scientifique, Paris.

Inomata, T.

2008 *Warfare and the Fall of a Fortified Center. Archaeological Investigations at Aguateca, Guatemala.* Vanderbilt Institute of Mesoamerican Archaeology Series vol.3 Vanderbilt University Press, Nashville.

Inomata, T., D. Triadan, K. Aoyama, V. Castillo, H. Yonenobu

2013 Early Ceremonial Constructions at Ceibal, Guatemala, and the Origins of Lowland Maya

Civilization. *Science* 340(6131): 467-471.

Inomata, T., R. Ortiz, B. Arroyo, and E.J. Robinson

2014 Chronological Revision of Preclassic Kaminaljuyú, Guatemala: Implications for Social Processes in the Southern Maya Area. *Latin American Antiquity* 25(4): 377-408.

Inomata, T., J. MacLellan, D. Triadan, J. Munson, M. Burham, K. Aoyama, H. Nasu, F. Pinzón, and H. Yonenobu

2015 The Development of Sedentary Communities in the Maya Lowlands: Co-Existing Mobile Groups and Public Ceremonies at Ceibal, Guatemala. *Proceedings of the National Academy of Sciences* 112(14): 4268-4273.

Ito, N. (ed.)

2009 *Informe Final de las Investigaciones Arqueológicas en Tazumal 2004-2008*. Universidad de Nagoya, Japón.

2010 [2003] *Casa Blanca, Chalchuapa, El Salvador*. Universidad Tecnológica de El Salvador, El Salvador.

Ito, N. y S. Shibata

2007 Las investigaciones arqueológicas en la Estructura B1-1, Tazumal, 2005-2006. En *XX Simposio de Investigaciones Arqueológicas en Guatemala*, 2006, Laporte, J.P., B. Arroyo y H. Mejía, pp. 868-883. MNAE, Guatemala.

2008 Las investigaciones arqueológicas en Tazumal, Chalchuapa, 2006-2007. En *XXI Simposio de Investigaciones Arqueológicas en Guatemala*, 2007, editado por Laporte, J.P., B. Arroyo y H. Mejía, pp. 325-338. MNAE, Guatemala.

Ito, N. y A. Ichikawa

2010 [2003] Cerámica. En *Casa Blanca, Chalchuapa, El Salvador*, editad por Ito, N., pp. 45-94. Universidad Tecnológica de El Salvador, El Salvador.

Jacobi, K.P.

1997 Dental Genetic Structuring of a Colonial Maya Cemetery, Tipu, Belize. In *Bones of the Maya: Studies of Ancient Skeletons*, edited by S. L. Whittington and D. M. Reed, pp. 138-153. Smithsonian Institution Press, Washington, D.C.

Jaime-Riverón, O. and C. Pool

2009 The Impact of Volcanic Hazards on the Ancient Olmec and Epi-olmec Economies in the Los Tuxtlas Region, Veracruz, México. In *The Political Economy of Hazards and Disasters*, edited by Jones, E.C. and A.D. Murphy, pp. 133-154. Altamira Press, Plymouth.

Joyce, A.A.

2010 *Mixtecs, Zapotecs, and Chatinos: Ancient Peoples of Southern Mexico*. Wiley-Blackwell, New York.

Joyce, R.A.

2001 *Gender and Power in Prehistoric Mesoamerica*. University of Texas Press, Austin.

2004a Mesoamerica: A Working Model for Archaeology. In *Mesoamerican Archaeology* edited by Hendon, J.A. and R.A. Joyce, pp.1-42. Blackwell, Oxford.

2004b Unintended Consequences? Monumentality as a Novel Experience in Formative Mesoamerica. *Journal of Archaeological Method and Theory* 11(1): 5-29

Kabata, S.

2009 La industria de obsidiana y su abastecimiento a Santa Cruz Atizapán. En *La Gente de la Ciénaga en Tiempos Antiguos; La Historia de Santa Cruz Atizapán*, editado por Sugiura,

Y, pp. 243-260. UNAM, México.

2010 *La Dinámica Regional entre el Valle de Toluca y las Áreas Circundantes: Intercambio Antes y Después de la Caída de Teotihuacán.* Tesis doctorado, UNAM, México.

Kabata S., T. Murakami, J.M. López J. y J.J. Chávez V.

2015 Dinámicas de interacción en la transición del formativo al clásico: Los resultados preliminares del Proyecto Arqueológico Tlalancaleca, Puebla 2012-2014. *Boletín del Instituto de Estudios Latinoamericanos de Kyoto* 14: 73-105.

Kaplan, J.

2011 Conclusion: The Southern Maya Region and The Problem of Unities. In *The Southern Maya in the Late Preclassic: The Rise and Fall of an Early Mesoamerican Civilization,* edited by Love, M. and J. Kaplan, pp. 387-411. University Press of Colorado, Colorado.

Kato, S.

2006 *Proyecto Investigación Arqueológica y Restauración en la Estructura B1-2 del Parque Arqueológico Tazumal 2004-2005 Chalchuapa, El Salvador.* Departamento de Arqueología de CONCULTURA, San Salvador.

Kato, S., S. Shibata y N. Ito

2006 Las investigaciones arqueológicas en Tazumal, 2004-2005. En *XIX Simposio de Ivestigaciones Arqueológicas en Guatemala, 2005,* editado por Laporte, J.P., B. Arroyo y H. Mejía, pp. 211-222. MNAE, Guatemala.

Kerr, J.

1989 *The Maya Vase Book: A Corpus of Rollout Photographs of Maya Vases vol.1.* Kerr Associates, New York.

Kidder, A.V., J.D. Jennings, and E.M. Shook

1946 *Excavations at Kaminaljuyu, Guatemala.* Carnegie Institution of Washington, Washington D.C.

Kirchhoff, P.

1943 Mesoamérica. *Acta Americana* 1: 92-107.

Kitamura, S.

2010a Two AMS Radiocarbon Dates for the TBJ Tephra from Ilopango Caldera, El Salvador, Central America. *Bulletin of Social Work, Hirosaki Gakuin University* 10: 24-28.

2010b *Revaluation of Impacts of the Gigantic Eruption of Ilopango Caldera on Ancient Mesoamerican Societies in the 4th to the 6th Century.* Poster presented at International Focus Group on Tephrochronology and Volcanism (INTAV).

2012 *Formation Age of San Juan del Gozo Peninsula, El Salvador, C.A.* Paper presented at the Annual Meeting and Symposium 2012 of Japan Association for Quaternary Research, Rissho University, Kumagaya.

2013 *Re-evaluation for the Impact of a Gigantic Eruption from Ilopango Caldera, El Salvador, Central America, in the 3rd to 6th Centuries.* Paper presented at International Association of Volcanology and Chemistry of the Earth's Interior (INTAV) 2013, Scientific Assembly.

Knudson, K.J. and J.E. Buikstra

2007 Residential Mobility and Resource Use in the Chiribaya Polity of Southern Peru: Strontium Isotope Analysis of Archaeological Tooth Enamel and Bone. *International Journal of Osteoarchaeology* 17: 563-580.

Knudson, K.J. and D.T. Price

2004 The Use of Strontium Isotope Analysis to Investigate Tiwanaku Migration and Mortuary Ritual in Bolivia and Peru. *Archaeometry* 46: 5-18.

Kusaka, S., A. Ando, T. Nakano, T. Yumoto, E. Ishimaru, M. Yoneda, F. Hyodo, and K. Katayama

2009 A Strontium Isotope Analysis on the Relationship between Ritual Tooth Ablation and Migration among the Jomon People in Japan. *Journal of Archaeological Science* 36: 2289-2297.

Kosakowsky, L., F. Estrada-Belli, and H. Neff

1999 Late Preclassic Ceramic Industries of Pacific Guatemala and El Salvador: Pacific Coast as Core, Periphery. *Journal of Field Archaeology* 26(4): 377-390.

Kutterolf, S., A. Freundt, and W. Perez

2008 Pacific Offshore Record of Plinian Arc Volcanism in Central America, part 2 Tephra Volumes and Erupted Masses. *Geochemistry, Geophysics, Geosystems* 9(2).

Lardé, J.

1926 Región arqueológica de Chalchuapa. *Revista de Etnología, Arqueología y Lingüística* I:163-173.

Lesure, R.G.

2011 *Interpreting Ancient Figurines: Context, Comparison and Prehistric Art.* Cambridge University Press, Cambridge.

Lohse, J.C. and N. Gonlin (eds.)

2007 *Commoner Ritual and Ideology in Ancient Mesoamerica.* University Press of Colorado, Colorado.

Lohse, J.C. and F. Valdez, Jr. (eds.)

2004 *Ancient Maya Commoners.* University of Texas Press, Austin.

Longyear, J.M.

1944 *Archaeological Investigations in El Salvador.* Memories of the Peabody Museum of Archaeology and Ethnology. Harvard University, Cambridge.

1952 *Copan Ceramics: A Study of Southeastern Maya Pottery.* Publication 597. Carnegie Institution of Washington, Washington D.C.

Lopez Austin, A. y L. López Luján

2001 *El Pasado Indígena.* Fondo de Cultura Económica, México.

2002 La periodización de la historia mesoamericana. *Arqueología Mexicana* (Edición Especial) 11: 6-15.

Lothrop, S.

1927 Pottery Types and Their Sequence in El Salvador. *Indian Notes and Monographs* 1(4): 165-220. Museum of the American Indian, Heye Foundation, New York.

Love, M.

2011 Critical Issues in the Southern Maya Region and the Late Preclassic Period. In *The Southern Maya in the Late Preclassic: The Rise and Fall of an Early Mesoamerican Civilization,* edited by M. Love and J. Kaplan, pp. 3-23. University Press of Colorado, Colorado.

Love, M., and J. Kaplan (eds.)

2011 *Southern Maya in the Late Preclassic: The Rise and Fall of an Early Mesoamerican Civilization.* University Press of Colorado, Colorado.

Lowe, G.W., T.A. Lee Jr., and E.M. Espinoza

1982　*Izapa: An Introduction to the Ruins and Monuments.* PNWAF No.31, Brigham Young University, Provo, Utah.

MacNeish, R.S.

1964　Ancient Mesoamerican Civilization. *Science* 143: 531-537.

Manahan, T.K. and M. A. Canuto

2009　Bracketing the Copan Dynasty: Late Preclassic and Early Postclassic Settlments at Copan, Honduras. *Latin American Antiquity* 20(4): 553-580.

Manzanilla, L.

2001　La zona del altiplano central en el Clásico. En *Historia Antigua de México vol. II: El Horizonte Clásico*, editado por Manzanilla, L. y L. López Luján, pp. 203-239. INAH y UNAM, México.

Marcus, J.

1995　Where is Lowland Maya Archaeology Headed? *Journal of Archaeological Research* 3(1): 3-55.

1998　The Peaks and Valleys of Ancient States: An Extension of the Dynamic Model. In *Archaic States*, edited by Feinman, G.M. and J. Marcus, pp.59-94. SMR, Santa Fe.

2003　The Maya and Teotihuacan. In *The Maya and Teotihuacan: Reinterpreting Early Classic Interaction*, edited by Braswell, G.E, pp. 337-356 University of Texas Press, Austin.

2004　Primary and Secondary State Formation in Southern Mesoamerica. In *Understanding Early Classic Copan*, edited by Bell, E. E, M. A. Canuto and R. J. Sharer, pp. 357-373. University of Pennsylvania Museum of Archaeology and Anthropology, Philadelphia.

Marcus, J. and K.V. Flannery

1996　*Zapotec Civilization: How Urban Society Evolved in Mexico's Oaxaca Valley.* Thames and Hudson, London.

Martin, S. and N. Grube

2000　*Chronicle of the Maya Kings and Queens.* Thames and Hudson, London.

Matos Moctezuma, E.

2000　Mesoamérica. En *Historia Antigua de México vol.I. El MéxicoAntiguo, Sus Áreas Culturales, los Orígenes y el Horizonte Preclásico*, editado por L. Manzanilla y L. López Luján, pp. 95-119. UNAM y INAH, México.

McAnany, P.A

1995　*Living with Ancestors: Kinships and Kingships in Ancient Maya Society.* University of Texas Press, Austin.

McKee, B.

2002　Appendix 1A. Radiocarbon Dating and Chronology. In *Before the Volcano Erupted: The Ancient Cerén Village in Central America*, edited by Sheets, P., pp.7-8. University of Texas Press, Austin.

Mehringer Jr., P. J., A. M. Sarna-Wojcicki, L. K. Wollwage, and P. D. Sheets

2005　Age and Extent of the Ilopango TBJ Tephra Inferred from a Holocene Chronostratigraphic Reference Section, Lago de Yojoa, Honduras. *Quaternary Research* 63 (2005): 199-205.

Michels, J.W.

1979　*The Kaminaljuyu Chiefdom.* Pennsylvania State University, College Park.

Miller, C.D.

2002 Volcanology, Stratigraphy, and Effects on Structures. In *Before the Volcano Erupted: The Ancient Cerén Village in Central America*, edited by Sheets, P., pp.11-23. University of Texas Press, Austin.

Miller, M. and K. Taube

1993 *The God and Symbols of Ancient Mexico and the Maya*. Thomas and Hudson, New York.

Murano, M.

2008 *Informe Final: Proyecto de Restauración e Investigación en la Estructura-5 y el Montículo-6 del Parque Arqueológico Casa Blanca, Chalchuapa, El Salvador*. El Salvador: Comité de Restauración del Templo Santiago Apóstol, Departamento de Arqueología de CONCULTURA y JICA, El Salvador.

Murano, M., M. Kudo, A. Ichikawa, N. Ito y S. Shibata

2011 Los entierros encontrados en Tazumal, Chalchuapa, un estudio de prácticas mortuorias. En *XXVIV Simposio de Investigaciones Arqueológicas en Guatemala, 2010*, editado por Arroyo, B., L. Paiz, A. Linares y A. Arroyave, pp. 697-716. MNAE, Guatemala.

Namigata, S., N. Ito y S. Shibata

2008 Las investigaciones de las aves dentro de vaso ofrendado, Tazumal. En *XXI Simposio de Investigaciones Arqueológicas en Guatemala 2007*, editado por Laporte, J.P., B. Arroyo y H. Mejía, pp.1007-1015. MNAE, Guatemala.

Nalda, E.

2004 *Los Cautivos de Dzibanché*. CONACULTA y INAH, México.

Niederberger, C.

2000 Ranked Societies, Iconographic Complexity, and Economic Wealth in the Basion of Mexico toward 122 BC. In *Olmec Art and Archaeology in Mesoamerica*, edited by Clark, J. and M. Pye, pp. 168-191. National Gallery of Art, Wshington, D.C.

Nichols, D.L. and C.A. Pool (eds.)

2012 *Oxford Handbook of Mesoamerican Archaeology*. Oxford University Press, Oxford.

Nichols, D.L. and C.A. Pool

2012 Mesoamerican Archaeology: Resent Trends. In *Oxford Handbook of Mesoamerican Archaeology*, edited by Nichols, D.L. and C.A. Pool, pp. 1-28. Oxford University Press, Oxford.

Nooren, K., W.Z. Hoek, H. Van der Plicht, M. Sigl, D. Galop, N. Torrescano-Valle, G. Islebe, A. Huizinga, T. Winkels, H. Middelkoop, and M. Van Bergen

2016 Is the Onset of the 6th Century 'Dark Age' in Maya History Related to Explosive Volcanism? *Geophysical Research Abstracts of European Geosciences Union General Assembly 2016*.

Norman, V.G.

1976 *Izapa Sculpture Part 2: Text*. PNWAF No.30, Brigham Young University, Provo, Utah.

Oliver, G. y L. López Luján

2010 El sacrificio humano en mesoamérica: ayer, hoy y mañana. En *El Sacrificio Humano en la Tradición Religiosa Mesoamericana*, editado por López Luján, L. y G. Oliver, pp. 19-42. INAH y UNAM, México.

Oliver-Smith, A. and S.M. Hoffman (eds.)

1999 *The Angry Earth: Disaster in Anthropological Perspective*. Routledge: New York and London.

O'Shea, J.

1981 Social Configurations and the Archaeological Study of Mortuary Practices: a Case Study. In *The Archaeology of Death*, edited by Chapman, R., I. Kinnes and R. Randsborg, pp. 39-52. Cambridge University Press, Cambridge.

Paredes, F.

2012 *Local Symbols and Regional Dynamics: The Jaguar Head Core Zone during the Late Preclassic in Southeastern Mesoamerica*. Ph.D Dissertation, University of Pennsylvania, Philadelphia.

Parkinson, W.A. and M.L. Galaty

2007 Secondary States in Perspective: An Integrated Approach to State Formation in the Prehistoric Aegean. *American Anthropologist* 109(1): 113-129.

Parsons, L.A.

1986 *The Origins of Maya Art: Monumental Stone Sculpture of Kaminaljuyu, Guatemala, and the Southern Pacific Coast*. Dumbarton Oaks, Washington D.C.

Pauketat, T.R.

2001 Practice and History in Archaeology: an Emerging Paradigm. *Anthropological Theory* 1: 73-98.

2007 *Chiefdoms and Order Archaeological Delusions*. Alta Mira Press, Lanham.

Pearson, M.P.

2008 *The Archeology of Death and Burial*. Texas A&M University Press, Texas.

Plunket, P. (ed.)

2002 *Domestic Ritual in Ancient Mesoamerica*. The Costen Institute of Archaeology, University of California, Los Angeles.

Plunket, P. and G. Uruñuela

1998 Preclassic Household Patterns Preserved Under Volcanic Ash at Tetimpa, Puebla. *Latin American Antiquity* 9: 287-309.

2008 Mountain of Sustenance, Mountain of Destruction: The Prehispanic Experience with Popocatépetl Volcano. *Journal of Volcanology and Geothermal Research* 170: 111-120.

Popenoe de Hatch, M.

1993 Inferencias de la economía y la organización sociopolítica en Kaminaljuyu durante los períodos Preclásico y Clásico Temprano. En *Segundo y Tercer Foro de Arqueología de Chiapas, Serie Memorias*, pp. 33-42. Gobierno del Estado de Chiapas, Instituto Chiapaneco de Cultura, México.

Powis, T.G.

2005 *New Perspectives on Formative Mesoamerican Cultures*. BAR International Series, Oxford.

Price, T.D., J.T. Burton, and R.A. Bentley

2002 The Characterization of Biologically Available Strontium Isotope Ratios for the Study of Prehistoric Migration. *Archaeometry* 44: 117-135.

Price, T.D., J.H. Burton, P.D. Fullagar, L.E. Wright, J.E. Buikstra, and V. Tiesler

2008 Strontium Isotopes and the Study of Human Mobility in Ancient Mesoamerica. *Latin American Antiquity* 19(2): 167-180.

Price, T. D., L. Manzanilla, and W.H. Middleton

2000 Immigration and the Ancient City of Teotihuacan in Mexico: A Study Using Strontium

Isotope Ratios in Human Bone and Teeth. *Journal of Archaeological Science* 27: 903-913.

Price, T.D. and G.M. Feinman

2010   Social Inequality and the Evolution of Human Social Organization. In *Pathways to Power: New Perspectives on the Emergence of Social Inequality*, edited by Price, T.D. and G.M. Feinman, pp.1-14. Springer Science+Business Media, LCC, New York.

Proskouriakoff, T.

1950   *A Study of Classic Maya Sculpture.* Carnegie Institution of Washington, Washington D.C.

Prufer, K.M., H. Moyes, B.J. Culleton, A. Kindon, and D.J. Kennett

2011   Formation of a Complex Polity on the Eastern Periphery of the Maya Lowlands. *Latin American Antiquity* 22(2): 199-223.

Ramsey, B.

2009   Bayesian Analysis of Radiocarbon Dates. *Radiocarbon* 51(1): 337-360.

Rathje, W.

1971   The Origin and Development of Lowland Classic Maya Civilization. *American Antiquity* 36(3): 275-285.

Rattray, E.

2001   *Teotihuacan: Ceramics, Chronology and Cultural Trends.* University of Pittsburgh, and INAH, Mexico.

Reents-Budet, D., E.E. Bell, L.P. Traxler, and R.L. Bishop

2004   Early Classic Ceramic Offerings at Coapn: A Comparison of the Hunal, Margarita, and Sub-Jaguar Tombs. In *Understanding Early Classic Copan*, edited by Bell, E.E, M.A. Canuto and R.J. Sharer, pp. 160-190. University of Pennsylvania Museum of Archaeology and Anthropology, Philadelphia.

Reents-Budet, S. Boucher Le Landais, Y. Palomo Carrrillo, R.L. Bishop, and M. James Blackman

2011   Cerámica de estilo códice: nuevos datos de producción y patrones de distribución. En *XXIV Simposio de Investigaciones Arqueológicas en Guatemala 2010*, editado por Arroyo, B., L. Paiz, A. Linares y A. Arroyave, pp. 832-846. MNAE, Guatemala.

Reimer, P.J., M.G.L. Baillier, E. Bard, A. Bayliss, J.W. Beck, P.G. Blackwells, C. Bronks Rasmey, C.E. Bucks, G.S. Burr, R.L. Edwards, M. Friedrich, P.M. Grootes, T.P. Guilderson, I. Hajadas, T.J. Heaton, A.G. Hoggs, K.A. Hughen, K.F. Kaiser, B. Kromer, F.G. McCormac, S.W. Manning, R.W. Reimer, D.A. Richards, J.R. Southon, S.Talamo, C.S.M. Turney, J. Van der Plicht, and C.E. Weyhenmeyer.

2009   IntCal09 and Marine09 Radiocarbon Age Calibration Curves, 0-50,000 years cal BP. *Radiocarbon* 51(4): 1111-1150.

Rhoads, M. L.

2002   *Population Dynamics at the Southern Periphery of the Ancient Maya World: Kinship at Copán.* Ph.D. dissertation, University of New Mexico, Albuquerque.

Rice, D.S.

1976   Middle Preclassic Maya Settlement in the Central Maya Lowlands. *Journal of Field Archaeology* (3) 4: 425-445.

Rice, P.M.

2005 [1987]   *Pottery Analysis* (Paper book Edition). The University of Chicago Press, Chicago.

Rosenswig, R.M.

2011   An Early Mesoamerian Archipelago of Complexity. In *Early Mesoamerican Social*

Transformations: Archaic and Formative Lifeways in the Socononusco Region, edited by Lesure, R.G., pp. 242-288. University of California Press, San Francisco and Los Angeles.

2012   The Southern Pacific Coastal Region of Mesoamerica: A Corridor of Interaction from Olmec to Aztec Times. In *Oxford Handbook of Mesoamerican Archaeology*, edited by Nichols, D.L. and C.A. Pool, pp. 419-433. Oxford University Press, Oxford.

Ruiz, M.E. y A. Pascual (eds.)

2004   *La Costa del Golfo en Tiempos Teotihuacanos: Propuestas y Perspectivas*. Memoria de la Segunda Mesa Redonda de Teotihuacán. INAH, México.

Ruz, A.L.

1968   *Costumbres Funerarias de los Antiguos Mayas*. Fondo de Cultura Económico, México.

Sabloff, J.A.

1975   *Excavations at Seibal, Department of Petén, Guatemala*. Memoirs of the Peabody Museum of Archaeology and Ethnology vol. 13 No.1 and 2. Harvard University, Cambridge.

Sanders, W.T. and J.W. Michels

1969   *The Pennsylvania State University Kaminaljuyu Project 1968 Season Part I: The Excavations*. Pennsylvania State University, Philadelphia.

1977   *Teotihuacan and Kaminaljuyu*. Pennsylvania University Press, Philadelphia.

Sanders, W.T., J.R. Parsons, and R.S. Stanley

1979   *The Basin of Mexico: Ecological Processes in the Evolution of a Civilization*. Academic Press, New York.

Sanders, W.T. and B.J. Price

1968   *Mesoamerica: Evolution of a Civilization*. Random House, New York.

Santley, R.S.

1983   Obsidian trade and Teotihuacan Influence in Mesoamerica. In *Highland-Lowland Interaction in Mesoamerica: Interdisciplinary Approaches*, edited by Miller, A.G., pp. 69-124. Dumbarton Oaks, Washington D.C.

1994   The Economy of Ancient Matacapan. *Ancient Mesoamerica* 5: 243-266.

2003   The Tuxtlas as Volcanic Hazard: Volcanism and Its Effects on Site Founding and Abandonment in the Tuxtla Mountains, Southern Veracruz, Mexico. In *The Archaeology of Settlement Abandonment in Middle America*, edited by Inomata, T, and R.W. Webb, pp.163-180. Foundations of Archaeological Inquiry, Salt Lake City.

Saul, F.P.

1972   *The Human Skeletal Remains of Altar de Sacrificios: An Osteobiographic Analysis*. Papers of the Peabody Museum of Archaeology and Ethnology, Volume 63, Number 2. Harvard University, Cambridge.

1975   Appendix 8: Human Remains from Lubaantun. In *Lubaantun, A Classic Maya Realm*, edited by N. Hammond, pp. 389-410. Peabody Museum Monographs No. 2. Peabody Museum of Archaeology and Ethnology, Harvard University, Cambridge.

Saturno, W.

2002   *Archaeological Investigations and Conservation at San Bartolo, Guatemala*. FAMSI Research Report.

Scarborough, V.L., F. Valdez Jr., and N. Dunning (eds.)

2003   *Heterarchy, Political Economy and the Ancient Maya: Three Rivers Region of the East-Central Yucatan Peninsula*. University of Arizona Press, Tuscon.

Schele, L. and M.E. Miller

    1986   *The Blood of Kings: Dynasty and Ritual in Maya Art*. George Braziller, New York.

Scherer, A. K.

    2004   *Dental Analysis of Classic Period Population Variability in the Maya Area*. Ph.D Dissertation for Texas A&M University.

Schortman, E.M. and P.A. Urban

    1994   Living on the Edge: Core/Periphery Relations in Ancient Southeastern Mesoamerica. *Current Anthropology* 35(4): 401-430.

    1995   Late Classic Society in the Rio Ulua Drainage, Honduras. *Journal of Field Archaeology* 22(4): 439-457.

    1999   Thoughts on the Periphery: The Ideological Consequences of Core/Periphery Relations. In *World-Systems Theory in Practice. Leadership, Production, and Exchange, held in St. Petersburg, 15-18 November 20*, edited by Scott, E.M., A.Y. Alekseev, and G. Zaitseva, pp. 45-61. Springer, New York.

Shanks, M. and C. Tilley

    1987   *Social Theory and Archaeology*. University of New Mexico Press, Albuquerque.

Sharer, R.J. (ed.)

    1978   *The Prehistory of Chalchuapa, El Salvador* (vol. I-III). University of Pennsylvania Press, Philadelphia.

Sharer, R.J.

    1974   The Prehistory of the Southeastern Maya Periphery. *Current Anthropology* 15(2): 165-176.

    1992   The Preclassic Origin of Lowland Maya States. In *New Theories on the Ancient Maya*, edited by Danien, E.C. and R.J. Sharer, pp.131-136. University of Pennsylvania Museum of Archaeology and Anthropology, Philadelphia.

    2003   Founding Events and Teotihuacan Connections at Copan, Honduras. In *The Maya and Teotihuacan: Reinterpreting Early Classic Interaction*, pp. 143-165. University of Texas Press, Austin.

    2004   External Interaction at Early Classic Copan. In *Understanding Early Classic Copan*, edited by Bell, E.E., M. A. Canuto and R. J. Sharer, pp. 299-317. University of Pennsylvania Museum of Archaeology and Anthropology, Philadelphia.

Sharer, R. J. and J. C. Gifford

    1970   Preclassic Ceramics from Chalchuapa, El Salvador, and Their Relationships with the Maya Lowlands. *American Antiquity* 35(4): 441-462.

Sharer, R.J. and L.P. Traxler

    2006   *The Ancient Maya* (6th edition). Stanford University, California.

Sheets, P.

    1971   An Ancient Natural Disaster. *Expedition* 13(1): 24-31.

    1979   Environmental and Cultural Effects of the Ilopango Eruption in Central America. In *Volcanic Activity and Human Ecology*, edited by Sheets, P. and D. Grayson, pp.525-564. Academic Press, New York.

    1981   Volcanoes and the Maya. *Natural History* 90(8): 32-41.

    1983a   Introduction. In *Archaeology and Volcanism in Central America: the Zapotitán Valley of El Salvador*, edited by Sheet, P. pp.1-13. University of Texas Press, Austin.

    1983b   Summary and Conclusions. In *Archaeology and Volcanism in Central America: The*

Zapotitan Valley of El Salvador, edited by Sheets, P., pp.195-223. University of Texas Press, Austin.

1986   Natural Hazards, Natural Disasters, and Research in the Zapotitan Valley of El Salvador. In *The Southeast Maya Periphery*, edited by Urban, P.A. and E.M. Schortman, pp.224-238. University of Texas Press, Austin.

1999   The Effects of Explosive Volcanism on Ancient Egalitarian, Ranked, and Stratified Societies in Middle America. In *The Angry Earth: Disaster in Anthropological Perspective*, edited by Oliver-Smith, A. and S.M. Hoffman, pp.36-58. Routledge: New York and London.

2001   The Effects of Explosive Eolcanism on Simple to Complex Societies in Ancient Central America. In *Interhemispheric Climate Linkage*, edited by Markgraf, V, pp.73-86. Academic Press: San Diego.

2006   *The Ceren Site: An Ancient Village Buried by Volcanic Ash in Central America* (2nd edition). Thomson Wadsworth, Belmont.

2007   People and Volcanoes in the Zapotitan Valley. In *Living under the Shadow: The Cultural Impacts of Volcanic Eruptions*, edited by Grattan, J. and R. Torrence, pp. 67-89. Left Coast Press: California.

2008   Armageddon to the Garden of Eden: Explosive Volcanic Eruption and Societal Resilience in Ancient Middle America. In *El Niño, Catastrophism, and Culture Change in Ancient America*, edited by Sandweiss, D. and J. Quilter, pp.168-186. Dumbarton Oaks: Washington D.C.

2009   Who Were Those Classic Period Immigrants into the Zapotitan Valley, El Salvador. In *The Ch'orti' Maya Area*, edited by Metz, B.E., C.L. McNeil, and K.M. Hull, pp.61-77. University Press of Florida, Florida.

2012   Responses to Explosive Volcanic Eruptions by Small to Complex Societies in Ancient Mexico and Central America. In *Surviving Sudden Environmental Change: Understanding Hazards, Mitigation, Impacts, Avoiding Disasters*, edited by Cooper, J. and P. Sheets (Kindle version). University Press of Colorado: Boulder.

Sheets, P. (ed.)

1983   *Archaeology and Volcanism in Central America: The Zapotitan Valley of El Salvador*. University of Texas Press, Austin.

2002   *Before the Volcano Erupted: The Ancient Ceren Village in Central America*. University of Texas Press, Austin.

Shibata, S.

2005a Formaciones troncocónicas encontradas al sur del Parque Arqueológico Casa Blanca, Chalchuapa. En *Chalchuapa, Fuentes Arqueológicas*, pp. 105-120. Departamento de Arqueología, Dirección Nacional de Patrimonio Cultural, CONCULUTRA, El Salvador.

2005b 7ª calle oriente: rescate frente el parque arqueológico Tazumal. En *Chalchuapa, Fuentes Arqueológicas*, pp. 121-150. Departamento de Arqueología, Dirección Nacional de Patrimonio Cultural, CONCULUTRA, El Salvador.

2005c Rescate arqueológico en la lotificación Ciudad Nuevo Tazumal, Chalchuapa. En *XVIII Simposio de Investigaciones Arqueológicas en Guatemala 2004*, editado por Laporte, J.P., B. Arroyo y H. Mejía, pp.565-572. MNAE, Guatemala.

2006   El sentido de cambio observado entre las arquitecturas de Chalchuapa durante el clásico tardío y posclásico. En *XIX Simposio de Investigaciones Arqueológias en Guatemala 2005*, editado por Laporte, J.P., B. Arroyo y H. Mejía, pp. 200-210. MNAE, Guatemala.

Shibata, S. y M. Murano

2007 Investigaciones arqueológicas en el Edificio de las Columnas (Bl-ld) de Tazumal, Chalchuapa. En *XX Simposio de Investigaciones Arqueológicas en Guatemala 2006*, editado por Laporte, J.P., B. Arroyo y H. Mejía, pp.1059-1070. MNAE, Guatemala.

Shibata, S., S. Kitamura y A. Ichikawa

2010 Reconsidetación del fechamiento de TBJ desde el punto de vista estratigráfico. En *XXIII Simposio de Investigaciones Arqueológicas en Guatemala, 2009*, editado por Laporte, J.P., B. Arroyo y H. Mejía, pp. 826-838. MNAE, Guatemala.

Shibata, S., N. Ito, H. Minami, T. Nakamura y E. Niu

2002 Resultados de las investigaciones en las Trincheras 4N y M1 en el área de Casa Blanca, Chalchuapa 2000-2001. En *XV Simposio de Investigaciones Arqueológicas en Guatemala, 2001*, editado por Laporte, J.P., H. Escobedo y B. Arroyo, pp. 878-888. MNAE, Guatemala.

Shook, E.M. and A.V. Kidder

1952 *Mound E-III-3, Kaminaljuyu, Guatemala*. Carnegie Institution of Washington, Washington D.C.

Shook, E.M. y M. Popenoe de Hatch

1999 Las tierras altas centrales: Período Preclásico y Clásico. En *Historia General de Guatemala*, Tomo I, pp. 295-318. Asociación de Amigos de País, Fundación para la Cultura y el Desarrollo, Guatemala.

Siebe, C.V.

2000 Age and Archaeological Implications of Xitle Volcano, Southwestern Basin of Mexico-city. *Journal of Volcanology and Geothermal Research* 104: pp. 45-64.

Siebe, C., V. Rodoríguez-Lara, P. Schaaf y M. Abrams

1996 Repeated Volcanic Disasters in Prehispanic Time at Popocatépetl, Central Mexico: Past Key to the Future? *Geology* 24(5): 399-402.

Smith A.L.

1955 *Archaeological Reconnaissance in Central Guatemala*. Carnegie Institution of Washington, Washington D.C.

Smith, A.L. and A.V. Kidder

1943 *Explorations in the Motagua Valley, Guatemala*. Institution of Washington Contributions to American Anthropology and History, No.41, Washington D.C.

Smith, M.E. and F. Berdan.

2003 *The Postclassic Mesoamerican World*. University of Utah Press, Salt Lake City.

Smith, M.C. and M.A. Masson

2000 *The Ancient Civilizations of Mesoamerica: A Reader*. Blackwell Publishers, Oxford.

Smith, V.G.

1984 *Izapa Relief Carving: Form, Content, Rules for Design, and Role in Mesoamerican Art History and Archaeology*. Dumbarton Oaks, Washington D.C.

Spence, M.W.

1974a Residential Practices and the Distribution of Skeletal Traits in Teotihuacan, Mexico. *Man* 9: 262-273.

1974b The Study of Residential Practices among Prehistoric Hunters and Gathers. *World Archaeology* 5: 346-357.

Spencer, C.S. and E.M. Redmond

    2004   Primary State Formation in Mesoamerica. *Annual Review Anthropology* 33: 173-199.

Spinden, H.J.

    1915   Notes on the Archaeology of Salvador. *American Anthropologist* 17(3): 446-487.

Stanton, T.W.

    2012   The Rise of Formative Period Complex Societies in the Northern Maya Lowlands. In *Oxford Handbook of Mesoamerican Archaeology*, edited by Nichols, D.L. and C.A. Pool, pp. 268-282. Oxford University Press, Oxford.

Stein, G.J.

    2002   From Passive Periphery to Active Agents: Emerging Perspectives in the Archaeology of Interregional Interaction. *American Anthropologist* 104 (3): 903-916.

Stephens, J.L.

    1841 [1969]   *Incidents of Travel in Central America, Chiapas and Yucatan* 1-2. Dover Publication, New York.

Stirling, M.W.

    1940   *Stone Monuments of Southern Mexico*. Bureau of American Ethnology, Bulletin 138. Smithsonian Institution, Washington D.C.

Stone, A.

    1992   From Ritual in the Landscape to Capture in the Urban Center: The Recreation of Ritual Environments in Mesoamerica. *Journal of Ritual Studies* 6(1): 109-132.

Stone, A. (ed.)

    2002   *Heart of Creation: The Mesoamerican World and the Legacy of Linda Schele*. The University of Alabama Press, Alabama.

Stuart, D.

    2000   "The Arrival of Strangers": Teotihuacan and Tollan in Classic Maya History. In *Mesoamerica's Classic Heritage: From Teotihuacan to the Aztec*, edited by Carrasco, D., L. Jones, and S. Sessions, pp. 433-464. University Press of Colorado, Colorado.

    2004   The Beginnings of the Copan Dynasty: A Review of the Hieroglyphic and Historical Evidence. In *Understanding Early Classic Copan*, edited by Bell, E.E., M.A. Canuto and R.J. Sharer, pp. 215-247. University of Pennsylvania Press, Philadelphia.

Sugiura, Y.

    2001   La zona del altiplano central en el Epiclásico. En *Historia Antigua de México Volumen II: El Horizonte Clásico*, editado por Manzanilla, L. y L. López Luján, pp. 347-390. INAH y UNAM, México.

Sugiyama, S.

    2005   *Human Sacrifice, Militarism, and Rulership: Materialization of State Ideology at the Feathered Serpent Pyramid, Teotihuacan*. Cambridge University Press, Cambridge.

    2010   Teotihuacan City Layout as a Cosmogram: Preliminary Results of the 2007 Measurement Unit Study. In *The Archaeology of Measurement: Comprehending Heaven, Earth and Time in Ancient Societies*, edited by Morley, I. and C. Renfrew, Cambridge University Press, Cambridge.

Tainter, J.M.

    1975   Social Inference and Mortuary Practices: An Experiment in Numerical Classification. *World Archaeology* 7: 1-15.

1978   Mortuary Practices and the Study of Prehistoric Social Systems. In *Advances in Archaeological Method and Theory vol.1*, edited by Schiffer, M., pp.106-143. Academic Press, New York.

Taube, K.

1992   The Iconography of Mirrors at Teotihuacan. In *Art, Ideology, and the City of Teotihuacan*, edited by Berlo, J., pp.169-204. Dumbarton Oaks, Washington D.C.

2005   The Symbolism of Jade in Classic May Religion. *Ancient Mesoamerica* 16(1): 23-50.

Taylor, R.E. and C. W. Meighan

1978   *Chronologies in New World Archaeology*. Academic Press, New York.

Thompson, J.E.S.

1945   A Survey of the Northern Maya Area. *American Antiquity* 11: 2-24.

1950   *Maya Hieroglyphic Writing*. Carnegie Institution of Washington, Washington D.C.

1954   *The Rise and Fall of Maya Civilization* (1st edition). University of Oklahoma Press, Oklahoma.

Torrence, R. and J. Grattan

2002   The Archaeology of Disasters: Past and Future Trends. In *Natural Disasters and Cultural Change*, edited by Torrence, R. and J. Grattan, pp.1-18. Routledge, London and New York.

Trigger, B.G.

1996   *A History of Archaeological Thought* (2nd edition). Cambridge University Press, Cambridge.

Urban, P.A. and E.M. Schortman

2004   Opportunities for Advancement: Intra-Community Power Contests in the Midst of Political Decentralization in Terminal Classic Southeastern Mesoamerica. *Latin American Antiquity* 15: 251-272.

Vaillant, G.C.

1930   *Excavation at Zacatenco*. Anthropological Papers of the American Museum of Natural History 32(1), New York.

1931   *Excavation at Ticoman*. Anthropological Papers of the American Museum of Natural History 32(2), New York.

Valdés, J.A. and J. Kaplan

2000   Ground-Penetrating Radar at the Maya Site of Kaminaljuyu, Guatemala. *Journal of Field Archacology* 27(3): 329-342

Valdés, J.A. and L.E. Wright

2004   The Early Classic and its Antecedents at Kaminaljuyu: A Complex Society with Complex Problems. In *Understanding Early Classic Copan*, edited by Bell, E.E., E.A. Canuto and R.J. Sharer, pp. 337-355. University of Pennsylvania Museum of Archaeology and Anthropology, Philadelphia.

Valdivieso, F.

2005   El Tazumal: avance del Proyecto de Investigación Arqueológica y Restauración de la Estructura B1-2 del sitio arqueológico El Tazumal, zona arqueológica de Chalchuapa, El Salvador, Centro América. *El Salvador Investiga* 1:5-24.

2007   *Tazumal y la Estructura B1-2, Registro de una Reconstrucción Arqueológica y Nuevo Aportes para Su Interpretación*. Fundación-clic, El Salvador.

Van Dyke, R.M. and S.E. Alock (eds.)

2003   *Archaeologies of Memory*. Blackwell, Oxford.

Velásquez, E.

2004 Preguntas epigráficas acerca de los escalones de Dzibanché. En *Los Cautivos de Dzibanché*, editado por Nalda, E., pp.79-104. INAH, México.

Velásquez, L.

2014 El patrón triádico en el contexto urbano e ideológico de los antiguos asentamientos mayas. *Estudios de Cultura Maya* 43: 13-40.

Viel, R.

1993 *Evolución de la Cerámica de Copan, Honduras*. Instituto Hondureño de Antropología e Historia, Tegucigalpa.

1999 El período formativo de Copan, Honduras. En *XII Simposio de Investigaciones Arqueológicas en Guatemala, 1998*, editado por Laporte, J.P. y H.L. Escobedo, pp.96-101. MNAE, Guatemala.

Wallerstein, I.

1974 *The Modern World System I. Capitalist Agriculture and the Origin of the European World-Economy in the Sixteenth Century*. Academic Press, New York. (川北稔訳　1981　『近代世界システムI──農業資本主義と「ヨーロッパ世界経済」の成立──』　岩波現代選書：東京)

Wason, P.L.

1994 *The Archaeology of Rank*. Cambridge University Press, Cambridge.

Webb, M.C.

1973 The Peten Maya Decline Viewed in the Perspective of State Formation. In *The Classic Maya Collapse*, edited by Culbert. P., pp.367-404. University New Mexico Press, Albuquerque.

Webster, D.

1993 The Study of Maya Warfare: What it Tells about the Maya and What it Tells Us about Maya Archaeology. In *Lowland Maya Civilization in the Eighth Century*, edited by Sabloff, J. and J. Henderson, pp.415-444. Dumbarton Oaks, Washington D.C.

1999 Ancient Maya Warfare. In *War and Society in the Ancient and Medieval Worlds*, edited by Kurt, R., and R. Nathan, pp. 333-360. Harvard University Press, Cambridge.

Welsh, B.M.

1988 *An Analysis of Classic Lowland Maya Burials*. BAR International, Oxford.

Wetherington, R.K.

1978 *The Ceramic of Kaminaljuyu, Guatemala*. Pennsylvania State University, Philadelphia.

White, C.D.

1999 *Reconstructing Ancient Maya Diet*. University of Utah Press, Salt Lake City.

White, C.D., F.J. Longstaff, and K.R. Law

2000 Testing the Nature of Teotihuacan Imperialism at Kaminaljuyu Using Phosphate Oxygen-Isotope Ratios. *Journal of Anthropological Research* 56(4): 535-558.

White, T.D. and P.A. Folkens

2005 *The Human Bone Manual*. Academic Press, New York.

Willey, G.R.

1977 El surgimiento de la civilización maya: resumen. En *Los Orígenes de la Civilización Maya*, editado por E.W, R. Adams, pp.417-459. Fondo de Cultura Económica, México.

Willey, G.R. and P. Phillips

1955 Method and Theory in American Archaeology II: Historical-Developmental Interpretation. *American Anthropologist* 57(4): 723-819.

Willey, G. R. and Sabloff, J.A.

1993 *A History of American Archaeology* (3rd edition). W.H. Freeman, San Francisco.

Willey, G.R., R.M. Leventhal, A.A., Demarest, and W.L. Fash.

1994 *Ceramics and Artifacts from Excavations in the Copan Residential Zone.* Harvard University, Cambridge.

Wiiley, G.R., W.R. Bullard Jr., J.B. Glass, and J.C. Gifford

1965 *Prehistoric Maya Settlements in the Belize Valley.* Papers of the Peabody Museum of Archaeology and Ethnology vol.54. Harvard University, Cambridge.

Williams, E., M. García Sánchez, P.C. Weigand y M. Gándara (eds.)

2011 *Mesoamérica: Debates y Perspectivas.* El Colegio de Michoacán, Michoacán.

Wobst, H.M.

1977 Stylistic Behavior and Information Exchange. In *For the Director: Research Essays in Honor of James B. Griffin*, edited by Cleland, C.E., pp. 317-342. Anthropological Papers No. 61. Museum of Anthropology, University of Michigan, Ann Arbor.

Wright, L. E.

1999 Los niños de Kaminaljuyu: Isótopos, dieta y etnicidad en el altiplano guatemalteco. En *XII Simposio de Investigaciones Arqueológicas en Guatemala, 1998*, editado por Laporte, J.P., H.L. Escobedo, y A.C. Monzón de Suasnávar, pp. 485-491. MNAE, Guatemala.

2005 In Search of Yax Nuun Ayin I: Revisiting the Tikal Project's Burial 10. *Ancient Mesoamerica* 16: 89-100.

Wright, L.E., J.A. Valdes, J.H. Burton, T.D. Price, and H.P. Schwartz

2010 The Children of Kaminaljuyu: Isotopic Insight into Diet and Long Distance Interaction in Mesoamerica. *Journal of Anthropological Archaeology* 29: 155-178.

Wrobel, G. D.

2003 *Metric and Nonmetric Dental Variation among the Ancient Maya of Northern Belize.* Ph.D. dissertation, University of Indiana, Bloomington.

Yagi, H., S. Shibata y L. Morán

2015 La cerámica de El Cambio, Valle de Zapotitán, El Salvador. En *XXVIII Simposio de Investigaciones Arqueológicas en Guatemala Tomo II*, pp. 855-863. Museo Nacional de Arqueología y Etonología, Guatemala.

Yoffee, N.

1993 Too Many Chiefs? (or Safe Texts for the '90s). In *Archaeological Theory: Who Sets the Agenda?*, edited by Yoffee, N. and A. Sherratt, pp. 60-78. Cambridge University Press, Cambridge.

2005 *Myths of the Archaic State: Evolution of the Earliest Cities, States, and Civilizations.* Cambridge University Press, Cambridge.

初出一覧

　本書は、平成26年に名古屋大学に提出した学位申請論文『メソアメリカ古典期社会の形成過程に関する考古学的研究』を骨子としている。学位論文は二部構成をなし、本書はその第II部にあたる。さらに全体の体裁を整えるために各章の加筆補訂をおこない、箇所によっては大幅に改稿を加えた。第I部はメソアメリカ全域の墓資料をもちいて先古典期から古典期にかけての社会階層化の過程について論じているが、検討課題が多く、機会を改めて公にしたいと考えている。

　既発表の和文原著論考と各章の対応関係については下記のとおりである。スペイン語で発表した論文の内容についても各所に挿入しているが、それらについては参考文献として列記してあるので興味のある方はそちらを参照いただきたい。

序　章　古代メソアメリカ文明研究の動向：新稿

第1章　メソアメリカ周縁史研究の視座 ——周縁からの挑戦——：新稿

第2章　歴史の連続性 ——チャルチュアパ遺跡編年の再考——：市川彰2012b「メソアメリカ南東部における先古典期から古典期への社会変化とその背景」『古代文化』64（2）：117-136をもとにデータを大量追加し、加筆補訂。

第3章　噴火災害との対峙 ——イロパンゴ火山噴火をめぐる諸問題——：新稿

第4章　先古典期から古典期への胎動——社会変化の画期——：同上の論文に加えて、「第2節 墓からみた社会階層化の画期」については市川彰2012a「土壙墓からみた先スペイン時代の墓制と社会に関する一考察」『古代学研究』195: 31-41に補訂。

第5章　周縁と中心が接触する時 ——周縁の主体性と独自性——：南・市川・坂田ほか2013「エルサルバドル共和国から出土した先スペイン期埋葬人骨の同位体分析——人の移動と食性復元にむけて——」『考古学と自然科学』64: 1-25の一部、市川彰2014「マヤ南部地域における戦いの痕跡——チャルチュアパ遺跡を中心に——」『考古学研究』240: 24-34に新たな資料を追加し、加筆補訂。

終　章　メソアメリカ周縁社会の特質：新稿

欧文要旨

A la sombra de las grandes ciudades de Mesoamérica
: Una perspectiva de la periferia

Introducción

Mesoamérica, abarca una extensa área hoy en día desde el norte de México hasta el occidente de Costa Rica. Posee una milenaria historia y diversidad cultural durante el período prehispánico. Los estudios e investigaciones arqueológicas en cuanto a la antigua civilización de Mesoamérica se remontan desde principios del siglo XX. Desde entonces, se han desarrollados miles de investigaciones académicas en varios lugares de Mesoamérica, y es por ello que actualmente conocemos algunos aspectos de las maravillosas culturas e historias de los antiguos pobladores que forman parte de Mesoamérica como un área cultural presente en la historia del continente americano. Es importante destacar que desde el principio de la historia de los estudios e investigaciones realizados, la mayoría se han enfocado a estudiar las grandes ciudades y las culturas de los habitantes más privilegiados. Sin embargo, por cambios en los marcos teóricos, así como en los intereses académicos alrededor del final de siglo XX, se ha logrado reconocer la importancia de papeles en el desarrollo de la historia, de las ciudades menores y las comunidades ubicadas en el entorno de las grandes ciudades, las cuales han sido tratadas como "periferia" por los investigadores hasta el momento.

Este libro pretende replantear la larga trayectoria de las antiguas civilizaciones que conformaron Mesoamérica, considerando la perspectiva de "periferia", específicamente a través de investigaciones arqueológicas llevadas a cabo en la zona arqueológica Chalchuapa, ubicada hoy en día en el occidente de El Salvador. Al final, se propondrá una nueva mirada de las entidades periféricas en el período prehispánico.

Capítulo I Marco teórico: una mirada desde el punto de vista "periférica"

Los términos dicotómicos "centro" y "periferia" inconscientemente nos dan una imagen típica, donde implícitamente el "centro" domina a la "periferia". La mayoría de las investigaciones arqueológicas y antropológicas en Mesoamérica se han enfocado a los grandes sitios arqueológicos reconocidos como "centros". Evidentemente estos trabajos han generado una gran contribución en el conocimiento arqueológico de Mesoamérica; sin embargo, la percepción de los sitios menores que se encuentran en el entorno de los sitios grandes ("periféricos") tiende a ser pasiva y hasta cierto modo estática.

Como reacción en contra de la arqueología procesual surgió la arqueología postprocesual a partir de los años 80's, la cual defiende la importancia del individuo, originalidad y particularidad de las culturas y además el relativismo científico (Hodder 1982, 1986; Pauketat 2001, 2007; Yoffee 1993, 2005). Dicho movimiento impactó también el cambio de la perspectiva de relación entre "centro" y "periferia". En base a dicho marco teórico se pretende reconsiderar la imagen de las sociedades en el área sureste de Mesoamérica, tomando como caso de estudio, las investigaciones realizadas en la zona arqueológica Chalchuapa en el occidente de El Salvador, que se encuentra a unos 110 km de dos grandes centros regionales: Kaminaljuyu en Guatemala y Copán en Honduras.

La zona arqueológica Chalchuapa consiste en más de 100 estructuras prehispánicas y su dimensión comprende alrededor de 3 km^2. A partir de los años 40's hasta los 70's ha sido investigado intensamente por varios arqueólogos y antropólogos, estableciéndose que Chalchuapa posee una larga trayectoria histórica desde el período Preclásico Temprano hasta Posclásico Tardío, así como un complejo desarrollo social (e.g. Boggs 1943; Sharer 1978). También, se conoce de interacciones con varias culturas foráneas, tales como Olmeca, Maya y Pipil. Es interesante notar que en la historia de las antiguas civilizaciones mesoamericanas, varias ciudades grandes florecieron fuertemente; sin embargo en un punto de su desarrollo, también está presente un punto de colapso, así como lo muestran los registros arqueológicos. Chalchuapa como un caso excepcional, mantuvo su presencia aunque no era tan notable como otros sitios arqueológicos: Kaminaljuyu, Tikal en Guatemala, Copán en Honduras, Teotihuacán en México, y otras grandes ciudades. ¿Por qué Chalchuapa pudo mantener sus actividades sociales de manera sostenible?

Para tratar de comprender el caso particular de la zona arqueológica Chalchuapa, es necesario considerar y estudiar los siguientes aspectos: 1) revisión cronológica de Chalchuapa, 2) reacción humana contra la erupción del Ilopango, 3) el proceso de transición desde la forma de la sociedad preclásica a la clásica, considerando los cambios registrados a nivel mesoamericano.

Capítulo II Revisión cronológica de Chalchuapa, El Salvador

Es innegable la necesidad de establecer una cronología fina, siendo crucial para la arqueología mesoamericana (Demarest 1989; Inomata et al. 2014). En el capítulo II, a través de las secuencias arquitectónicas, los datos cerámicos y los análisis de carbono 14 se realizó una revisión de la cronología de Chalchuapa, establecida por Robert J. Sharer (Sharer 1978).

Es importante enfatizar que Chalchuapa posee una historia milenaria que hasta el momento indica haber ocurrido de manera contínua, desde el período Preclásico hasta el Posclásico, es decir, casi toda la temporalidad de época prehispánica. Durante dicha trayectoria ocurrió la migración del centro ceremonial dentro del sitio desde el área norte hacía el sur, es decir, de El Trapiche, Casa Blanca hasta Tazumal siguiendo un orden cronológico. En base a los análisis de radiocarbono y los cambios en el estilo arquitectónico, dicha migración ocurrió de manera gradual; es decir paulatinamente, no de un momento a otro. Además, este estudio reveló que la secuencia arquitectónica del área de Tazumal, aporta tres fases por medio de la ubicación de la escalinata principal y el material constructivo, desde su primera investigación intensa en los años 40's.

La tradición cerámica en la zona arqueológica Chalchuapa, también evidencia un desarrollo gradual. Los estudios no sugieren un cambio drástico a lo largo del tiempo. En base a los datos diacrónicos en cuanto a las formas y las decoraciones, la tradición cerámica evolucionaba manteniéndose con algunas características de la fase anterior. Aunque los antiguos chalchuapanecos mantenían las conexiones culturales con otras ciudades, conservaban la originalidad del pueblo. Como evidencia se pueden mencionar aspectos tales como la decoración Usulután; sin embargo, también se debe aclarar que recibían a las culturas foráneas con su propia interpretación.

Capítulo III: Enfrentamiento a la catastrófica erupción de Ilopango

En el área de estudio se han registrado múltiples episodios eruptivos desde el Pleistoceno hasta la fecha. Uno de los más catastróficos y conocidos en la historia es la erupción del Volcán Ilopango, fechada alrededor del 400 - 550 d.C (Dull et al. 2001, 2010). A pesar de que dicho evento volcánico se relaciona como un evento importante en la historia de la región y a nivel mesoamericano, su fechamiento e impacto todavía es polémico. En términos generales, se considera que la erupción provocó un abandono de los sitios que se encuentran en el actual territorio salvadoreño. Sin embargo, en Chalchuapa la evidencia sugiere que la ocupación continuó sin interrupción, es decir, no se evidencia el abandono completo como lo han señalado otros estudios (e.g. Dull et al. 2010; Sheets 1983).

Aunado a lo anterior, se realizó una reconsideración en cuanto al fechamiento y al impacto de la erupción del Volcán Ilopango desde la óptica arqueológica. Como consecuencia, a pesar que todavía no se puede descartar otra posibilidad, el fechamiento de la erupción concluyó alrededor del 400 - 450 d.C., ya que los materiales influenciados por Teotihuacán están presentes en los contextos de antes y después de la erupción. Aunque otras propuestas se acercan a los análisis (260 ± 114 d.C., 535 d.C.) estarían fuera del tiempo en el que se debería observar la mayor presencia teotihuacana en la región.

Los impactos provocados por la erupción son variados y esto dependió de factores como la distancia y la dirección desde el cráter, el tamaño del sitio, la función del sitio, etc. En el caso de Chalchuapa, ubicado aproximadamente a 80 km al lado oeste del volcán, tras la erupción, las actividades de construcción continuaron, así como la tradición cerámica que al parecer no cambió drásticamente. Esto quiere decir que Chalchuapa no fue abandonada por la erupción. Es interesante mencionar que en el sitio Nueva Esperanza, en la región del Bajo Lempa, departamento de Usulután, El Salvador, ubicado unos 50 km al lado este del volcán se registraron vasijas prehispánicas colocadas sobre una capa de ceniza volcánica del Ilopango cuyo grosor mide 1-2 cm, y luego de esto fueron sepultados completamente por la TBJ. Esto nos indica que existió un lapso de tiempo para realizar el rito. Asimismo existió un lapso de tiempo para realizar una evacuación. Según los estudios del vulcanismo y sociedades pretéritas (e.g. Sheets 2012), a medida de que la complejidad social se establece, la resistencia ante desastres naturales disminuye. De tal modo, es posible inferir que Chalchuapa se encontraba conformada por una compleja sociedad pero no tan desarrollada a nivel de estado.

Capítulo IV: Tiempo de Transición -del Preclásico hacia el Clásico-

En la historia mesoamericana la transición desde el período Preclásico al Clásico es un tiempo de cambio social y en varios lugares de Mesoamérica emergían las ciudades estados y dinastías. En este movimiento social, ¿qué se puede observar en el área periférica del sureste de Mesoamérica? En el capítulo IV, se trata de detectar la presencia o ausencia de cambios en la arquitectura, la escultura, figurillas, cerámicas y patrones de enterramiento.

Al igual que otras áreas de Mesoamérica en Chalchuapa existen algunos cambios significativos en el período Clásico Temprano, es decir alrededor del 300-400/450 d.C. Este cambio se puede percibir en el aspecto ideológico, ya que la ubicación de los edificios monumentales que reflejan la cosmología e ideología de la sociedad prehispánica cambió del tipo cerrado al tipo abierto, el eje central en la dirección norte-sur, cambió a oeste-este. En Tazumal, el acceso al templo principal también cambió. Las esculturas y figurillas tienen su auge en el período Preclásico en la región sur Maya, siendo escasas en el período Clásico Temprano. En el caso de la tradición cerámica, se puede observar cambios en las decoraciones y formas, cambiando también las estrategias de intercambio desde Kaminaljuyu en Guatemala, a Copán en Honduras.

A partir del período Clásico Temprano se puede observar claramente la estratificación social a través de los patrones funerarios. Aunque en el período Preclásico existen algunas diferencias en los patrones funerarios, no se puede observar una clara diferenciación social, por lo que en dicho período hasta el momento no se puede hablar de desigualdad social. Al entrar al período Clásico Temprano, se encuentran entierros con una gran cantidad de ofrendas de buena calidad, materiales prestigiosos y fosas bien elaboradas, lo cual sustenta el aparecimiento de altos dirigentes de la sociedad en Chalchuapa, contrario a lo observado en el Preclásico.

En la transición social desde el período Preclásico hacia el período Clásico se pueden observar los elementos materiales, en particular, aspectos ideológicos y el surgimiento de la estratificación social.

Capítulo V: Centros regionales y sus periferias

En el principio del período Clásico Temprano, la gran urbe Teotihuacana tiene relevancia y presencia a nivel mesoamericano, influyendo directamente e indirectamente en el cambio de la forma social en diversas regiones. Dicha influencia llegó hasta el lado sureste de Mesoamérica, región destacada por grandes ciudades, tales como Kaminaljuyu en Guatemala y Copán en Honduras. Esta turbulencia llegó hasta la periferia sureste de Mesoamérica y Chalchuapa es el sitio arqueológico más alejado donde se ha podido registrar este suceso.

En los últimos años se ha aceptado que la influencia teotihuacana que se puede observar en la región de estudio fue recibida principalmente por iniciativa propia de los lugareños, para consolidar su poder político (e.g. Brwaswell ed. 2003). Por otro lado, los estudios isotópicos afirman que los teotihuacanos no emigraron a los sitios arriba mencionado (Buikstra et al. 2004). Por lo tanto se puede decir que el domino directo y militar de Teotihuacán no sucedió en las grandes ciudades del sureste de Mesoamérica. En el caso de Chalchuapa alrededor del 400 d.C. llegó la influencia teotihuacana, por lo menos antes de la erupción del Ilopango. No obstante, en base a las evidencias de los materiales culturales la escala de dicha influencia fue menor, llegando indirectamente a través de otros sitios muy influenciado por Teotihuacán. Los análisis de isotopos estables y de morfología dental también afirman dicha interpretación. Con lo anterior los protagonistas de los cambios culturales y sociales que se pueden observar en el tiempo de transición desde el Preclásico al Clásico fueron los mismos chalchuapanecos.

Conclusión: Particularidad de ciudades periféricas

Para concluir, se propone la idea "la estrategia de ser periférico". Por lo general una entidad política que se considera "centro" intenta controlar otras entidades de menor escala reconocidas como "periférico". Mediante los datos arqueológicos disponibles en Chalchuapa, las ciudades periféricas podían mantener una distancia política con otras ciudades grandes, lo que quiere decir que las ciudades periféricas podían tomar estrategias independientes. Las ciudades grandes y las elites, por lo general exigen ser más grandes y dominar más territorio y población. Este tipo de sociedades están en el estado inestable relativamente (e.g. Flannery

1995; Marcus 1998; Parkinson and Galaty 2007), ya que probablemente es difícil dominar y controlar una mayor cantidad de población y hay más probabilidad de desatar una rebelión. También se considera que las ciudades grandes como estados, poseen menor resistencia ante los desastre naturales (e.g. Sheets 2001). Por lo tanto, a pesar de que las ciudades grandes se desarrollan fuertemente, al final siempre llegan sus ocasos. Por otra parte, como Chalchuapa adoptó una estrategia de ser periférico, esto le permitió tener un buen balance social y político, brindándole también una alta sustentabilidad ante crisis sociales, económicas y medio ambientales. Chalchuapa, refleja una estrategia heredada desde sus inicios, resultando en una larga historia de más 2000 años.

謝　辞

　2003年7月、学部を卒業して間もない筆者は、中米に向かった。最終目的地は、メソア
メリカ考古学の本場であるメキシコやグアテマラではなく、エルサルバドルである。はじ
めに到着したグアテマラでは、英語が通じず、見知らぬ男に半ば騙されるかのように連れ
て行かれたアンティグア市のスペイン語学校に2週間ほど通学した。その後、高額な光波
測量機を膝に抱え国際長距離バスに揺られ、エルサルバドルに向かった。国際長距離バス
といっても、単に国境までいく乗り合いバスで、要するにチケットを手配してくれた旅行
代理店の店主に騙されただけである。

　なんとか到着した私にとって初めてのエルサルバドル、そして初めての遺跡がチャル
チュアパ遺跡カサ・ブランカ地区であった。私に託された最初の業務は、土器の実測で
あった。最初のシーズンは、街の記憶もなければ、ほとんど土を踏んだ記憶もない。宿
舎でずっと土器の実測である。本書の第2章にある土器の実測図がそのときの成果物であ
る。当時は、私が愛してやまない米国の音楽バンドの追っかけついでに、海外の考古学に
触れる機会が得られたら御の字、という今思えば赤面するほどの軽い動機であった。

　そのような筆者が、2003年から現在まで毎年欠かさずエルサルバドルに行く理由のひ
とつは、多くの関係者の方々のご支援・ご協力、スペイン語がほとんど話せなかった頃か
ら現在まで広い心で私を迎えてくれるエルサルバドル人の皆様方の存在があるからに他な
らない。最後に、本書の完成にいたるまでにお世話になった方々に短い言葉では云い尽く
すことは不可能だが、この場をお借りして、御礼を申し上げたい。

　名古屋大学考古学研究室の山本直人先生、梶原義実先生には、専門外の分野にもかかわ
らず、日本考古学の視点から常に的確なご指導を賜った。長期の海外滞在にもご理解をい
ただき、そのおかげもあって在学期間中は有意義な時間を過ごすことができた。

　筆者がメソアメリカ考古学を志すきっかけを与えてくださった京都外国語大学の南博史
先生にも感謝申し上げる。名古屋大学大学院文学研究科の伊藤伸幸先生、エルサルバドル
共和国文化庁文化自然遺産局考古課の柴田潮音先生のお二人には、はじめてエルサルバド
ルに渡航した2003年から今日に至るまで公私ともども格別のご支援を賜ってきた。かけ
た迷惑は数えきれないが、常に激励いただいたことを感謝申し上げる。お二人のご支援ご
協力がなければ本書を書き終えることはおろか書き始めることもなかった。弘前学院大学
の北村繁先生にはイロパンゴ火山や年代測定についてのイロハをご教示いただいただけで
なく、筆者の発掘現場でともに作業をしていただいた。心より感謝申し上げる。

　名古屋大学大学院在学中は、異分野の先生方にもお世話になった。名古屋大学年代測定
総合研究センター（現・宇宙環境研究所年代測定研究部）の南雅代先生には、自然科学に

無知な筆者に親切な対応をしてくれただけでなく、分析依頼も快く承諾していただいた。医学研究科の山本敏充先生には、筆者のエルサルバドル技術大学在職中に、大変貴重な講演をいただいただけでなく、人骨やDNA研究についてご教示いただいた。農学研究科の木村眞人先生には、土壌や農業について多くのご教示をいただいた。また博士論文の審査にご協力いただいた周藤芳幸先生にはギリシア考古学の観点から貴重なご意見を頂戴した。皆様方に深謝申し上げる。

　所属学会のひとつである古代アメリカ学会にも感謝申し上げる。国内では数少ない発表の場をもうけていただいただけでなく、博士論文中間発表の機会を頂戴し、コメンテーターの青山和夫先生をはじめ諸先生方や参加者から大変多くの有益なご教示をいただいた。また、ポスドク時代には、国立民族学博物館の関雄二先生、藤井龍彦先生、佐藤吉文氏、荒田恵氏、山本睦氏、中川渚氏、ダニエル・サウセド・セガミ氏、アレハンドロ・アマヤ氏、井上恭平氏、荘司一歩氏にアンデス考古学の視点から貴重なご助言をいただいた。本書後半の解釈部分はこのときに受けた学問的影響が大きい。短い期間だったが、筆者の研究視野を何倍にも広げてくれた貴重な期間であった。

　独立行政法人国際協力機構青年海外協力隊事務局および在エルサルバドル事務所、在エルサルバドル日本大使館の方々にも現地での活動を支援いただいた。とくに苦楽をともにした協力隊員同志には厚くお礼を申し上げたい。思い起こせば、筆者がはじめて青年海外協力隊の試験を受験したときに出会ったのが、加藤慎也氏であり、彼の勧誘がなければこの世界に入ることはなかった。エルサルバドルでは、加藤つむぎ氏、鈴木英暁氏、村野正景氏、工藤匡史氏、池田瑞穂氏、吉留正樹氏、八木宏明氏という一生の財産となる貴重な仲間にも巡り会えた。

　名古屋大学考古学研究室の斉藤弘之氏、川崎志乃氏、奥野絵美氏、森田航氏、谷口航氏、新谷葉菜氏、河合亜希子氏、深谷岬氏、岡田紘和氏、鹿児島大学考古学研究室の松崎大嗣氏、京都外国語大学外国語学部の植村まどか氏には多大なるご協力ご教示をいただいた。とくに森田氏には人骨の所見や歯冠計測分析などのご協力をいただきました。新谷氏や深谷氏には図面作成の手伝いや原稿の推敲などでご尽力いただいた。

　メキシコやアメリカというメソアメリカ考古学の本場で調査研究を続けられている杉浦洋氏、金子明氏、黒崎充氏、古手川博一氏、嘉幡茂氏、村上達也氏、塚本憲一郎氏の諸先輩方にも折に触れてアドバイスをいただくとともに、さまざまな学問的刺激をいただいた。世界で活躍する諸先輩方の背中の遠さに愕然としながらも、いただいたアドバイスや冗談には大変勇気づけられた。

　なお本書のもとになった調査研究は、以下の研究機関からの助成をもとに実施したものである。研究へのご理解・ご支援を賜りましたことを心より感謝申し上げたい。
「メソアメリカ南東地域の葬制研究——考古学的研究と人骨の化学分析から——」（平成21年度笹川科学研究助成）、「エルサルバドル共和国における先スペイン時代遺跡出土土

器の学術資料化プロジェクト」（平成21年度名古屋大学大学院人文学フィールドワーカー養成プロジェクト）、「豊秋奨学会海外渡航旅費助成」、「メソアメリカ考古学史再検討のための基礎的研究」（名古屋大学大学院文学研究科GCOE「テクスト付置の解釈学的研究と教育」平成22年度大学院海外派遣プログラム）、「メソアメリカ古典期社会の形成過程に関する考古学的研究」（科学研究費補助金　特別研究員奨励費）、「紀元後5世紀イロパンゴ火山噴火前後のメソアメリカ太平洋沿岸部の生業と社会の研究」（科学研究費補助金特別研究員奨励費）、「マヤ南東地域における広域編年確立のための年代学的研究」（パレオ・ラボ社　第9回度若手研究者を支援する研究助成）、「古代メソアメリカの比較文明論」（科学研究費補助金　新学術領域研究　課題番号26101003）。

　なお、本書の出版については、「日本学術振興会　平成28年度科学研究費補助金　研究成果公開促進費（学術図書）」の助成によって出版が可能となった。深く感謝申し上げる。また、厳しい昨今の出版事情のなかで「メソアメリカ考古学」という稀有な分野の出版を快諾いただい溪水社の木村逸司氏にも深く感謝申し上げる。木村氏の懐の深さとご尽力がなければ本書が日の目を見ることもなかったであろう。同社の木村斉子氏にも校正時に大変お世話になった。特にお礼申し上げる。

　そして、エルサルバドルをはじめ、メキシコ、グアテマラの方々や関係機関にも発掘調査や資料調査などで多大なるご支援ご協力を賜った。スペイン語で感謝を申し上げたいところだが、ここでは以下ご芳名とご機関名を明記し、謝意を表しておきたい。Muchas Gracias.

Julio Alvarado, Virginia Arieta, Maria Arnaudo, Oscar Camacho, Hugo Chávez, Ann Cyphers, Annick Daneels, Hugo Díaz, Heriberto Erquicia, Marlon Escamilla, Roberto Gallardo, Julio Martínez, Mario Mata, Milliam Mendez, Riuba Morán, Ericka O. Pucheta, Villa Arely de Parada, Federico Paredes, Marcelo Perdomo, Ramon Rivas, Edith Rojas, Jorge Rubio, Michelle Toledo, Fabricio Valdivieso. Dirección de Arqueología de la Dirección Nacional de Patrimonio, Natural, Cultura（Tangible e Intangible）de la Secretaría de Cultura de la Presidencia de la República de El Salvador, Instituto de Investigaciones Antropológicas de la Universidad Nacional de Autonoma de México, Universidad de San Carlos, Universidad Tecnológica de El Salvador, Universidad del Valle de Guatemala. 　（アルファベット順・敬称略）

　最後に、身勝手な人生を暖かく見守ってくれている両親や家族、遅々として博論執筆のすすまなかった筆者の背中を猛烈に押してくれた長女、そして筆者のわがままにいつも付き合い、留守多き夫にかわり、家を守ってくれている妻に心より感謝したい。

平成28年12月

市　川　　彰

索引（遺跡名・火山名・地域名）

【ア行】

アグアテカ　165
アステカ　5, 11
アタコ　28, 120
アンデス　4, 177
イクス・シネ・リベルタ　110
イサパ　24, 120, 121, 125, 166, 167
イサルコ（火山）　95, 97
イシュテペケ　23, 28, 140, 185
イロパンゴ（火山）　6, 16, 25, 26, 31, 33, 39, 40, 43, 48, 52, 54-56, 63, 67, 73, 75, 83, 84, 90, 93, 95, 97-110, 112-114, 117, 119, 121, 146-150, 154, 167, 168, 170, 182, 183
エル・カンビオ　91, 109, 114, 120, 154, 173
エル・ソンテ　154, 159, 160, 161
エル・チチョン（火山）　114
エル・チャヤル　23, 140
エル・プラヨン（火山）　97, 109
エル・ボケロン（火山）　97, 109
エル・ポルトン　9
エル・ミラドール　9, 26, 33, 120, 139
オリサバ（火山）　6
オルメカ　5, 6, 7, 9, 23, 26, 120, 121, 142, 181

【カ行】

カカシュトラ　11
カミナルフユ　9, 10, 22-28, 31-34, 62, 66, 84, 87, 90, 92, 99, 102, 117, 120, 121, 124-127, 132, 139-142, 144, 145, 150, 151, 161, 162, 167, 169-173, 179, 182-186
カラ・スーシア　92, 106, 113, 184, 186
カラクムル　6, 10, 11, 14, 139, 144
キリグア　144
クイクイルコ　10, 96
クエージョ　173
ケレパ　185
コパン　10, 12, 22-24, 26-28, 32, 78, 82, 90, 99, 102, 117, 122, 125, 126, 139-144, 150-152, 157, 161, 162, 169-172, 176, 182-186

【サ行】

サポティタン　79, 91, 92, 97, 104, 106, 108-110, 114
サポテカ　5
サン・アンドレス　92, 110, 113, 184-186
サン・サルバドル（火山）　97, 108
サンタ・アナ（火山）　97, 108
サン・バルトロ　9, 26
サン・ホセ・モゴテ　7
サン・ミゲル（火山）　97
サン・ロレンソ　7
サンタ・エミリア　159-161
サンタ・レティシア　28, 56, 78, 86, 185
サン・マルセリノ（火山）　97
シウダ・ビエハ　154
シトレ（火山）　96
ショチカルコ　11
シワタン　46
ズンガネーラ　154
セイバル　7, 31, 173

【タ行】

タカリク・アバフ　24, 121, 125
タラスコ王国　11
チアパ・デ・コルソ　84
チキリン　154, 156, 173
チチェン・イツァ　11, 17
チャルチュアパ　i, 7, 9, 15, 16, 19, 22-28, 30-32, 35, 36, 40, 47-49, 55, 56, 57, 67, 69, 77, 78, 83, 84, 86, 87, 90-92, 98-103, 106, 107, 109, 111-114, 117, 118, 120-126, 128, 129, 132, 135, 136, 139, 144, 145, 150, 151, 154, 156, 159, 161, 162, 164, 166, 167, 169, 170, 171, 173, 175-179, 181-186, 188
以下、「チャルチュアパ遺跡○○地区」、という下位区分
 エル・トラピチェ地区　27, 30, 35, 36, 39, 40, 47, 49, 52, 91, 92, 107, 118-121, 126, 127, 131, 134, 159-161, 164, 167, 168, 170, 181
 エル・パンペ地区　27
 カサ・ブランカ地区　27, 28, 30, 35-40, 45, 47, 48, 52-57, 59, 62, 67, 70, 83, 84, 90-92, 99, 101, 102, 106, 107, 113, 118-122, 124-126, 131-135, 145-147, 150, 159-161, 164, 167-170, 177, 179
 タスマル地区　28, 30-32, 35, 36, 40-48, 54, 55, 70, 82-84, 91-93, 104, 107, 108, 118-120, 122, 124-127, 129, 132, 133, 135, 136,

145-151, 159, 161, 169, 170, 175-178
ヌエボ・タスマル地区　28, 30, 92, 132, 133, 159
ペニャーテ地区　27
ラ・クチージャ地区　24, 28, 30, 53-56, 62, 67, 79, 83, 90, 113, 122, 123, 126, 132-134, 137, 145-147, 154, 156, 157, 159-161, 164-166, 170
ラグナ・クスカチャパ地区　28, 107
ラグナ・セカ地区　28, 107, 126, 131
ラス・ビクトリアス地区　28, 121
ロス・ガビラネス地区　28
チョルーラ　157
チンゴ（火山）　28
ツィバンチェ　163, 165
ディエゴ・デ・オルギン　110, 154, 173
ティカル　i, 6, 10, 11, 13, 14, 32, 33, 100, 122, 139, 142, 144, 152, 172
ティプー　157
テオティワカン　i, 6, 10, 11, 13, 15-17, 20, 21, 25-27, 32-34, 43, 67, 68-70, 75, 82, 90, 96, 97, 99, 101, 102, 132, 139-146, 149-152, 157, 168-172, 179, 181-183
トゥーラ　11, 46
トゥクストラ（火山）　97
トナラ（火山）　6
トルテカ　5

【ナ行】
ナクベ　9, 139
ナランホ　8, 23, 165
ヌエバ・エスペランサ　98, 107, 110-112, 154
ヌエボ・ロウルデス　109
ノームル　17
バートン・ラミー　17, 31
パカヤ（火山）　6
パソ・デ・ラ・アマダ　7
バルベルタ　25
パレンケ　12, 144
プエルト・バラーダ　112
ブラックマン・エディ　173
ボナンパック　165
ポポカテペトル（火山）　6, 96, 98
ホヤ・デ・セレン　79, 97, 103, 104, 108-110, 179
ホルムル　17

【マ行】
マタカパン　97
マヤ低地　24-26, 34, 49, 86, 98-100, 139, 142-144, 151, 164, 165, 181, 182, 183, 184, 186, 187
マヤ低地南部　6, 7, 9, 11, 33, 120
マヤ低地北部　6, 11, 17
マヤ南東地域　20, 22, 93
マヤ南部地域　8-11, 22, 26, 31, 32, 34, 99, 112, 140, 143, 144, 165, 170, 173, 187
マヤパン　11
ミシュテカ　5, 11
ミラドール　172
メソアメリカ南東部　19, 22-26, 30, 31, 91, 101, 102, 117, 120, 125, 126, 139, 140, 144, 150, 162, 170, 175, 176, 182
メタパン　154, 173
モンタナ　25
モンテ・アルバン　5, 6, 9-11, 21, 62, 67

【ヤ行】
ヤシュチラン　163

【ラ行】
ラ・ベンタ　7, 24
ラ・ラグニータ　173
ロマ・カルデラ（火山）　97, 104, 108, 109

索引（人名）

【ア行】
アーネスト,H.　102
アール,T.　136, 177, 185
青山和夫　151
伊藤伸幸　30, 173
猪俣　健　31
ウィリー,G.　17
植木　武　162
ウェブスター,D.　162, 163
大井邦明　40, 159

【カ行】
カー,C.　128, 129, 133
カヌート,M.　184
嘉幡　茂　97
河合亜希子　123, 137
キダー,A.　27,(171), 172
北村　繁　93, 106, 107
ギフォード,J.　99
ギャザウッド,F.　12
キルヒホフ,P.　4
コウ,W.　27

【サ行】
佐原　眞　163
柴田潮音　36, 117
シーツ,P.　95, 96, 102, 104, 107, 108, 112
シャーラー,R.　27, 31, 47, 86, 87, 99
ジョイス,A.　21
ショートマン,E.　20, 184
スティーブンス,J.　12
関　雄二　177
セルメーニョ,H.　85,

【タ行】
ダル,R.　99, 100, 104
デマレスト,A.　25, 31, 56, 151, 185

【ナ行】
中村誠一　19, 27, 184

【ハ行】
ハート,W.J.　106
パレデス,F.　121, 184, 185

【フ行】
フェインマン,G.　180
プライス,D.　152
ブラズェル,G.　141, 142, 150, 151
ブラディ,J.　17
ブラントン,R.　179
ボッグス,S.　27, 35, 40, 86, 99, 146

【マ行】
マーカス,J.　15
南　雅代　152, 155
村野正景　85
森田　航　152, 173

【や行】
八木宏明　109
ヤコビ,K.P.　157

【ラ行】
ラットレイ,E.　171
ラブ,M.　34
ラルデ,J.　27, 98
ローズ,M.L.　157
ロングイヤー,J.　27

索引（事項）

【ア行】

アドベ　40, 42-45, 48, 52, 54, 70, 75, 104, 118, 129, 148

威信財　5, 55, 87, 141, 171, 179, 180

ウスルタン様式（文）　24, 25, 45, 53, 56-61, 63, 64, 67, 68, 71, 73-80, 82, 84-86, 90-92, 102, 124, 125, 148, 175, 186

絵文書様式土器　82, 86, 90, 144

鉛釉土器　39, 46, 55

黄鉄鉱　4, 25, 127, 130-134, 136, 141, 159, 177, 178

【カ行】

階段状ピラミッド　4

火山爆発指数　95-98, 100, 114

希少財　136, 169, 179, 181

球技場　4, 9, 40, 45-47, 117

化粧土削り文　63, 64, 67, 71-75, 77-79, 81, 82, 84-86, 90, 109, 112, 146, 149, 151

原古典期　17

公共建造物　5, 7, 9, 10, 24, 113, 164, 178, 180

後古典期　7, 11, 39, 46, 90-92, 122, 123, 126, 133, 135, 157, 160, 172

後古典期後期　11, 175, 181, 184

後古典期前期　11, 55, 122, 126, 132, 155

黒曜石　4-6, 20, 23, 25, 28, 34, 39, 127, 130, 131, 133, 140, 144, 159, 184, 185

古典期　7, 9, 10, 13, 15-17, 23-27, 30, 32, 33, 39, 40, 52, 83, 92, 99, 100, 108, 117, 118, 120, 122, 123, 125-128, 135, 136, 142, 145, 151, 160, 162, 164, 172, 175-179, 181-183, 186, 187

古典期後期　11, 26, 35, 39, 40, 46, 47, 52-56, 78, 82, 83, 91, 92, 93, 95, 122, 127, 132, 133, 135, 140, 146, 149, 155, 159-162, 179, 182-184

古典期終末期　11

古典期前期　10, 25-27, 31, 33, 39, 49, 53, 55, 102, 117, 122, 124-127, 132-136, 139, 144, 146-150, 159-162, 165, 167, 168, 170, 177, 179, 182, 186

コパドール多彩色土器　26, 39, 40, 52, 55, 82, 86, 177

コマル　4, 59, 61, 62, 74

【サ行】

災害　16, 95, 96, 100, 110-114, 117, 183

祭壇　7, 24, 33

三脚円筒形土器　10, 25, 34, 67-70, 75, 82, 101, 102, 140-145, 147, 150, 168, 169, 171, 172

歯牙変形　130-134, 164, 165

歯冠計測分析　108, 114, 139, 151, 152, 157, 159, 161, 162, 164, 171

人身供儀（犠牲）　4, 130, 165, 170

神殿ピラミッド　9, 10, 12, 14, 33, 91, 117, 120, 132, 135, 136, 165, 168, 175-178, 181

ストロンチウム安定同位体分析　108, 114, 139, 143, 151-153, 155, 157, 159, 161, 162, 171, 173

青年海外協力隊　30, 35, 55

石造記念物　i, 7, 9, 10, 12-14, 19, 24, 49, 112, 121, 122, 140, 164, 165, 168, 170, 173, 185

石彫　9, 16, 19, 24, 25, 34, 39, 49, 87, 99, 117, 119, 120-122, 124, 125, 136, 142, 163, 165, 167, 168, 170, 177, 178, 181, 182, 183

石碑　7-9, 12-14, 19, 24, 27, 33, 38, 39, 49, 52, 70, 119, 121, 142, 166, 167, 181

石碑祭壇複合　9, 26, 34, 38, 39, 121, 136, 168, 170, 181

石期　5

セノーテ　6, 16

先古典期　7, 9, 10, 13, 15-17, 23, 24, 26, 27, 30, 33, 39, 52, 83, 90, 92, 99, 108, 117, 118, 120, 122, 123, 125, 127, 132, 134-136, 139, 145, 151, 160-162, 164, 170, 172, 173, 175-179, 181, 183, 186, 187

先古典期後期　9, 10, 24-28, 35, 36, 39, 45, 46, 51, 52, 78, 83, 95, 99, 102, 109, 117, 120-122, 124, 126, 131, 133-135, 140, 149, 155, 159-162, 164-167, 170, 171, 179, 182, 185, 186

先古典期終末期　9, 17, 25, 31, 33, 45, 124-126, 131, 134, 135, 139, 144, 148, 162, 170, 172, 176-179

先古典期前期　7, 23, 49, 175, 181, 184

先古典期中期　7, 23, 24, 27, 49, 56, 90-92, 121, 126, 140, 164, 181

戦争　10, 11, 13, 120, 122, 141, 159-165, 167, 169, 170

【タ行】

戦い　16, 33, 91, 112, 135, 139, 162-171, 173, 179

タルー・タブレロ　10, 17, 34, 43, 96, 140-143,

145, 149

炭素14年代　6, 15, 31-33, 35, 36, 39, 44, 46, 47,
　49-56, 62, 79, 83, 92, 93, 99, 105, 108-110, 146,
　167

炭素窒素安定同位体　179

チナンパ農法　4, 16

チュルトゥン　6, 16

TBJ　98, 106

土偶　15, 34, 39, 52, 117, 122-125, 130, 131, 136,
　137, 165-167, 170, 177, 178, 181

頭蓋変形　122, 123, 130, 131, 133, 134

【ハ行】

バホ　6

ヒスイ　i, 4-7, 9, 22, 24, 42, 44, 127, 130-134, 136,
　140, 142, 143, 159, 161, 169, 177, 178

フラスコ状ピット　39, 52, 53, 90, 113, 124, 129,
　165, 178

ペテン中心主義　14, 19, 21, 26, 33

編年　7, 10, 15, 16, 30-32, 35, 40, 48, 55, 56, 67,
　83, 90, 92, 95, 99, 117

【ラ行】

労働投下量　126-128, 164, 177

【ヤ行】

様式化されたジャガーヘッド　24, 39, 121, 136,
　167, 181

【著者】

市川　彰（いちかわ　あきら）

1979年茨城県生まれ

2002年東北学院大学文学部史学科卒業、2013年名古屋大学大学院文学研究科博士後期課程満期退学。博士（歴史学）。青年海外協力隊（派遣国：エルサルバドル）、日本学術振興会特別研究員DC2（名古屋大学）、同PD（国立民族学博物館）を経て

現在、名古屋大学高等研究院特任助教

古代メソアメリカ周縁史
―――大都市の盛衰と大噴火のはざまで―――

平成29年2月20日

著　者　市川　彰

発行所　株式会社　渓水社

広島市中区小町1-4（〒730-0041）

電話082-246-7909　FAX082-246-7876

e-mail: info@keisui.co.jp

URL: www.keisui.co.jp

ISBN978-4-86327-380-1 C3022